やわらかアカデミズム
〈わかる〉シリーズ

よくわかる
認知発達とその支援
第2版

子安増生 [編]

ミネルヴァ書房

はじめに

■よくわかる認知発達とその支援［第2版］

　本書は，認知発達と発達支援の諸問題について詳しく学びたいという読者に，その見取り図を体系的に示す目的で編集されたものです。一般的に学術的に正確であることと，読み物としてわかりやすいことは，ともすると両立させることが難しい問題ですが，本書もその1冊となっている「やわらかアカデミズム わかるシリーズ」は，学術性と明解性の両立を目指しています。この目標に達するために，編者は，最も信頼する4人の研究者に分担執筆を依頼し，項目が出来あがるたびに，電子メイルで他の執筆者全員に原稿のファイルを送って意見を交換するという編集方法を取りました。執筆者同士がお互いの原稿に触発され学ぶことが多く，コメントの交換によって執筆内容の向上がはかられ，全員が納得のいく内容になった成果が2005年7月に最初の版として上梓され，幸いにも好評を得て，重版を重ねてきました。

　重版の度に，学術の動向や社会の変化に対応する修正を行ってきましたが，DSM-5の登場や最新のデータへの更新などに対応するため，この度全面的な見直しを行う第2版を刊行することにいたしました。引き続きのご活用ご利用を願う次第です。

　本書のタイトルは臨床発達心理士の指定科目「認知発達とその支援に関する科目」という名称に準拠し，同科目のキーワード120項目のうち，90項目ほどを見出し語あるいは本文中の重要語として収録していますので，改訂に伴う項目の加除や順序の変更は行っていません。臨床発達心理士だけでなく，2017年9月から施行される国家資格の公認心理師，あるいは大学院入試などの参考書としての活用や，大学院や大学の授業における教科書あるいは副読本などとしての利用など，本書が幅広く支持され役立つことを願っています。

　また，発達支援は，家庭，保育所，幼稚園，学校，医療機関，障害者施設など，実践の現場での具体的な問題です。認知発達の学問的体系は，発達支援の実践的体系と相互に交流することによって，お互いが発展していきます。本書に対し，発達支援の実践の現場で活躍される方々からのご意見をいただくことによって，本書ならびに認知発達の学問的体系をさらに良いものにしていきたいと考えています。

　本書の構想の段階から，長い期間にわたってあたたかく見守り，時には叱咤激励してくださったミネルヴァ書房編集部の寺内一郎氏，吉岡昌俊氏，丸山碧氏ならびに編集部の皆さんに，心より感謝のことばを申し上げます。

2016年8月　　編者識

もくじ

■よくわかる認知発達とその支援［第2版］

I　認知発達の基礎

1　発　達：受胎から死に至るまで …2

2　加　齢：
　　年齢を重ねることによる変化 ……4

3　発達段階：連続か非連続か ………6

4　発生的認識論：
　　ピアジェの認知発達観 …………8

5　感覚―運動期：「いま，ここ」の
　　赤ちゃんの世界 ………………10

6　前操作期：直観的に思考する ……12

7　具体的操作期：現実世界について
　　論理的に考える …………………14

8　形式的操作期：
　　完成された思考形態へ …………16

9　発達の最近接領域：
　　「明日」の発達をみるために ……18

10　発達課題：
　　人生の節目に課せられたもの ……20

11　知覚の発達：見る，聞く，におう，
　　味わう，触れる ………………22

12　知能の発達：
　　情報処理能力の個人差 …………24

13　結晶性知能と流動性知能：
　　能力の生涯発達の2つの軸 ………26

14　認知の発達：環境を知り，環境に
　　働きかける ………………………28

15　トップダウン処理：
　　幽霊の正体見たり ………………30

16　メタ認知能力：自分が何を知って
　　いるかを知る ……………………32

17　認知発達の個人差：標準からの
　　ズレと1人ひとりの違い …………34

18　認知スタイル：
　　人によって異なる情報処理 ………36

19　学　習：
　　経験によってなにが変わるか ……38

20　コンピテンス：できる能力と
　　できるという感覚 ………………40

21　宣言的知識と手続き的知識：モノ
　　を知ること，コトを知ること ……42

22　記憶の発達：一度にどれだけ
　　覚えられるか ……………………44

23　動機づけの発達：
　　人が行動する理由 ………………46

24　情動の発達：
　　喜怒哀楽の働き …………………48

25　社会性の発達：
　　ひとりでは生きられない …………50

26　自己意識の発達：
　　私について考える私 ……………52

27　熟　達：より速く，より巧みに …54

もくじ

28 生態学的アプローチ：
日常生活の人間行動を考える ……56

29 横断的研究／縦断的研究：発達を
調べる2つの切り口 ……………58

30 コーホート：
同時代を生きてきた人々 ………60

II 認知発達の時期

31 出生前期：
生まれる前の子どもの心 ………62

32 プロライフ／プロチョイス：
宿された命をめぐる対立 ………64

33 出 産：赤ちゃんは生まれて
すぐに立てない …………………66

34 新生児期：
自ら働きかける赤ちゃん ………68

35 乳 児 期：人生の旅立ち ………70

36 愛 着：人と人の絆 ……………72

37 間主観性：他者とのつながり ……74

38 イナイイナイバー：
大人とのやりとり遊び …………76

39 リーチング：対象に手を伸ばす …78

40 共同注意：同じモノをみる ……80

41 喃 語：おしゃべり事始め ……82

42 馴化／脱馴化：
見慣れないものを区別する ………84

43 幼 児 期：コミュニケーションの
活発化，自我の芽生え …………86

44 母語の発達：
ことばを話せるまで ……………88

45 外言／内言：言語の2つの働き …90

46 アニミズム：
生物と無生物の区別 ……………92

47 転導推理：
あれはあれ，これはこれ …………94

48 描画の発達：子どもはどのように
描くか ……………………………96

49 自己中心性：社会化されない言葉
と思考 ……………………………98

50 視線／視点：目は心の窓 ………100

51 心の理論：他者の心を理解する …102

52 うそとあざむき：子どもはいつ頃
からうそをつくか ………………104

53 心的動詞：心の状態を表現する …106

54 満足の遅延：今はがまんする ……108

55 英才教育：特別な能力を伸ばす …110

56 ヘッドスタート計画：
貧困の連鎖を断つ ………………112

57 児 童 期：
思考の発達と友達関係の変化 …114

58 直 観 像：見たままの記憶 ……116

59 想 像 力：
新しいイメージを生み出す ……118

60 素朴理論：日常経験から
構成される知識 …………………120

61 概念発達：
物事のとらえ方のちがい ………122

62 因果的推論：
原因と結果の関係を見出す ……124

| 63 | 方　略：
問題解決のプランとスキル ……126
| 64 | プラニング：目標に向かって …128
| 65 | リテラシー：読み書きする能力…130
| 66 | ニュメラシー：
基礎的な計算能力 ……………132
| 67 | 9歳の壁：
小学校中学年の発達と教育 ……134
| 68 | コンピュータ教育：
新しい表現のツール ……………136
| 69 | 秘　密：
私とあなたを分けるもの ………138
| 70 | 道　徳　性：善悪を判断する ……140
| 71 | リーダーシップ：
集団を方向づける役割 …………142
| 72 | 青　年　期：子どもでもなく
大人でもない ……………………144
| 73 | アイデンティティ：
自分は自分である ………………146
| 74 | モラトリアム：大人になるための
猶予期間 ……………148
| 75 | イニシエーション：
おとなになる儀式 ………………150
| 76 | 時間的展望：
将来に対する見通し ……………152
| 77 | 成　人　期：生産的な活動と
次世代の育成 ……………………154
| 78 | 老　年　期：主観的な老いと
客観的な老い ……………………156
| 79 | 不　安：なんとなくこわい ……158
| 80 | 死：人生の永遠の問い ………160

III　認知発達の障害とその支援

| 81 | 障　害：変化する障害像 ………162
| 82 | 診　断：発達障害の発見 ………164
| 83 | ICD-10／DSM-5：
精神障害の診断基準 ……………166
| 84 | 視覚障害：視力と視野の制約 …168
| 85 | 色覚異常：
十人十色，見えない色 …………170
| 86 | 聴覚障害：音の聞こえと
コミュニケーション ……………172
| 87 | 言語障害：
コミュニケーションの支障 ……174
| 88 | 知的障害：環境に働きかけて
知ることの制約 …………………176
| 89 | 高次脳機能障害：
認知・言語・動作の異常 ………178
| 90 | 記憶障害とアルツハイマー型認知
症：脳に関連して ………………180
| 91 | 自閉スペクトラム症：
自閉症とその周辺 ………………182
| 92 | TEACCHプログラム：
自閉症の包括的支援 ……………184
| 93 | サヴァン症候群：
驚くべき特異才能 ………………186
| 94 | 注意欠如・多動症：わかっちゃいる
けど落ち着けない ………………188
| 95 | 学習障害：認知能力の偏りによる
学習上の困難 ……………………190

もくじ

96 読み書きの障害：読み書きの
　　プロセスと障害への対応 ……… *192*

97 脳性マヒ：生後4週以前に
　　発生する運動障害 ………… *194*

98 肢体不自由：
　　運動と姿勢の障害 ………… *196*

99 病　弱：身体が弱く病気がち … *198*

100 介　護：人間の尊厳を守る …… *200*

さくいん ………………………… *203*

やわらかアカデミズム・〈わかる〉シリーズ

よくわかる
認知発達とその支援
第 2 版

Ⅰ　認知発達の基礎

発　達：受胎から死に至るまで

1　発達とは

　発達（development）ということばは，「がんの発達」，「台風の発達」，「文明の発達」など，あるシステムが時間とともに大きくなったり複雑になったりすることを表しますが，人間の発達という場合には，「受胎から死にいたるまでの時間系列にそった心身の系統的な変化」という意味で用いられます。

　「発達する」にあたる英語"develop"は，「巻物をとじる」という意味の"envelop"の反対語であり，「巻物をひろげる」ということが語源となっています。発達は，遺伝的にプログラムされた人間の素質が時間の経過とともに「巻物をひろげる」ように展開していく過程とみることができます。もちろん，個人の発達過程には遺伝の要因とともに，環境の要因も大きく影響します。劣悪な環境は，正常な発達を妨害し，遅らせます。逆に，良好な環境は，正常な発達の支えとなり，それを促進します。ここに「発達支援」という考え方が必要な理由があるのです。

2　類似の概念

　発達ということばと字や意味が似ているものとして，「発生」，「発育」，「成長」，「成熟」，「学習」，「加齢」などがあります。以下に，その異同を説明します。

　発生は生物学の用語であり，受精卵が細胞の増殖と分化を繰り返し，組織や器官を形成しながら1個の個体になるまでの過程を指します。英語では，「発生」も「発達」も"development"ですが，わが国では，生物学では「発生」，心理学では「発達」が慣用的に使われてきました。

　発育は，「発達」とほぼ同じ意味に用いられることもありますが，「身体発育」として使われるケースが多く，「発達」と比べると用法の範囲が限定されるようです。「発育」の英語は，"development"または"growth"が対応します。

　成長は，英語の"growth"に対応することばです。植物学では「生長」の語も用いられます。「発達」と同義で用いられることも多いのですが，「発達」が質的な変化を指すのに対し，「成長」は身長・体重などの量的増大を指します。

▷1　「発」の本来の字は「發」である。旧字体「發」には「弓」の字が入っており，この語のもともとの意味は「弓をパッとはじいた様子」を表すものとされる。

成熟は，英語の"maturity"に相当し，個体が成長して生殖機能が完成することをいいます。一般的に動物では，個体のライフ・サイクルを①生殖機能が完成していない未熟期，②生殖活動が活発な成熟期，③生殖能力の衰えた老衰期の3期に分けることができます。この意味において，成熟は発達に含まれる1つの過程であるといえます。

学習は，心理学では「経験による比較的永続的な行動の変化」と定義され，生物学的に大きく規定された行動変化である「成熟」と対比的に用いられています。すなわち，発達的変化には，環境要因の影響を強く受ける学習と，遺伝要因に規定されて発現する成熟の両者が含まれるのです。

加齢は，英語の"aging"の訳であり，広義には年齢にともなう心身の変化のことをいいます。この意味では，「加齢」と「発達」はまったく同じものを指しています。しかし，狭義には，「加齢」は，時間変化にともなう不可逆的な心身の変化（特に，成熟期以後の心身の衰退過程）をいいます。そこで，"aging"は「老化」とも訳されます。

3 発達の過程

発達の過程は，一般に年齢の関数として示されます。横軸に年齢，縦軸に発達の指標（たとえば，身長，運動能力，学力など）をとってグラフにしたものを発達曲線（developmental curve）といいます。発達曲線は，個人の発達変化を表すこともできますが，ある集団の発達的変化を調べる場合にしばしば利用されるものです。

集団の発達的変化の様相は，時間や空間を超えて普遍的なものであるとはかならずしもいえません。そのことは，異なる時代，異なる地域で行われた調査による発達曲線を重ねあわせたときにできるズレを調べることによってわかります。

世代とともに発達が促進される現象を発達加速（development acceleration）といい，量的側面で増大する成長加速現象と性的成熟が早期化する成熟前傾現象があります。たとえば，わが国では，1900（明治33）年以後「学校保健統計調査」が毎年実施され，身長・体重・座高・胸囲などの統計が整備されてきましたが，第二次世界大戦後，最高身長の値が年々高くなり，最高身長に達する年齢も年々早まっていることが示されています。また，同じ時期に女子の初潮年齢が年々成熟前傾してきたことも報告されています。発達加速が生ずる原因としては，国民の生活水準の向上，特に栄養条件の改善と，都市化による生活スタイルの変化などがあげられています。なお，発達加速現象は，身体面での発達だけでなく，精神面での発達についても観察されています。

（子安増生）

▷2 平成27年度学校保健統計調査（文部科学省）の結果は，下記ウェッブページを参照のこと。
http://www.mext.go.jp/b_menu/toukei/chousa05/hoken/1268826.htm

▷3 たとえば，下記の文献を参照のこと。
沢田昭 1982 現代青少年の発達加速——発達加速現象の研究 創元社

Ⅰ 認知発達の基礎

 加　齢：年齢を重ねることによる変化

1　加齢とは

　加齢（aging）とは，年齢を重ねることです。aging という語は，老化と訳される場合もありますが，年齢による衰退のみを指すものではなく，特に生涯発達心理学の発展にともなって，出生から死に至るまでの生涯にわたるプロセスに対応する概念として用いられるようになりました。

2　発達曲線

　加齢による心身の変化の様子を，横軸（x 軸）に時間（年齢），縦軸（y 軸）に成長または発達する量の計測値をとって構成した曲線を，成長曲線（growth curve）または発達曲線（developmental curve）と呼びます。身体の各器官によって成長のプロセスが異なることを示した，スキャモン（Scammon, R. E.）による成長曲線がよく知られています。また，知能の種類によって，ピークになる年齢や発達のプロセスが異なることも指摘されています。[1]

　成長曲線の種類としては，$y=ax+b$ で表されるように年齢の 1 次関数として直線的な増加を示すような線形曲線，最初は緩やかに増加し，次に急激な増加の局面を迎え，その後，緩やかな増加に転じて安定状態に達するような S 字曲線（sigmoid curve），途中でいったん減少してから増加に転ずる U 字曲線（U-shaped curve）などが知られています。S 字曲線は生物の成長過程に一般的にみられるものであり，また U 字曲線は機能の質が変化する際に一次的に停滞を生ずる場合などに現れてきます。

3　U 字曲線

　発達のプロセスにおける質的な変化をとらえるうえで重要な U 字曲線について，幼児から児童を対象とした具体的な研究を例にみてみましょう。[2]
図 1 は，砂糖と水の混合問題における正答率が年齢の上昇とともにどのように変化したかを示しています。この課題では，2 つのカップ（A，B）に等量の水を注いだ後，それぞれスプーン 1 杯の砂糖を加えて砂糖水が作られました。その後，一方

▷1　⇒Ⅰ-13 参照。

▷2　Stavy, R., Strauss, S., Orpaz, N., & Carmi, G. 1982 U-shaped behavioral growth in ratio comparisons. In S. Strauss, & R. Stavy (Eds.), *U-shaped behavioral growth*. New York: Academic Press.

▷3　同上書に示された表をもとに作成。

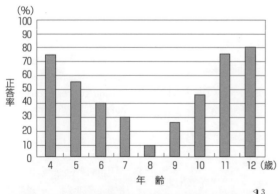

図 1　砂糖と水の混合問題における正答率の発達的変化[3]

のカップ（B）の砂糖水が半分ずつ2つのカップ（B1，B2）に分けられ，その一方（B1）と最初のカップの一方（A）ではどちらが甘いか，それとも甘さは同じかが尋ねられました。結果は図1のように，4歳から8歳にかけて，この種類の課題に対する正答率は減少し，9歳から12歳にかけて上昇するというU字曲線を示しています。4～8歳の正答には「どちらも砂糖と水があるから甘さは同じ」のような未分化な理由が多かったのに対し，9歳以降の正答には砂糖の量と水の量を関連づける精緻な理由が多くみられました。4歳

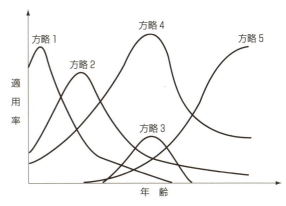

図2　認知発達に関する重なり合う波のモデル

と11歳では正答率はあまり変わりませんが，理由には質的な違いがあるという点が重要です。また，2つの次元の関連づけに至る前の一次的な停滞が8歳頃の時期にみられると考えられます。

U字曲線は，学校などで新しい内容を学習する場合にみられることもあります。たとえば，小学校の算数で「速さ」を手続き（公式）中心に学習した場合，授業以前には自分なりの方法で解決できていたのが，授業で新しい手続きを学習することで混乱を生じ，しばらくすると，元からの枠組みと新しい手続きとが統合されて解決できるようになることが，縦断研究によって示されています。

▷4　藤村宣之　1990　児童期の内包量概念の形成過程に関する縦断的研究　発達心理学研究，1，70-78．

4　発達曲線と発達観

どのような発達曲線を取り上げて説明するかは，その研究者がどのような発達観に立つかにもよります。たとえば，発達過程の質的変化を主張する発達段階論では，一定期間の安定状態と急速な変化の時期が繰り返される階段モデル（staircase model）がよく示されます。それに対して，アメリカの認知心理学者シーグラー（Siegler, R. S.）は連続的な発達観に立ち，問題に対する多様な方略の使用頻度が年齢とともに連続的に変化するという，重なり合う波のモデル（overlapping waves model）を提唱しています（図2）。このモデルによると，発達のそれぞれの時点において，ひとりの子どもが思考の多様な様式（図2では方略）を備えています。

▷5　Siegler, R. S. 1998 *Children's thinking*（3rd ed.）. Upper Saddle River, NJ: Prentice Hall.

これらの方略は互いに競合しあっており，経験とともに，ある方略はしだいに多く用いられるようになり，別の方略はあまり用いられなくなります。また，新しい方略が用いられるようになっても，以前から用いていた方略（既有の方略）が依然として利用されます。なお，このモデルは連続的で緩やかな変化を想定していますが，主要な方略が交替する時点（たとえば方略2の波と方略4の波の交点）に着目すると，発達の質的変化もとらえることができると考えられます。

▷6　方略については，II-63参照。

（藤村宣之）

I 認知発達の基礎

発達段階：連続か非連続か

1 発達段階説

　人間は一生を通じて，さまざまな心理的変化を示します。身長や体重といった量的変化が連続的なものとしてとらえられるのに対して，ある時期に特有の質的変化に着目して段階設定をする考え方を，発達段階説（developmental stage theory）と呼びます。これは，発達を非連続的変化としてとらえるものです。

　発達段階の区分の仕方には大きく2つあります。1つは，ある機能の行動変化（発話，描画など）を指標にして，段階設定するものです。それに対して，個人内のさまざまな機能どうしを結びつけ，個々の行動のありようを規定している，ある共通した心的働きや構造を想定した発達段階説があります。その代表的なものとして，ピアジェ（Piaget, J. 1896-1980）の認知発達に関するもの，フロイト（Freud, S. 1856-1939）の心理—性的発達段階説やエリクソン（Erikson, E. H. 1902-1994）の心理—社会的発達段階説があげられます。

　これらの発達段階説に共通した仮定として，(a)発達段階の順序性は一定であり，どの文化や社会に属する人もそれに従い（発達段階の普遍性），(b)どの領域でも同じように質的変化が起こる（領域一般性）ということがあるとされています。たとえば，ピアジェの理論では，感覚-運動期，前操作期，具体的操作期，形式的操作期という各段階の順序は逆転することなく一定であり，それはどの文化でも共通したものとされています。また，具体的操作期であれば，脱中心化が可能になることで，保存課題など認知領域だけではなく，対人関係など社会領域においても新たな達成を示すというように仮定されています。

2 発達段階説への批判

　1970年代から80年代以降，特にピアジェの理論に対する反論が出され，それまでの発達段階説に懐疑的な立場が登場してきています。

　それらの主張にはバリエーションがありますが，領域固有性（domain specificity）を強調する点では共通しています。この立場にたつ研究では，領域一般的な認知能力といったものは想定されず，個々の領域や文脈での知識の量やまとまり方によって，さまざまな認知や行動に関する変化が説明されます。たとえば，恐竜についてよく知っている子どもは，おとな顔負けの適切な推論が

▷1　領域固有性
「領域特殊性」という用語が当てられる場合もある。

▷2　チィらによる。この研究によると，恐竜についてよく知っている子どもは，未知の恐竜に対する属性付与や分類を求められると，鋭い歯を持っているという観察可能な特徴から，それが肉食であり，また凶暴であるといった推論が可能だったという。
　Chi, M. T. H., Hutchinson, J. E., & Robin, A. F. 1989 How inferences about novel domain-related concepts can be constrained by structured knowledge. *Merrill-Palmer Quarterly*, **35**, 27-62.

できることなどが明らかにされています。そして，大人も子どもも推論の仕方など認知様式は基本的に同じであり，領域ごとの知識の量や内容に違いがあるだけであると考えられています。

こうした領域固有性への着目と符合して，人間の能力を，個体内の一般的な知能の現れとしてではなく，社会―文化的状況や文脈と関係づけてみていく動向も強まっています。その際，文化を超えて普遍的なものとしての発達段階は否定され，文化や状況によって求められる能力は異なり，それぞれ具体的な活動に参加するなかで，諸能力は獲得されると考えられています。

また，発達初期の乳児にも，物理現象や意図性に関する知覚能力が備わっていることを示唆する研究があり，それらを領域固有な初期的知識として考えている研究者もいます。この立場からは，乳児の"有能性"は，ピアジェの発達段階の順序性に対する有力な反証として扱われることになります。

3 発達連関をおさえた発達段階説へ

上記の研究動向は，発達段階説に懐疑の目を向けるものですが，それらの主張の有効性と限界を踏まえて，発達段階説に課せられた今後の課題を考えていく必要があります。

発達の生物学的基盤について多くの事実が明らかになったことや，発達を具体的な状況に即して内実のともなったプロセスとして扱えるようになったのは，大きな進展といえるでしょう。また，領域固有性の主張も，認知領域に限定すれば一定の説得力をもつものとなっています。

では，そうした各領域の知識やさまざまな機能における変化を加算的に集めれば，発達という現象を説明できるのでしょうか。そこで，私たちは「子どもは単なるそういう諸機能の束なのではなく，1つの全体として，あるいは1つのシステムとして変化するという事実」に目を向ける必要があると思います。このことは特に，教育や保育を通した発達支援を考える際に問題になります。たとえば，手指の操作能力が未熟な，発達年齢1歳過ぎの発達障害児に対して，その未熟な領域に配慮することはもちろんですが，一方で他児の行為を模倣したくなるような対人関係を築いていくことに，焦点が当てられます。「他者のようにしてみたい」という思いが育つことで，指先を使った活動が増進されるといったように，対人関係能力と手指操作は相互に関連しているのです。

発達を1つの大きなシステムとしてとらえて，機能や領域の時相内および時相間の関係をとらえていくこと，すなわち発達連関を明らかにしていくことは，発達研究の重要な課題といえます。「○歳になったら～できる」といった行動基準を単に示す発達段階説ではなく，飛躍的な質的変化を説明するものに高めるために，発達連関の解明は不可欠なのです。

（木下孝司）

▷3 Cole, M., & Scribner, S. 1974 *Culture and thought : A psychological introduction.* John Wiley.（若井邦夫訳 1982 文化と思考――認知心理学的考察 サイエンス社）

Lave, J., & Wenger, E. 1991 *Situated learning: Legitimate peripheral paricipation.* Cambridge University Press.（佐伯胖訳 1993 状況に埋め込まれた学習――正統的周辺参加 産業図書）

▷4 ⇒II-42 参照。

▷5 加藤義信 1991 幼児期の子どもの発達 日下正一・加藤義信編 発達の心理学 学術図書出版社 pp.84-114.

▷6 村井潤一 1980 乳児の行動発達連関 園原太郎編 認知の発達 培風館 pp.92-99.

▷7 この質的変化を説明するという課題は，発達の質的転換期とされる時期において，なぜ発達障害児が発達的に停滞するのかを説明することでもある。発達を量的な連続的変化ととらえる立場から，これらの問題を説明しうるかどうかが一つの論点となりうるだろう。

なお，ヴィゴツキーの発達段階の構想は，彼の死によって具体化していないが，段階から段階への移行過程を念頭においたものといえ，検討に値する。

ヴィゴツキー, L.S.（柴田義松・森岡修一訳）1976 子どもの発達の年齢的区分の問題 児童心理学講義 明治図書出版 pp.7-22.

I　認知発達の基礎

 発生的認識論：ピアジェの認知発達観

1　ジャン・ピアジェの思想

　スイスが生んだ偉大な思想家ピアジェ（Piaget, J. 1896-1980）は，その生涯をかけて発生的認識論（仏 épistémologie génétique; 英 genetic epistemology）を体系化しようとしました。発生的認識論とは，人間の認識の起源を系統発生（科学史）と個体発生（認知発達）の両面から考察しようとする壮大な学問体系です。

　ピアジェは，スイスの湖沼地域にあるヌーシャテルで生まれ，ヌーシャテル大学に入学し，最初は軟体動物（湖に生息する貝類）に関する研究を行いました。早熟の天才で21歳にして博士号（理学）を取得しました。その後，認知発達の研究に進み，ヌーシャテル大学，ジュネーヴ大学，ソルボンヌ（パリ大学）などに勤務しました。1955年には，ジュネーヴ大学に発生的認識論国際センターを設立しています。ピアジェの発生的認識論の構想は，彼の没後もジャン・ピアジェ協会などによって発展がはかられています。

　ピアジェの思想は，わが国では波多野完治（1905-2001）らによって紹介され，第二次世界大戦後の心理学と教育学に大きな影響を与えました。

2　発生的認識論の基本概念

　ピアジェの発生的認識論では，「シェマ」，「同化」，「調節」，「均衡化」，「操作」などが重要な基本概念として用いられています。

　シェマ（schema）は，もともと神経学の用語であり，「先行する反応が後続する反応の道筋をつける過程」を指すものとして用いられましたが，その後イギリスの心理学者バートレット（Bartlett, F. C. 1886-1969）がこの語を物語記憶の研究に転用してからは，「認識の枠組み」という意味でさまざまな分野で用いられるようになりました。ピアジェの理論では，既存のシェマにより情報を取り入れる同化の過程と，シェマ自体を変更する調節の過程の２つが適応や発達にとって重要であるとされます。

　同化と調節はともに，本来は生物学の用語であり，同化（assimilation）は生物が外界から取り入れた物質を自分に必要な物質（栄養素など）に変えることを，調節（accommodation）は，環境の変化に対応して身体の機能を変化させること——たとえば，気温の変化に対応し汗をかいたり，鳥肌が立ったりす

▷1　下記の文献を参照。
　ピアジェ，J.（滝沢武久訳）1972　発生的認識論　白水社クセジュ文庫
　ピアジェ，J.・イネルデ，B.（波多野完治・須賀哲夫・周郷博訳）1969　新しい児童心理学　白水社クセジュ文庫

▷2　ジャン・ピアジェ協会(The Jean Piaget Society)
知識の起源と進化についてのピアジェの思想を発展させるため1970年に創設された国際研究機関である。詳細は，下記ウェブページを参照のこと。
http://www.piaget.org/

▷3　Bartlett, F. C. 1932 *Remembering : A study in experimental and social psychology.* Cambridge University Press.（宇津木保・辻正三訳 1983　想起の心理学　誠信書房）

ること――をいいます。ピアジェの理論では，あるシェマにもとづいて外界から情報を取り入れる（理解する）ことを同化，既存のシェマでは対応しきれないとき，シェマそのものを変えていくことを調節と呼びます。

均衡化（equilibration）は，上のような同化（シェマによる情報の取り入れ）と調節（シェマ自体の変更）を繰り返しながら，ある認識を次の段階のさらに安定した認識に発達させるダイナミックな過程をいいます。

操作（operation）は，発生的認識論では「行為が内化されたもの」をいいます。たとえば，子どものたし算の理解は，最初は物を指さして個数を数えることからはじまりますが，やがて物そのものでなく指を折って数えたり，目で物を追いながら計算したりし，やがて最後には，頭の中だけでたし算ができるようになります。暗算は，このような動作的なたし算の行為が表象として内化されたものといえるでしょう。

ピアジェは，子どもの認識の発達を，可能な操作の水準から，次の4つの時期に分けました。

▷ 4　⇒ Ⅰ-5 ～ Ⅰ-8 参照。

◯ 感覚－運動期

まず，誕生からおよそ2歳頃までの時期を感覚―運動期（sensori-motor period）といいます。生後6ヵ月頃までに多く見られる新生児反射がその典型例ですが，知覚と行為の間に表象や言語が介在せずに直接結びついた状態を，ピアジェはこのように呼んだのです。

◯ 前操作期

2歳頃から7歳頃までを前操作期（preoperational period）といいます。子どもは，2歳前後からことばや「ごっこ遊び」など，記号的機能――あるもので別の何かのものを表す心的機能――を示しはじめますが，大人と同じような概念はまだ成立していません。たとえば，全体－部分の関係が理解できず，可逆操作（ある操作を元に戻す操作）も使えないのです。

◯ 具体的操作期

7，8歳頃から11歳頃までを具体的操作期（concrete operational period）といいます。たとえば，四則計算の暗算や，駒を使わずに行うめくら将棋など，さまざまな論理操作が可能になりますが，まだ思考材料の具体性にしばられ，同じ形式の問題でも内容によってできたりできなかったりします。

◯ 形式的操作期

11，12歳から14，15歳の時期を形式的操作期（formal operational period）といいます。形式的操作期の思考は，論証の形式と内容を分け，事実についてだけでなく，純然たる可能性の問題について議論したり，仮説検証的な推理を行ったりすることを可能にします。

▷ 5　形式的操作が11，12歳から14，15歳の時期に完成するのでないことは，後に多くの研究で示され，ピアジェも1972年にそのことを認めている。

Piaget, J. 1972 Intellectual evolution from adolescence to adulthood. *Human Development*, **15**, 1-12.

（子安増生）

Ⅰ 認知発達の基礎

感覚―運動期：
「いま，ここ」の赤ちゃんの世界

 感覚―運動的活動による認識の拡がり

▷1 ピアジェ，J.（谷村覚・浜田寿美男訳）1978 知能の誕生 ミネルヴァ書房

　ピアジェ（Piaget, J.）は，0歳から2歳頃までを感覚―運動期（sensori-motor period）と名づけています[1]。見たり聞いたりなど感覚を通して外界の物事をとらえ，その物に直接働きかけていく感覚―運動的活動によって，外界を認識している時期といえます。

　ピアジェによると，赤ちゃんは自ら感覚―運動的活動をしていくなかで，その活動のありようをバージョンアップさせ，外界を認識する枠組みを次第に作りかえていきます。その変化に注目して，感覚―運動期はさらに6つの段階に区分されています（表1）。

　誕生当初，吸啜（きゅうてつ）反射など生得的な反射で刺激に応じていたのが，指しゃぶりなど習慣的行為を獲得していきます。こうした指など自分の身体部位に向けられた行動を連続的に繰り返すのが，第1次循環反応です。第3段階での第2次循環反応は，外界の事物を手で叩いてそれが動くのを繰り返し行ってみるといったものであり，偶発的な対象操作を繰り返すものです。

　8カ月（第4段階）頃からは，偶発的な事象の繰り返しではなく，目的に応じて手段を行使するようすが観察されるようになります。欲しいものを手に入れるために（目的），妨害物をどかす（手段）といったことが可能になり，目的的ないしは意図的な行為が増えてきます。1歳過ぎ頃（第5段階）では，手段を変化させその結果の違いを調べるような第3次循環反応がみられます。そして，1歳半以降にもなると，目的と手段の関係を心的に表象して，新たな解決手段を洞察的に発見するようになってきます。

② 対象の永続性

○ピアジェの観察データ

　目の前にある対象は，目をつぶろうが，ロッカーの中に片づけられようが，

表1 感覚―運動期における下位段階

	第1段階	第2段階	第3段階	第4段階	第5段階	第6段階
月齢	0～1カ月	1～3カ月	3～8カ月	8～12カ月	12～18カ月	18～24カ月
特徴	反射	第1次循環反応	第2次循環反応	2次的シェマの協応と新しい状況への適応	第3次循環反応	新しい手段の発明

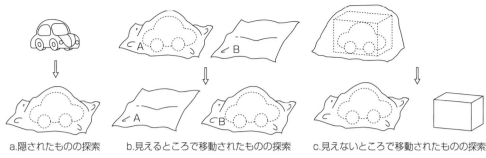

図3　「対象の永続性」に関する課題状況

しかるべきところに存在し続けます。どの対象も，見えなくなったり触れなくても，同一の実体として存在し続けることを，対象の永続性（object permanence）と呼びます。このことは私たちにとって，疑いようもないほどにあらゆる認識の基礎となっていますが，ピアジェは対象の永続性を生まれながらのものとはしません。つまり，感覚―運動的活動を重ねていくなかで，構成されていくものと考えています。そのことを確かめる実験を次に紹介します。

赤ちゃんの目の前におもちゃを出して，赤ちゃんが手を伸ばしてきたら，おもちゃに布をかけてみます（図3 a）。感覚―運動期第3段階の赤ちゃんは，出しかけた手を引っ込めて，あたかも見えない物は存在しないかのように思っているようです。それが第4段階になると，布を取り除いておもちゃを探し出し，物は見えなくなってもそこに存在することを認識し始めます。

ただ，この段階では限界もあるようです。ある場所Aに隠された物を見つけだす経験をした後で，赤ちゃんの見ているところで場所Bに移動させます（図3 b）。すると，第4段階の赤ちゃんは，移動されるのを見ていたにもかかわらず，最初の場所Aを探そうとするのです。場所Bを探すのは，第5段階になってからです。またさらに，見えないところで物が移動された場合（図3 c）でも，その物がどこかにあるはずだと認識して，探し出せるようになるのは第6段階以降のことになります。

ピアジェ理論への反証と課題

赤ちゃんの対象認識にはこのような制約があるとされていましたが，馴化―脱馴化法を用いた研究によって，生後3，4カ月の赤ちゃんも対象の永続性を知覚していることが示されています。ピアジェが考えていた以上の知覚能力を赤ちゃんは備えているといえるでしょう。

しかし，1歳頃まで，隠された物を実際に探し出せないという事実に関しては，ピアジェの観察とその後の研究データは一致しています。この点に関して，リーチングといった運動スキルや，対象物の場所や移動を心的に保持しておく記憶能力が，この課題遂行に必要であると考えられています。

（木下孝司）

▷2　木下孝司　1995　子どもから見た現実と想像の世界　菊池聡・谷口高士・宮元博章編　不思議現象なぜ信じるのか――こころの科学入門　北大路書房　pp.169-186. より一部修正して引用。

▷3　馴化―脱馴化法
⇒ II-42 参照。

▷4　Baillargeon, R. 1987 Object permanence in 3 ½ and 4 ½-month-old infants. *Developmental Psychology*, **23**, 655-664.

▷5　図3 bの課題に対する第4段階での失敗は，「A-not Bエラー」と呼ばれている。この課題では，対象物はAにあったという最初の情報を更新して，最後はBに隠されたという情報を保持し，過去に有効だった反応（Aを探す）を抑制する必要がある。このように課題遂行にあたって，情報の操作と一時的保持を行うために，作動記憶の発達が不可欠と考えられている。

I　認知発達の基礎

前操作期：直観的に思考する

1　前操作期とは

　ピアジェは，2歳頃から7歳頃までの時期を，前操作期（preoperational period）と呼びました。これは，2つの特徴から定義されます。1つは，それ以前の感覚運動期（sensorimotor period）と異なり，目の前にない事柄を心の中で思い浮かべる表象（representation）が出現し，それによってある事物を別の事物で表す象徴機能（symbolic function）が成立することです。たとえば，この時期の子どもが泥をこねてまるめたものを食べる真似をして遊ぶことがあります。目の前のある事物（ここでは，泥をまるめたもの）で，別の事物（たとえばおにぎりやお団子）を表す象徴機能が存在するからこそ，こういった象徴遊び（symbolic play）やごっこ遊び（make-believe play）▷1が成立するのです。話し言葉も，たとえば「ネ・コ」という2つの音のつながりによって，眼前に存在しないネコのイメージや概念を表すという意味では，この象徴機能がその獲得の大きな要因となっています。

　二つは，前操作期の後に続き，7歳以後に出現する具体的操作期（concrete operational period）で可能になる操作（operation）は，まだほとんど使うことができないということです。操作とは「行為が内化して表象されたもの」と定義されます。アメを2つ持っていてもう2つもらったら全部でいくつになるかを知るために，この前操作期では，実際にアメを1つずつ指さして数えることで初めて理解できます。しかし，具体的操作期になると，実際に数えなくても頭の中で暗算することで正解を得ることができます。この暗算は，それまで1つずつ数えていた「行為を内化して表象されたもの」としての操作となります。象徴機能は可能となるが，まだ操作は用いることができない時期が，前操作期といえます。

2　直観的思考の段階

　2歳頃から7歳頃までの同じ前操作期の中で，4歳頃以前と以後で発達的な変化があることが指摘されています。ピアジェは，4歳頃から7歳頃までを，直観的思考（intuitive thinking）の段階と呼びました。これは，前操作期の思考が，表象や象徴による心的イメージ（mental image）によって行われることは同じですが，直観的思考の段階になると，事象のみかけに左右されるという

▷1　**象徴遊び，ごっこ遊び**
ごっこ遊びは，象徴機能とほぼ同義でとらえられる場合が多い。ただし，ごっこ遊びの場合は，「お店屋さんごっこ」「お家ごっこ」など，活動内容を特定した際によく使う用語といえる。

▷2　**数概念**（number concept）は，とても抽象性の高い概念である。1個の消しゴムや1つのおもちゃという実体としてのモノは存在するが，そこに数そのものは無いので，そこから抽象することで，1個の消しゴムも1つのおもちゃも「1」であることを理解しなければいけないからである。しかし，1つずつ数えることや，毎日の経験（たとえば「2つ」と言いながらお菓子をもらう）によって，たとえば「積木2つちょうだい」と言われてたくさんの積木の中から2個だけ渡すことは，前操作期にできるようになるといわれている。

限界をもちつつも，カテゴリーをともなう概念にもとづいて思考できるようになるのです。重さの保存課題を例に考えます。2個の同じ重さの粘土を同じ形にまるめて見せます。そしてこの2個が同じ重さか，あるいはどちらが重いか尋ねます（図4のa）。4歳以前は「同じ」という概念がまだ成立していませんので，その時々によって「同じ」と答えたり「こっちが重い」と言ってしまったりします。しかし4歳頃から，2個の粘土を持ってみて「同じ」はわかるようになります。しかしその2個の粘土の一方を目の前で細長く伸ばします。そして丸い粘土と細長い粘土を並べて，この2個は同じ重さか違うかを尋ねると「こっち（多くは細長い粘土）が重い」と答えます（図4のb）。なぜか理由を問えば「こっちの方が長いから」と言う場合が多いといわれます。

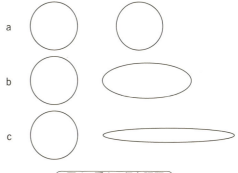

図4　重さの保存課題

これは，みかけが変わってもモノの重さは変わらないという保存の概念が獲得されていないことを示しています。しかし一方で，事象のみかけに左右される不十分性はもっていますが，「長い方が重い」という概念を判断基準にしていることも事実です。しかも，さきほど「長い方が重い」と答えた子どもに，細長い粘土をさらに細長くして再度質問をした場合（図4のc），5～6歳では逆に丸い方を重いと答えることがあります。これは，細長い粘土をさらに細くすることで，長さという見かけだけでなく細さという見かけにも注意が向けられることによって反応が揺れた結果と考えられます。ピアジェはこれを，直観的調整作用と呼びました。

3　自己中心性

前操作期は操作を獲得していないため，他者の視点から物事をとらえられない自己中心性（egocentrism）をもっています。さきほどの保存の実験で，長さという目立つ次元にだけ注目することもその1つで，中心化（centering）ともいいます。他にも，事物が見る方向によって見え方が変わる際に，どの方向からの見えを尋ねても，自分の視点からの見えを答えてしまうことも，この現れと考えられます。しかし，直観的思考の段階は，そういった限界をもちながらも，先ほどの保存の実験で示したように，「長い方が重い」という概念を判断基準として用いるようになる時期でもあります。その意味では，概念による思考を行おうとする点で具体的操作期を準備する能力を示しているともいえます。またその中心化を脱する脱中心化（decentering）が5～6歳頃になされることは，直観的調整作用からもわかります。

（別府　哲）

▷3　自己中心性
⇒Ⅱ-49 参照。

参考文献
ピアジェ, J.・イネルデ, B.（波多野完治・須賀哲夫・周郷博訳）1969　新しい児童心理学　白水社

Ⅰ　認知発達の基礎

具体的操作期：
現実世界について論理的に考える

1　小学生のものの考え方

おおよそ小学校段階に対応する7歳から11歳頃までの児童の思考の特質を、ピアジェ（Piaget, J.）は具体的操作（concrete operation）と名づけました。具体的操作とは、直接的な対象にもとづいて行う論理的思考のことです。7歳以前の思考を特徴づける前操作に比べると、思考に論理性（ピアジェは特に可逆性を重視しています）がみられる点で進んでおり、一方で11歳以降の思考にあたる形式的操作に比べると、思考の形式と内容を分離して仮説にもとづいた思考を行う以前の段階です。具体的操作期には、思考に論理性が備わることで、10本の長さの異なる棒を相互に比較して短い順に組織的に並べること（系列化）や、6本のサクラソウを含む12本からなる花について、サクラソウよりも花の方が多いと考えること（クラス包含）などができるようになります。具体的操作の重要な指標である保存（conservation）を例に、具体的操作の性質について詳しくみてみましょう。

2　保存の成立

ピアジェは、知覚的に目立つ属性に左右されることなく、内在的な論理的関係に着目して、ある属性が変化しないことを見出す思考を保存と名づけ、それを測るための多くの課題を開発しました。

たとえば、数の保存課題では、6個の青いおはじきを一列に等間隔に並べ、6個の赤いおはじきをそれと平行に両端をそろえて等間隔に置きます。青いおはじきと赤いおはじきが同じだけあることを子どもの答えで確認した後、青いおはじきの間隔を広げて列を長くし、「同じだけある？」と子どもに尋ねます（図5参照）。

この問いに対して、7歳より前の前操作期にある子どもの多くは、列の長さ

▷1　操作（operation）
内面化された活動としての思考のうちで、ある変換と、それとは逆の作用をもたらす変換とを結びつけるという意味での可逆性を備えたものを指す。たとえば、10本の長さの異なる棒を短い順に組織的に並べていく系列化の操作の場合、4本目に選び出した棒はすでに並べた3本の棒よりも「長い」と同時に、残っている6本の棒よりも「短い」ことを理解している必要がある。

▷2　ピアジェ，J.・イネルデ，B.（波多野完治・須賀哲夫・周郷博訳）　1969　新しい児童心理学　白水社

▷3　ピアジェ，J.・シェミンスカ，A.（遠山啓・銀林浩・滝沢武久訳）1962　数の発達心理学　国土社

▷4　同上書をもとに作成。

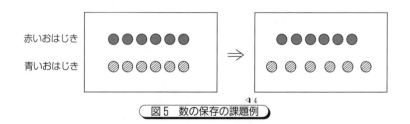

図5　数の保存の課題例

に着目して「青いおはじきの方が多い」と答えたり，逆に列のつまりぐあいに着目して「赤いおはじきの方が多い」と答えたりします。その子どもにとって最も目立つ一つの属性に着目して判断しているわけです。これに対して，主に7歳以後の具体的操作期にある子どもは，「どちらも同じ」と答えます。その理由づけは，「取ったり増やしたりしていないから」，「広げても元に戻したら同じになるから」，「こっちは長くなっているけど，すきまがあいている」のように，論理にもとづくものになります。特に，増やすと減らす，広げると狭めるといったように，関係を可逆的にとらえるところに特徴がみられます。

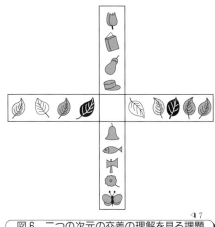

図6 二つの次元の交差の理解を見る課題[7]

③ 具体的操作の第1段階と第2段階

具体的操作期は，ここで示したような数の保存や，系列化，クラス化などができるようになる第1段階（7，8歳）と，さらに高次な具体的操作が可能になる第2段階（9，10歳）に分けられます。第2段階になると，図6に示したように，2つの次元（色と形）を自発的に見出してその共通項（チューリップや本と同じ色の葉）を推理すること（交差の理解）や，いくつかの山や建物からなる模型を別の角度から見たときの見え方を推理すること（対象全体に対する観点の共応）が可能になります。

この第2段階で具体的操作は最高の水準に達しますが，一方で，物体の運動や力学に関する事柄については，加速度，圧力，密度などの潜在的な要因を扱えないという点で，具体的操作の限界も認識されはじめて，次の形式的操作期へと移行することになります。具体的操作という1つの発達段階を前半と後半に区分し，その後半の時期に段階の特徴が充実すると同時に限界が認識され，次の段階への移行が準備されるという見方は，発達における質的変化のプロセスを考えるうえで重要でしょう。

④ 文脈による効果

具体的操作の現れる年齢に関しては，たとえば数の保存課題に対して，子どもにとって身近な文脈やストーリーを設定することによって，ピアジェが想定した7歳より前の幼児にも保存反応がみられるとする研究がみられます。一方で，そのような文脈を設定した課題では，「知覚的に目立つ属性に左右されない」という論理的思考の重要な側面が測られていないとする反論もみられます。ある年齢でできるかできないかを考えるのではなく，7歳頃になると知覚よりも論理で考えることをより好むようになるといった思考の優先度のシフトとして考えることもできるでしょう。

（藤村宣之）

▷5 ピアジェ, J.（滝沢武久訳）1972 発生的認識論 白水社

▷6 具体的操作の第2段階に対応する年齢（9，10歳）の発達的特質については，II-67参照。

▷7 Inhelder, B., & Piaget, J. 1964 *The early growth of logic in the child : Classification and seriation.* Routledge & Kegan Paul.

▷8 上野直樹・塚野弘明・横山信文 1986 変形に意味ある文脈における幼児の数の保存概念 教育心理学研究, **34**, 94-103.

▷9 中垣啓 1987 論理的推論におけるみかけの"主題化効果"について 教育心理学研究, **35**, 290-299.

Ⅰ　認知発達の基礎

 形式的操作期：完成された思考形態へ

 思考の完成形態

　小学校の高学年に対応する11歳頃から現れはじめる思考の特質を，ピアジェ（Piaget, J.）は形式的操作（formal operation）と名づけました。前段階の具体的操作が現実の対象やその変化に関する思考であったのに対して，形式的操作では，現実の具体的な内容や時間的な流れにとらわれることなく，現実を可能性のなかの一つと位置づけて論理的に思考を行います。つまり，形式的操作とは，思考の内容と形式を明確に区別し，内容に依存せず形式にしたがって行われる論理的思考を指します。ピアジェは，この形式的操作を，感覚―運動，前操作，具体的操作の順に発達してきた人間の思考の完成形態としてとらえ，おおよそ14，15歳頃には全般的に成立すると考えました。◁1

　以上に述べた形式的操作の性質から，11歳以降になると具体的には，次のようなことが可能になるとされています。まず，思考が具体的な内容に依存しないことから，仮説にもとづいて結論を導くことができます（仮説演繹的思考）。◁2これは具体的な対象ではなく，仮定された命題どうしを関連づける命題論理が可能になることも意味しています。次に，現実を可能性のなかの一つと位置づけることに関連して，組み合わせ的思考が可能になります。たとえば，4種類の液体のいくつかを使って色が変化することがわかっているとき，その変化を生ずる組み合わせを系統的に調べ見つけることができます。さらに，思考が具体的な対象を離れ，対象間の関係についての関係（2次的関係）を扱うことに関連して，計量的な比例概念などもこの時期に出現するとされています。以上のうち，命題論理と比例概念を例に，形式的操作の性質について詳しくみてみましょう。

2 命題論理

　命題についての推理として，ピアジェは次のような例を示しています。◁3「エディスはスザンヌよりも髪の色が明るい（金髪だ）。エディスはリリーよりも髪の色が濃い（褐色だ）。では，3人のうちで誰の髪の色が一番濃いでしょうか」という問題に対して，11歳より前の具体的操作期の子どもには，次のような推理がみられます。「エディスとスザンヌは髪の色が明るい。エディスとリリーは髪の色が濃い。だから，リリーが一番濃く，スザンヌが一番明るく，エ

▷1　ピアジェ，J．・イネルデ，B.（波多野完治・須賀哲夫・周郷博訳）1969　新しい児童心理学　白水社

▷2　ピアジェ，J.（滝沢武久訳）1972　発生的認識論　白水社

▷3　ピアジェ，J.（波多野完治・滝沢武久訳）1960　知能の心理学　みすず書房

ディスは中間だ」。ここでは仮想の人物について語られた命題どうしを，「明るい」「濃い」を相対的な関係ととらえて関連づけるのではなく，整理されていない「対」を作るにとどまっています。これに対して，11歳以降の形式的操作期の子どもは「スザンヌが一番濃い」と正しく答えることができます。純粋に言語で仮定された事柄をもとに形式によって結論を導くことができるのです。

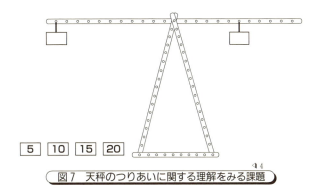

図7　天秤のつりあいに関する理解をみる課題

3　比例概念

ピアジェが比例概念の出現をみるのに用いた課題の1つに，天秤のつりあい課題があります（図7を参照）。この課題では，子どもに，左右でつりあうように支点の両側のいずれかの場所に重りをつるすように求め，どうしてそれでつりあうのかを尋ねます。具体的操作期の第2段階（9, 10歳）の子どもは，「重りが重いほど，天秤の支点に近づけるとつりあう」のように，重りの重さと支点からの距離という2つの次元を対応づけていましたが，その対応づけの仕方は，変化の方向どうしを対応づける定性的なものでした。一方で，形式的操作期（11歳～）にある者には，「支点からの距離の比が1：1/4である場合には，重りを1：4にするとつりあう」といった，量的な変化どうしを対応づける計量的な比例概念がみられました。計量的な比例概念の成立によって，現実場面における物事と物事の間の共変関係を正確に理解し，また今後の変化を的確に予測することが可能になります。

4　領域一般性と固有性

ピアジェは，組み合わせ的思考や比例概念などが形式的操作期になるとほぼ同時に出現すると主張しました。ある思考の形式が内容を問わずどの領域でも同様に出現することを領域一般性（domain generality）といいますが，形式的操作の領域一般性については，実験結果をもとにした反論がなされています。たとえば，同じ比例概念の場合でも，確率判断（赤と青のおはじきを混ぜ合わせたものが2組あるときに，目を閉じて赤のおはじきを取るとしたらどちらを取りたいか）が正確にできても，天秤の傾きの判断（どちらに傾くか）が正確ではない者が12歳の児童や大学生に多くみられ，比例概念の出現に領域によって違いがあること（領域固有性：domain specificity）が主張されています。

形式的操作に対応する思考がおよそ11歳頃からみられ始めるとしても，それがどの領域で出現するかについては，領域に関する知識などが影響を与えるようです。

（藤村宣之）

▷4　Inhelder, B., & Piaget, J. 1958 *The growth of logical thinking from childhood to adolescence*. Basic Books.

▷5　具体的操作期（特に第2段階）の思考の特質については，I-7，II-67参照。

▷6　Inhelder & Piaget, 前掲書。この著書では，比例概念や，仮説演繹的思考，組み合わせ的思考などの形式的操作に関する16の実験とその結果が紹介されている。

▷7　Siegler, R. S. 1981 Developmental sequences within and between concepts. *Monographs of the Society for Research in Child Development*, (Serial No.189).

Ⅰ　認知発達の基礎

9　発達の最近接領域：「明日」の発達をみるために

　発達の最近接領域とは

　太郎君と次郎君に発達検査を実施したところ，2人とも発達年齢7歳という結果でした。さらにこの2人に対して，自分1人では解決できない，その後の年齢段階の課題を，教示や解答のヒントを与えて実施してみます。すると，太郎君は他者と共同することで，9歳段階相当の成績を示したのに対して，次郎君は7歳半までの課題しか解答できませんでした。

　発達検査の結果は同じであったとしても，太郎君と次郎君の発達状態は同一であるとはいえません。ヴィゴツキー（Vygotsky, L. S., 1896-1934）は，知的発達を2つの水準に分けて考えることを提唱しています。その1つが自力で問題を解決できる水準で，もう1つが他者からの援助や共同によって達成が可能になる水準です。そして，両者のずれの範囲を「発達の最近接領域（zone of proximal development）」としたのです。

▷1　ヴィゴツキー, L. S.（柴田義松訳）　1962　思考と言語　明治図書出版

2　教育の中心的役割

　この提起は，発達の評価，および教育と発達の関係を考えるうえで，たいへん重要な内容を含んでいます。発達評価において，通常よく用いられる発達検査では，自力でどの程度の課題が達成できるかが問題となります。ヴィゴツキーに言わせると，そうした評価方法では，「成熟した機能」しかみておらず，まさに発達していくプロセスをとらえるためには，発達の最近接領域を考慮する必要がでてくるのです。つまり，独力でできるかどうかだけをみるのではなく，例示，教示など他者からの働きかけによって，子どものパフォーマンスがどのように変化するのかを検討することで，発達の潜在的可能性を的確に把握することができるのです。

　こうした発達理解の視点から，教育と発達の関係について，ヴィゴツキーは教育の中心的役割について論じています。彼の主張によれば，発達の最近接領域に対して働きかけるものであったり，そうした潜在的な可能性の領域を作り出すものであるときに，教育は発達に対して本質的な寄与をすることになるのです。「発達（段階）に応じた教育」という言い方を私たちはしばしばしますが，現下の発達水準だけにあわせた教育では新たな可能性を開くことは原理的に不可能です。ヴィゴツキーの主張は，「発達（段階）に応じた教育」を「発

達の最近接領域に応じた，あるいはそれを作り出す教育」というように読み替えて，教育の役割を積極的に位置づけ直すものとなっています。

③ 精神間機能から精神内機能へ

ヴィゴツキーの「発達の最近接領域」概念は，発達を社会―歴史的な視点からみていこうとする彼の発達理論と密接に結びついたものです。彼の理論には次の2つの特徴があるといわれます。▷2 (a)人間の高次精神機能は，社会―歴史的に形成された道具，なかでも記号としての言語によって媒介されたものとみなす。そのことから，(b)高次精神機能は，まず最初は人々の間で精神間機能として出現し，ついで個人内で精神内機能として現れる。

心理的な発達を，個体内に閉じた経路で起こるものとは考えられていない点に，ピアジェとは異なる大きな特徴があります。社会的あるいは歴史的に形成された道具や記号と出会い，それらを媒介にしつつ他者と相互交渉をしていくことが，心理的な発達を支えているとヴィゴツキーは考えるのです。そして，高次精神機能は社会的な起源をもって，「精神間機能から精神内機能へ」と発達するという視点から，発達と教育の関係を論じるなかで，「発達の最近接領域」という概念はある種必然性をもって登場したものだといえるでしょう。

④ 発達の社会―歴史的アプローチ

38歳という若さで生涯を終えたヴィゴツキーは，その短い研究期間にもかかわらず多くの著作や論文を残しています。ただ，そのアイディアは具体化していないものが多かったのですが，1970年代後半から80年代以降，旧ソ連以外の欧米において社会―歴史的アプローチにもとづく発達研究が登場してきます。

ワーチ（Wertsch, J. V.）はその代表的研究者で，初期の研究として，モデルとなる絵を見ながら，母子で共同してパズルを完成させるという課題を分析したものがあります。▷3 母親の援助の仕方は，年少児にはより直接的に，年長児には間接的，暗示的なものとなっており，相互交渉が進むなかで課題遂行を統制する責任が母親から子どもへと移っていくことが明らかにされました。最終的に子どもは1人で課題解決を図るようになるのですが，その自己制御の過程は母親との間で行われていた相互交渉が内化したものと，みなされています。この研究は，発達の最近接領域のあり方を具体的に探るものといえます。

日常的生活において，頭の中にある情報を頼りに，自分1人で問題解決をしなくてはならない文脈というのは，学校におけるテスト場面以外では希有なものでしょう。個人の能力と考えられているものが，道具や言語を介した相互交渉や共同体の文化的実践への参与を通して，達成されるものであることに，「発達の最近接領域」という概念によって，あらためて気づかされるのです。

（木下孝司）

▷2 ヴィゴツキー理論の概要とその後の展開については以下のものも参照。
田島信元 1992 ヴィゴツキー理論の展開 東洋・繁多進・田島信元（編）発達心理学ハンドブック 福村出版 pp.114-137.

▷3 Wertsch, J. V. 1979 From social interaction to higher psychological processes. *Human Development*, **22**, 1-22.

Ⅰ 認知発達の基礎

発達課題：人生の節目に課せられたもの

1 ハヴィガーストの発達課題論

　私たちは人生のさまざまな節目で，何らかのクリアすべき課題をまわりの人から提起されたり，自らそれと向き合って生きています。ある時は「中学生になったのだから，自分で自分のことはしなさい」と言われ，またある時は「自分ももう若くないのだから，そろそろ落ち着かないといけないな」と自戒したりと，私たちはさまざまな課題と出会うことになります。

　発達課題（developmental task）は，個人が社会的に期待されている健全な発達を遂げるために，乳幼児期から高齢期までの各時期で達成する必要がある課題です。こうした発達課題を本格的に研究対象にしたハヴィガースト（Havighurst, R. J., 1900-1991）は，人生を6段階に分けて，それぞれ7ないし8つの発達課題をあげています▷1（表2にその抜粋を示す）。

　ハヴィガーストによると，発達課題は，(a)身体的成熟，(b)社会からの要求や圧力，(c)個人の達成しようとする目標や努力の3つの要因によって規定されるものとされています。このうち(b)の，それぞれの年齢段階においてどのような社会的期待や要請があるのかは，個人が生きている時代や社会によって異なるものです。ハヴィガースト自身認めているように，彼のあげた発達課題は，アメリカの中産階級の立場にもとづいたものであり，すべてがどの時代やどの社会でも通用するものではありません。▷2

　また，ハヴィガーストは，ある段階の発達課題が達成されるとその後の段階への移行が順調に進み，逆に課題達成に失敗するとその後の課題の達成も困難

▷1　Havighurst, R. J. 1953 *Human development and education.* Longmans-Green.（庄司雅子訳 1958 人間の発達課題と教育 牧書店）

▷2　ハヴィガーストは，男女各15名の子どもについて6年間，面接や心理テストを実施した研究を行い，そうした資料も発達課題を考える材料となっている。ただ，生涯にわたる発達課題を考える客観的資料はあまりなく，彼の提案した発達課題は，彼自身ないしは彼の属する社会階層が抱いていた価値観，発達観，人間観がベースになったものといえるだろう。

表2　ハヴィガーストの発達課題の抜粋

乳児期・児童初期	成人初期
○排泄の学習 ○話すことの学習 ○正，不正の区別の学習	○配偶者との幸福な生活 ○子どもの養育 ○適切な市民としての責任を果たす
児童中期（学童期）	成人中期
○基本的読み書き・計算の技能の発達 ○価値・道徳観・良心の発達 ○男女の適切な性役割の採用	○成人の余暇活動を充実する ○満足すべき職業的遂行の維持 ○中年期の生理的変化への適応
青年期	高齢期
○概念および問題解決に必要な技能の発達 ○社会的に責任のある行動への努力 ○職業の選択および準備	○身体的変化への適応 ○退職と収入の変化への適応 ○自分と同年輩の人たちとの親和的関係

表3 エリクソンの心理―社会発達段階

老年期								統合性 対 絶望
壮年期							世代性 対 自己陶酔	
成人期						親密 対 孤立		
思春期					同一性 対 同一性拡散			
学童期				勤勉性 対 劣等感				
幼児期後期			自主性 対 罪悪感					
幼児期前期		自律性 対 恥・疑惑						
乳児期	基本的信頼 対 不信							

になるとしています。しかしながら,ある課題の達成や失敗が実際に発達過程にどのような影響を与えるかは,十分明らかになっていません。発達課題を場合によっては迂回したり,後に発達課題をやり直したりなど,さまざまな生涯発達のルートを各個人がとっていることを踏まえた議論が必要となっています。

❷ エリクソンからみた発達課題

　ハヴィガーストは,生涯発達的視点から発達課題をリストアップする作業をしたわけですが,各時期の課題を達成していくプロセスにおいて,どのような心理学的なメカニズムが働いているのかは検討していません。

　それに対して,エリクソン(Erikson, E. H., 1902-1994)は自己の発達という心理学的観点から発達課題を考えています。私たちは,社会からのさまざまな要求に自己を適応させて生きており,発達課題というのは,自らが属する社会から,生涯にわたって投げかけられる要求といえます。エリクソンの理論は,こうした社会からの要求と自己の適応の関連に着目したものであることから,心理―社会的発達理論と呼ばれています。

　エリクソンは生涯を8つの段階に分け,それぞれ発達課題を措定しています。たとえば,乳児期においては「基本的信頼」をもつことが課題となります。ただ,それは簡単なものではなく,発達課題の達成には危機がともない,「不信感」を内包した自己が発達する場合もあるとエリクソンは考えます。各段階には表3にあるように,固有の発達課題が与えられ,その達成に向けた危機が到来します。それは人生の転機と呼んでいるものに重なり,それぞれの課題の乗り越え方によって,自己形成の様相が異なっていくことになるのです。

(木下孝司)

▷3　Erikson, E. H. 1963 *Childhood and society* (2nd ed.). Norton. (仁科弥生訳　1977, 1980 幼児期と社会Ⅰ,Ⅱ　みすず書房)

▷4　表3の空欄は,課題となる要素が,ある段階固有の危機が到来する以前から存在し,またその後にも内包されて現れることを示している。

I　認知発達の基礎

 知覚の発達：
見る，聞く，におう，味わう，触れる

1　感覚と知覚

　人間は，見る，聞く，匂う，味わう，触れるという行為を通じて，外界からさまざまな情報を得て生きています。この視覚・聴覚・嗅覚・味覚・触覚の5つの感覚を五感（five senses）といいます。感覚（sensation）とは，目・耳・鼻・舌・皮膚という受容器を通じて，光・音・匂・味・接触という外部からの刺激（情報）を受け取ることです。

　しかし，じつは五感のほかにも感覚はあります。本論からは離れますが，五感ではわからないけれども，「あやしいな」「くさいぞ」などと何となく感じ取れるものを俗に第六感（sixth sense）といいます。しかし，心理学では，第六感は感覚のなかには含めません。では，五感のほかにもある感覚とは何かというと，自己の身体（内部）からの感覚であり，運動感覚，平衡感覚，内臓感覚の3つがあります。目をつぶっていても，手で自分の鼻に触ること（運動感覚）や片足で立つこと（平衡感覚）ができますし，空腹感やおなかの痛みを感ずること（内臓感覚）があります。

　知覚（perception）は，感覚が刺激に対する末梢的で直接的な経験であるのに対し，より中枢的で高次の認知過程と定義されます。たとえば，「赤くて丸いもの」がぱっと目に入ってきても，それが花なのか，赤信号なのかを判断するにはさらに余分に時間がかかります。そこで，知覚とは感覚プラス判断であるという定義がされることもあります。しかし，感覚といっても，何らかの判断が行われているわけで，この感覚と知覚の区別は相対的なものにすぎません。

2　五感の発達

　新生児（生後4週間以内の赤ちゃん）は，五感を備えて生まれてきます。赤ちゃんの目は，視力が十分に調整されているとはいえませんが，明暗はもちろん，「人の顔」などのかたちをかなりよく区別しています。聴覚では，大きな音には大変敏感に反応します。嗅覚では，お母さんのお乳の匂いがするものとしないものとを識別することができるといわれています。味覚では，人工ミルクの濃さや舌で感ずる温度に敏感に反応します。そして，おむつに痛いものが混じっていたり，室内の気温が高すぎる場合や低すぎる場合に，赤ちゃんが泣いたりむずかったりすることから，触覚の存在も確認できます。

五感のうち，生まれてから後の調整を最も必要とするものは視覚です。お母さんの胎内は真っ暗だったのですから，見ることは生まれてから後に初めて体験する感覚なのです。

③ 感覚間協応

五感はそれぞれが単独で機能するだけでなく，複数の感覚が相互に影響しあうことがあります。たとえば，音がどこから聞こえるかの判断は，音源が目に見える場合の方がより正確に判断できます。手拍子をすると歌いやすくなるのも，聴覚だけでなく視覚的要素が含まれています。このような視覚と聴覚の感覚間協応（intermodal coordination）は，乳幼児でもさまざまな形で見られます。

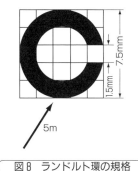

図8　ランドルト環の規格

④ 視覚の発達

視覚は，生まれた後の経験であるというだけでなく，得られる情報量が多いという意味でも，赤ちゃんの発達にとって最も重要な感覚能力です。

アメリカの心理学者ファンツ（Fantz, R. L.）は，生後6カ月までの乳児に対（ペア）にして見せた図形のそれぞれの注視時間を測定し，「赤ちゃんは複雑な図形を好む」こと，最も好む（注視時間が長い）図形が人の顔であること，縦縞の正方形と灰色の正方形を区別させる実験から生後6カ月の間に急速に視力の調整が行われることなどを明らかにしました。[1]

同じくアメリカのギブソン（Gibson, E. J.）らは，乳児の奥行き知覚（depth perception）を研究するために，視覚的断崖（visual cliff）という実験道具を用いて6カ月児の行動を観察しました。[2] 床面が深く遠くに見える高さ（床から約1m）にはった透明ガラスの向こう側から母親が呼んでも，怖がったり嫌がったりして行けないことから，6カ月児の奥行き知覚の発達が証明されました。

正常な視力（visual acuity）は，いうまでもなく人間の発達にとって重要なものです。子どもの視力の測定は，ランドルト環（Landolt ring）による測定ならば，文字の読めない3，4歳頃からでも可能です。わが国でも視力検査で使われているランドルト環は，フランス人の医師ランドルト（Landolt, E.）が1909年に考案したものです。ランドルト環の視力測定の規格（図8）は，太さ1.5ミリ，外周の直径7.5ミリのドーナツ状図形に1.5ミリの隙間を作ったもので，5メートル離れても見分けられる視力を「1.0」と定義します。この倍の10メートルの距離で見えるのなら視力は2.0，半分の2.5メートルでしか見えないなら0.5です。

ランドルト環であれば，このCのような形をした大きいハンドルを子どもに渡して，空いているのと同じ向きにハンドルを回させる方法で，3～4歳児でも視力測定が可能となるのです。

（子安増生）

▷1　Fantz, R. L. 1961 The origins of form perception. In *Readings from Scientific American: Physiological Psychology*. W. H. Freeman & Co. 1972. pp.71-77.

▷2　Gibson, E. J., & Walk, R. D. 1960 The "visual cliff". In *Readings from Scientific American: Contemporary Psychology*. W. H. Freeman & Co. 1971. pp.77-84.

Ⅰ　認知発達の基礎

 知能の発達：情報処理能力の個人差

1　知能の発達と測定

　個性を表現することばのなかに、「頭がいい（smart）」、「利口だ（clever）」、「かしこい（wise）」など情報処理能力や問題解決能力の高さを表すものがあります。心理学では、このような能力を知能（intelligence）と呼んできました。

○ビネーの検査

　19世紀半ば以後、西欧諸国で公教育が普及し、すべての子どもたちを学校に受け入れようとしたとき、普通教育についていけない子どもたちが大勢いることが大きな問題になりました。今から100年ばかり前、フランスの心理学者ビネー（Binet, A. 1857-1911）は、パリ市の教育当局からの依頼を受け、シモン（Simon, Th. 1873-1961）の協力を得て、1905年にビネー＝シモン知能測定尺度を作りました。

　ビネーらは、記憶・計算・推理といった高次の精神機能だけでなく、実際的な知能も重視しました。そのため、たとえば「貨幣の名称を言うこと」といった日常的な質問が検査項目に含められました。また、すべての子どもに同一の問題群を与えるのではなく、対象児ごとに問題の与え方を変える柔軟なテスト法を導入しました。そして、知能の発達の程度を表現するために、精神年齢（Mental Age: MA）という指標が導入されました。子どもの実際の年齢を生活年齢（Chronological Age: CA）というのに対し、精神年齢は合格したテスト項目数の合計から計算され、「何歳何カ月」の形式で表現されます。

○知能指数の導入

　ビネーの知能尺度は、アメリカの心理学者ターマン（Terman, L. M. 1887-1956）によってさらに発展しました。ターマンは、ドイツの心理学者シュテルン（Stern, W. 1871-1938）が考案した知能指数（Intelligence Quotient: IQ）を実用化しました。

　知能指数というのは、次のような考え方によるものです。たとえば、ここに次のような2人の子どもがいたとします。

　　Aさん：生活年齢5歳0カ月，精神年齢4歳0カ月
　　Bさん：生活年齢10歳0カ月，精神年齢9歳0カ月

　AさんもBさんも精神年齢は1歳の遅れで差がないようですが、一般に発達の遅れは年少ほど重大だとされます。このことが「差」による表現では出てこ

▷1　シモン（Shimon, Th. 1873-1961）
アルフレッド・ビネーのよき協力者であると同時に、若き日のジャン・ピアジェ（⇒ Ⅰ-4 参照）に知能研究の手ほどきをしたことでも重要な役割を果たした。

ないので，次の式を用いて「比」による表現にしたのが知能指数です（100をかけているのは値を整数にするためのもの）。

$$知能指数 = \frac{精神年齢}{生活年齢} \times 100$$

知能指数を使うと，Aさんの知能指数は$(4/5) \times 100 = 80$，Bさんの知能指数は$(9/10) \times 100 = 90$となり，Aさんの知能の遅れの方がより重大であることがはっきりします。

② 知能の多様性

知能について考える時の重要な観点を以下にあげます。

(1) 知能検査は確かに人間の能力のある部分を測っていますが，それがすべてであると考えるべきではありません。アメリカの心理学者ガードナー（Gardner, H. 1943- ）の多重知能理論（theory of multiple intelligences）は，言語・論理・空間情報処理などのいわゆる学校知能だけでなく，自己自身や他者を理解する能力としての人格的知能や，音楽・美術・舞踊・スポーツなどの芸術的知能も知能の重要な構成要素と考えています。

(2) 知能指数（IQ）には，もちろん学校知能の指標としての意味はありますが，それを過大に評価して，その人の人生を予測・決定するものであるかのように取り扱うべきではありません。IQは必ずしも恒常的なものではなく，環境の変化やその人の考え方の変化にともなって変動しうるものです。

また，知能検査の実施にあたっては，子どもの健康状態に十分に配慮し，実施する時間も疲労などの影響のない午前中に設定することが望まれます。

(3) 知能指数は，用いた知能検査の種類によって結果が大きく異なる場合があるということを知っておく必要があります。

その理由は，第1に，知能検査ごとに開発思想が異なり，何を重視して測定するかが違っているからです。たとえば，アメリカの心理学者ウェクスラー（Wechsler, D. 1896-1981）が知能診断のために開発した知能検査シリーズ（幼児向けのWPPSI，児童・生徒用WISC，成人用WAIS）は，知能を言語的IQと動作的IQ（およびその総合としての全検査IQ）に分けて測定するものです。

第2に，現在用いられている知能検査は，IQを「（精神年齢/生活年齢）×100」で定義しているものはむしろ少なく，偏差IQ（deviation IQ）で表すものが多いのです。偏差IQは平均100，標準偏差15に設定されており，IQも偏差IQも平均はともに100ですが，得点範囲や分布などが異なるのでデータを見るときに注意しなければなりません。たとえば，偏差IQではIQ200などという数値が出ることはまずありません。

（子安増生）

▷2 多重知能理論については，下記の文献を参照。
Gardner, H. 1983 *Frames of Mind : The theory of multiple intelligences*. New York : Basic Books.
Gardner, H. 1999 *Intelligence reframed*. New York : Basic Books.
（松村暢隆訳 2001 MI：個性を生かす多重知能の理論 新曜社）

▷3 学校知能（academic intelligence）
習ったことを覚えたり，速く正確に問題を解いたりするときに用いられる能力であり，主として言語的知能，空間的知能，論理—数学的知能から構成されている。

▷4 ウェクスラー式知能検査シリーズは，日本文化科学社から販売されている。
http://www.nichibun.co.jp/kobetsu/kobetsu_index.html

I 認知発達の基礎

13 結晶性知能と流動性知能：能力の生涯発達の2つの軸

1 2種類の知能

○知能研究の流れ

人間の知能はどのような要素から構成されているのでしょうか。集団に対して知能検査を実施し、その下位検査間の相関関係をもとに因子分析という手法を用いて構成要素を明らかにしようとする研究が20世紀の前半に始まり、知能検査全般に関わる一般因子と各検査固有の因子が知能を構成すると考える二因子説や、相互に独立した多くの因子が知能を構成すると考える多因子説が提起されてきました。その多因子説の流れを引きながら、人間が育つ文化との関わりという観点から、2つの知能因子を区別したのがキャッテル（Cattell, R. B., 1905-1998）です。

○知能の特質と測定のためのテスト

キャッテルは、知能に結晶性知能（crystallized intelligence）と流動性知能（fluid intelligence）という2つの因子を見出しました（正式には、結晶性一般知能と、流動性一般知能といいます）。結晶性知能とは、経験や教育といった文化の影響によって形成される知能です。結晶性知能は、これまでの経験によって蓄積された知識を反映するものであり、言語についての高度な理解が必要な語彙や読みのテスト、経験にもとづく評価を必要とするような社会的関係に関する問題解決などによって測られます。それに対して、流動性知能とは、経験や教育といった文化的要因とは相対的に独立に、神経生理学的な要因に影響を受けて形成される知能です。流動性知能は、新しい場面への適応が必要な問題解決や、情報処理の速度や能力に関連しており、図形の関係や文字の系列についての推理、記憶容量などに関するテストによって測られます。

2 結晶性知能と流動性知能の発達的変化

○青年期以降の傾向の違い

キャッテルとホーンは、結晶性知能と流動性知能が年齢の上昇とともにどのように変化するかを、ある時点で異なる年齢段階にある人たちの知能検査の成績を比較するという横断的研究によって明らかにしようとしました。その結果を模式的に示したのが図9です。

結晶性知能、流動性知能ともに、誕生から青年期にかけて遂行レベルが上昇

▷1 Horn, J. L., & Cattell, R. B. 1966 Refinement and test of the theory of fluid and crystallized general intelligences. *Journal of Educational Psychology*, **57**, 253-270.

▷2 Horn, J. L. 1968 Organization of abilities and the development of intelligence. *Psychological Review*, **75**, 242-259.

▷3 Horn, J. L., & Cattell, R. B. 1967 Age differences in fluid and crystallized intelligence. *Acta Psychologica*, **26**, 1-23.

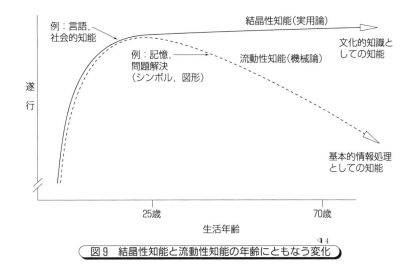
図9　結晶性知能と流動性知能の年齢にともなう変化

しますが，それ以後の変化の傾向は異なります。つまり，個体の生理的成熟に関係すると考えられている流動性知能は25歳頃を境に徐々に遂行レベルが下降していくのに対して，環境や文化の影響を受けると考えられている結晶性知能は成人期・老年期を通じて緩やかな上昇傾向を持続します。

〇発達の多次元性と多方向性

生涯発達心理学を研究しているドイツのバルテス（Baltes, P. B.）は，発達の多次元性（multidimensionality）と多方向性（multidirectionality）という視点から，流動性知能と結晶性知能を，それぞれ知能の機械論（mechanics）と実用論（pragmatics）という，異なる2つのプロセスとして位置づけました。そして，成人期から老年期にかけての流動性知能の低下は結晶性知能の向上によって補われると考えました。知能の種類（あるいは認知のプロセス）によって発達曲線が異なり，それぞれの優れている点で弱点を補いながら，各年齢段階での適応を行っていくというアイデアは，生涯にわたる発達を考えていくうえで重要でしょう。

〇知能の測定方法の改良

なお，流動性知能が成人期以降に低下することを示すデータは横断的研究から得られましたが，対象年齢の幅の広い横断的研究では，各年齢の対象が経験している教育の内容が異なることから，より年齢の高い対象の遂行が過小評価されがちです。つまり，老年期の人たちが仮に現在に近い教育を受けた経験があったとしたら，その遂行はより高くなったかもしれないのです。そこで，同じ対象を継続的に追跡する縦断的研究や，コーホートによる差を考慮した分析が行われた結果，知能の低下の始まりは，キャッテルやホーンが示した年齢よりもかなり遅いことや個人差が大きいことなどが示されています。

（藤村宣之）

▷4　Baltes, P. B. 1987 Theoretical propositions of life-span developmental psychology : On the dynamics between growth and decline. *Developmental Psychology*, **23**, 611-626.

▷5　精力的に創作活動を行う高齢の作家や、老練な政治家は、その例といえるであろう。

▷6　⇒ I-30 参照。

▷7　Schaie, K. W., & Hertzog, C. 1983 Fourteen-year cohort-sequential analyses of adult intellectual development. *Developmental Psychology*, **19**, 531-543.

I 認知発達の基礎

認知の発達：環境を知り，環境に働きかける

1 「認知」の来歴

認知発達（cognitive development）は，本書全体のキー概念です。現代心理学において，認知（cognition）ほどよく用いられ，しかも意味内容の豊富な言葉はほかにないかもしれません。そこで，まず最初に，この言葉の来歴を考えてみましょう。そのため，心理学が「心の科学」を目指しながら，どのようなことを研究しようとしてきたかをざっと振り返ってみることにします。

▷1 認知科学の発展の歴史については下記参照。
Gardner, H. 1984 *The Mind's New Science : A History of the Cognitive Revolution*. Basic Books. （佐伯胖 監訳 1987 認知革命―知の科学の誕生と展開 産業図書）

○意　識

科学としての心理学は，ドイツの心理学者ヴント（Wundt, W.M. 1832-1920）が1879年にライプツィヒ大学に世界最初の心理学実験室を作ったことから始まるとされます。ヴントの基本的な考え方は，一言でいうと「心とは意識である」とするもので，自分の心の中にある意識内容を言語化すること（内観法）が心を理解する重要な方法でした。草創期のアメリカ心理学の代表的研究者ジェームズ（James, W. 1842-1910）は，とりわけ意識の流れ（stream of consciousness）という側面を強調しました。ジェームズの考え方は，ジェームズ・ジョイスの『ユリシーズ』などの文学作品にも大きな影響を与えました。

○行　動

しかしながら，意識内容の言語化という方法は，言葉を話すことのできる健常な大人を前提とするもので，言葉をもたない赤ちゃんや障害児，あるいは動物たちの心をとらえることはできません。そこで，「心とは行動である」という考え方が出てきました。その基礎を築いたのは，ロシア・ソ連の生理学者パヴロフ（Pavlov, I. P. 1849-1936）です。食物消化の研究で1904年にノーベル生理学・医学賞を受賞したパヴロフは，その条件反射学，第二信号系の理論によって心理学に多大な影響を与えました。アメリカの心理学者ワトソン（Watson, J. B. 1878-1958）は，1913年に行動主義宣言（Behaviorist's Manifesto）を発し，客観的な行動こそ研究に価するとしました。極端な学習論者，環境論者のワトソンは，恐怖心などの情動も条件づけられたものであることを示すアルバート坊やの実験（the Little Albert study）を行いました。

▷2 アルバート坊やの実験
生後9カ月のアルバートという赤ちゃんに，ネズミを見せると同時に大きな音で怖がらせ，ネズミやそれと似たような毛皮の動物に対する恐怖心を植えつける実験。

○無意識

「心とは意識である」という考え方に対するもう1つの反論は，無意識の欲求・願望・感情などを重視するオーストリアの精神科医フロイト（Freud, S.

1856-1939)の精神分析や，スイスの心理学者ユング（Jung, C. G. 1875-1961）の分析心理学などの考え方です。防衛機制やコンプレックスのような概念は，この領域から興ってきたものです。発達心理学の領域では，青年期のアイデンティティ形成やモラトリアム概念の重要性を強調したエリクソン（Erikson, E. H. 1902-94）の理論もこの流れから出てきました。

○ 認　知

　行動主義の考え方は，1950年代末まで，実験心理学や発達心理学の分野で大きな力をもっていました。しかし，刺激と行動の関係を記述することで事足りるとする考え方は，中身の見えないブラックボックス主義（black boxism）として批判が強まり，それに対する批判として「心とは認知である」という考え方が興ってきたのです。その論者のなかには，生成文法理論を提唱し，生得的言語能力の存在を主張したチョムスキー（Chomsky, N. A. 1928-　）もいました。そして，スイスのピアジェ（Piaget, J. 1896-1980）の発生的認識論の考え方が，ようやくアメリカでも広く受け入れられるようになりました。1960年代以後，認知発達研究が発達心理学の重要な柱となっているのです。

▷3　発生的認識論
⇒I-4 参照。

❷ 認知が発達するとは

　認知とは，簡単にいってしまえば知ること（knowing）です。広義には，知覚，注意，記憶，学習，判断，思考など脳機能活動全体を認知と定義します。狭義には，判断や思考のような，より高次の脳機能活動を認知と定義します。しかしながら，実際のところ，何が「より高次」の脳機能活動であるかは，必ずしも明確ではありません。いずれにしても，複雑な脳機能を比較的シンプルなモデルを立てて理解し，実証的に検証しようとするのが認知研究の基本的なスタイルです。

　認知の発達にとってまず重要なことは，表象（representation）の形成です。延滞模倣（delayed imitation）のように，目の前にあるもの（presentation）だけでなく，脳の中で再現される情報によって行動が成立すれば，それは表象を利用していることになります。そして，知覚表象が言葉などの記号に置き換えられ，脳の中で操作されるとき（パヴロフのいう第二信号系の成立），認知が高度に発達したといえるのです。

　イギリスの発達心理学者ゴスワミ（Goswami, U. 1960-　）は，認知とは環境についての情報を得て，環境に働きかけることであり，そのためには因果についての知識獲得が重要になると述べています。この「環境」のなかには，物理的環境だけでなく，社会的環境も含まれ，他者に対して因果的に働きかけるために必要な社会的認知も当然認知の対象になります。

（子安増生）

▷4　Goswami, U. 1998 *Cognition in children*. Psychology Press.（岩男卓実・上淵寿・古池若葉・富山尚子・中島伸子訳 2003 子どもの認知発達 新曜社）

Ⅰ　認知発達の基礎

15　トップダウン処理：幽霊の正体見たり

▷1　幽霊の正体見たり枯尾花
姿がわからず幽霊だと思って恐ろしがっていたものをよく見ると，風にゆれる枯れすすきだったという川柳。江戸時代の俳人，横井也有（やゆう）の句，ただ恐ろしく見える物事も，正体がわかってしまえば案外たいしたものではないという意味。

▷2　知覚がトップダウン処理により多大な影響を受けると考える立場を，知覚の構成主義と呼ぶ。また，彼らの考える知覚モデルは構成主義モデルないしは推測モデルと呼ばれる（アイゼンク，M. W. 編　野島久雄・重野純・半田智久訳 1998　認知心理学事典　新曜社）。

▷3　Greenfield, S. 2000 *Brain Story*. BBC.（新井康充監訳　中野恵津子訳 2001　脳の探求　無名舎）

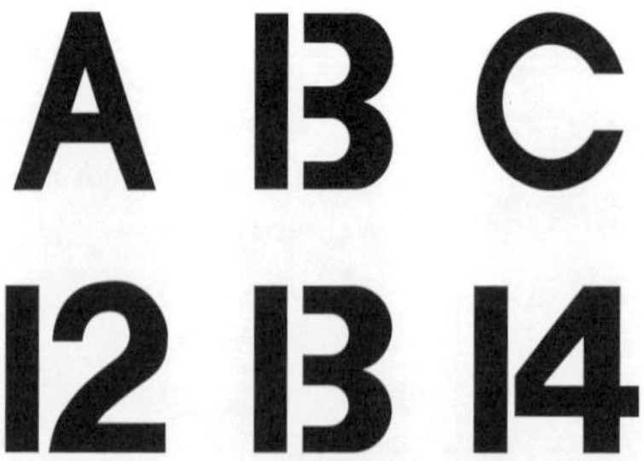

１　トップダウン処理

　森の中を歩いているときに，足元に落ちていた細長い紐をヘビと見間違えてギョッとする，といった経験は，似たようなものなら誰にでもあるのではないでしょうか。これは，知覚が曖昧だったり，不完全だったりしたときに，過去の経験，知識，現在の文脈にもとづく予期が，知覚の曖昧さを補正し，ある認識を生み出すことにより起こるものです。たとえば，薄暗い森の中でチラッと見えた足元の細長いもの（知覚）に対して，ヘビについての知識（色や形），過去に森の中でヘビを見た経験，森の中という現在の状況から，「ヘビだ！」という認識（見間違え）が生じます。

　このように，ある人が自分の内部に保持する既有の知識，概念，理論を用いて予想や期待のもとに外部からの入力データを処理していく処理方法をトップダウン処理（top-down processing）とか概念駆動処理（conceptually driven processing）と呼びます。

　たとえば，図10の1段目と2段目の真ん中の文字は同じ図形です。1段目は「Ａ　Ｂ　Ｃ」と読めますが，2段目は「12　13　14」と読めます。これは真ん中の文字がまわりの文脈（アルファベットの羅列か数字の羅列か）——アルファベットや数字についての既有知識——にもとづいてトップダウン処理された結果です。実際，人間の視覚システムでは，情報は目の網膜から脳に到る一方通行ではなく，両眼から入る情報を脳の知覚を処理する領域に運ぶ1つの経路に対して，より高次の領域から逆向きに情報を送ってくる経路が，少なくとも10はあることがわかっています。

　確かに，曖昧で不完全な入力情報に対する処理を説明するには，トップダウン処理は適切かもしれません。しかし，通常の知覚においては，内部の知識，概念，理論による補正や補塡を行わなくても，現実をそのままに知覚することができます。

２　ボトムアップ処理

　通常の環境のもとでの入力情報はそれほど曖昧ではなく，十分に明確であることが普通です。そうした十分に明確な入力情報の処理を説明するには，トップダウン処理ではなくボトムアップ処

図10　文脈の効果

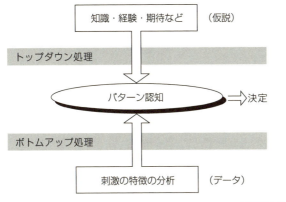

図11 人間の情報処理でのトップダウン処理とボトムアップ処理の関わり ◁5

理（bottom-up processing）とかデータ駆動処理（data-driven processing）と呼ばれる処理方法のほうが適切かもしれません。ボトムアップ処理では，外部から感覚器に入ってきた刺激が，まず低レベルの物理的特徴の分析から始まり，しだいに低次のレベルから高次のレベルに進んでいき，最終的に決定がなされると考えられています。たとえば，4という形について，まず，垂直線や曲線，角度などがあるかないか，あるとすればその数はいくつかなどの特定の特徴——「4」の場合，「/」「ー」「｜」の線分があり，角が3つ，うち1つは交差しているなど——が探し出されます。次のレベルでは，その特徴の組み合わせからあるパターン（この場合，「4」）であることが決定されます。

③ 人間の情報処理におけるトップダウン処理とボトムアップ処理の関わり

トップダウン処理，ボトムアップ処理というまったく正反対の仕組みを表す用語は，もともと，コンピュータ科学で使われていたものです。その用語を人間の情報処理の仕組みを説明するために認知心理学——特に情報処理アプローチと呼ばれる分野——で使うようになったことから広がりました。しかし，私たちの認知（情報処理過程）においては，トップダウン処理かボトムアップ処理のどちらかだけが行われるのではなく，この2つのタイプの処理が同時に行われていると考えられています（図11）。トップダウン処理とボトムアップ処理は，与えられたのがどんな刺激や課題か，どんな状況や文脈かなどのさまざまな要因によって，どちらかの処理がより優先されるのです。

また，「幽霊の正体見たり」の句にあるように，感情が認識に影響を与える反面，認識から感情が生じることもあります。しかし，感情は高次の知識や概念とも単なる刺激（データ）とも異なるように思えます。人間の認知における感情の役割を考えると，トップダウンやボトムアップといった情報処理の仕組みをさらに検討する必要を感じます。

（郷式 徹）

▷4 Bruner, J. S., & Minturn, A. L. 1955 Perceptual identification and perceptual organization. *Journal of General Psychology*, **53**, 21-78.

▷5 石王敦子 1997 知覚——私たちは外界をどのように知るか（第1章）北尾倫彦・中島実・井上毅・石王敦子 グラフィック心理学 サイエンス社 p.31 より引用。

I　認知発達の基礎

16　メタ認知能力：自分が何を知っているかを知る

 メタ認知とは

　近くのコンビニエンスストアへの買い物を頼まれたときに，1つか2つのものを買うだけなら，ほとんどの人がそのまま出かけるでしょう。しかし，多くの種類の買い物を頼まれたときは，買い物リスト（メモ）を書いてもらったりしないと買い忘れるものがでてきてしまいます。いくつぐらいの物ならば買い忘れないか，いくつぐらいなら覚えていられそうもないかというのは，自分自身の記憶能力に対する知識や信念にあたります。こうした記憶に対する知識や信念はメタ記憶と呼ばれます。同様に，広く私たちの認知――知覚，記憶，学習，思考――のさまざまな過程に関する知識や信念をメタ認知（metacognition）と呼びます。メタ認知は認知やその過程の意識化に関わる概念で，たとえば，表4に示したような広範囲な心的事象を含みます。

　メタ認知のなかでも，特に，何か目標が決まっており，その目標を達成するための（認知）活動を制御するという側面をモニタリング（monitoring）といいます。モニタリングは，自己の認知状態や認知過程に対する知識が目標を達成するために適切かどうかをチェック・評価する過程と目標達成に向けて新しいプランを立てたり，現在の活動を修正する制御の過程から構成されています。

表4　メタ認知に含まれる心的事象とその内容

メタ認知に含まれる心的事象	内　容	具体例
認知過程に対する知識	ある物事に対して自分がどのように認識するのかを知っている，また，その知識。	約束をしたとき「手帳に書いておかないと忘れるかも……」と思うこと。
自己の認知状態に対する評価	今，物事をどう認識しているか，を認識でき，その認識が正しいのかを判断。	総理大臣の電話番号を尋ねられたとき，即座に「知らない」と認識できる。
自己の認知過程に対する評価	ある物事に対する自分の認知過程が適切であったかの判断，また，その認知過程に対する知識の評価と修正。	「自分は文系人間だから，数学ができない」という思い込みなど。
認知過程や方略の実行制御	ある目標を達成するための認知や操作における認知過程や方略およびその結果の監視，評価，修正など。	何か言い間違えたときに自分で言い間違いに気づいて，言い直す。
認知活動に関連した感情的評価	認知活動にともなって生じる感情に対する認知。	「今やっていることはだめなようだ」「うまくいかない」と感じること。

表5 記憶方略およびメタ記憶の発達[2]

発達する側面	0〜5歳児	5〜10歳児	10歳以降
方略	リハーサルや体制化などの方略を学習するが，記憶場面で効率的に利用することが困難。	多くの方略（リハーサルや体制化など）を獲得し，記憶場面で効率的に利用可能になる。	方略の精緻化，すべての方略の質的改善，方略利用の効率性の増大。
メタ記憶	記憶についての事実的知識が不十分。基本的モニタリング能力（考えや行動を監視したり，どれだけ記憶できるか予測するなど）はあるが，その機能は不十分。	記憶についての事実的知識の増大。モニタリング能力の改善およびその機能の効率性が増大。	事実的知識やモニタリングや記憶過程での制御の改善，事実的知識が記憶の仕方（手続き）に効果を発揮し始める。

❷ メタ認知能力の発達

　メタ認知が機能し始めるのは幼児期後期です。たとえば，5，6歳頃のごっこ遊びでは，砂場の一カ所を玄関として設定したのに，他の場所から出て行こうとしたときに「こっちにも玄関がある。玄関が2つあるおうちなの」と行動を軌道修正したりします。他にも，会話の途中で相手が自分の妹のことを知らないことに気づいて，「今日の朝，ハナちゃんがね，あ，ハナちゃんて僕の妹なんだけど」というように，相手にあわせて言い直したり，言い換えたりするようになります。[1]

　メタ認知の発達は，特に記憶の領域で広く研究されています。うまく記憶を行うためには，単に記憶容量が多かったり，処理能力が早かったりするだけでなく，記憶すべき対象や自分の記憶の状態に合わせて方略を巧みに用いるとともに，モニタリングの必要があります。そして記憶の発達には，記憶方略およびメタ記憶の発達の側面が欠かせません（表5）。

　また，心の理論[3]と呼ばれる自分や他者の心の状態の理解や推測をする能力が，メタ表象能力にもとづくのではないかという議論もされています。メタ表象能力とは，たとえば，「『Aさんは【箱の中身はお菓子だ】と考えている』と私は考える」というように，Aさんが考えていること（表象）について考える（表象する）ことを指し，メタ認知能力の一つであると考えられます。さらに自己抑制や自己主張の発達においてもメタ認知能力の発達は欠かせません。[4]

　メタ認知はある年齢に達すると突然出現する能力ではなく，発達とともに次第に獲得されていくものです。そして，単に処理の速さや正確さのためにではなく，より豊かな思考・認識――自分なりに納得のいく，整合的な世界の理解――を発達させていくためには，どのようなメタ認知能力を発達的に獲得していくことが必要か，また，そのためには教育をはじめとしたどのような文化・社会的環境が必要かを考えることが重要です。

（郷式　徹）

▷1　他には，幼児のごっこ遊びのなかでストーリー展開の枠組みに関する発言（ト書き的発言）では方言が使われるが，セリフ的発言では共通語が用いられる（加用，1996）といった現象が指摘されている。この現象は（意識的ではないかもしれないが）メタ認知の芽生えを示しているといえよう。

▷2　丸野（1990）の表（p.100）の一部を改変。

▷3　心の理論
⇒II-51 参照。

▷4　⇒II-54 参照。

参考文献
加用文男　1996　ごっこにおける言語行為の発達的分析　心理科学，18, 38-59.
丸野俊一　1990　認知　無藤隆・高橋惠子・田島信元（編）　発達心理学入門I――乳児・幼児・児童　東京大学出版会　第6章 pp. 82-107.

I 認知発達の基礎

17 認知発達の個人差：標準からのズレと１人ひとりの違い

▷1 認知スタイル
⇒ I-18 参照。

▷2 図12に示したテストAの平均得点は60点, 標準偏差は10点である。テストBの平均得点は60点, 標準偏差は20点である。

▷3 平均
平均という場合, 多くはすべてのデータ（観測値）の総和をデータ数で割った値である算術平均を指す。他に幾何平均や調和平均といった特殊な目的に用いられる平均がある。

▷4 標準偏差
標準偏差とは分布のひろがりを表す測度の一つである。SDと示されることも多い。平均値と個々の観測値の違いの平均値と考えることができる。平均が $\bar{x}$ である n 個の観測値の標準偏差（s）は次の式で表される。

$$s = \sqrt{\frac{1}{n}\sum_{i=1}^{n}(x_i - \bar{x})^2}$$

1 個人差

　この世には, あなたとまったくそっくりな人は１人としていません。人間は１人ひとり異なる遺伝情報をもって生まれ, 異なる環境で育ってきます。そのため, どんな心理・行動的な側面を測定した場合にも, その測定値は１人ひとり異なります。この測定値の違いが個人差です。

　一般に心理学で個人差という用語を使う場合, ある人と他の人との相対的な違いに関心があります。知能や性格などを何らかの検査や尺度で測定した場合, 平均値のような集団の代表値ではなく, ある人の測定値が集団全体のどこに位置するか, また, ある人と他の人の測定値の違いに関心がある場合に個人差が問題となります。

　また,「個人差」が正常な範囲内での平均値からのズレとして用いられる場合と内向的一外向的といった性格の違いや認知スタイルの違いとして用いられる場合があります。認知発達の「個人差」が, 前者の意味で用いられる場合, 問題となるのはどこまでが正常な範囲内, 言い換えれば, 平均値からどの程度離れたら個人差ではなく, 発達の遅れや問題と考えなければならないかです。

2 平均値と分散

　６歳児100人にテストAとBを行ったと考えましょう。１人ひとりの得点は異なっていますが, 図12のようにテストAでもテストBでも平均点付近の得点を取った子どもが一番多く, 平均点から離れるほど少なくなります。

　ところで, テストAよりもテストBのほうが, 平均値から離れた点を取った子どもが相対的に多いようです。これはテストAに比べてテストBのほうが得点の散らばりが大きいことを示しています。こうした散らばりを示すために分散や標準偏差という指標が用いられます。

　図12のような平均値付近をてっぺんにしたつりがね型のグラフになる

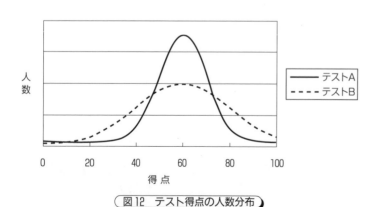

図12　テスト得点の人数分布

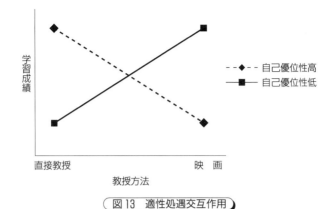

図13　適性処遇交互作用

データ（分布）を正規分布と呼びます。経験上，多くの心理・行動的な測定値は正規分布に従うことが知られています。ある集団のあるテストの平均点と分散（標準偏差）がわかっていれば，ある個人（の得点）はその集団の中で相対的にどこに位置するのかが決まります。特にすべての測定値（測定値の集合）が正規分布にしたがう場合には，平均点±標準偏差の範囲内に68.3%の測定値が含まれ，平均点±標準偏差×2の範囲内に95.4%の測定値が含まれます。したがって，知能検査や発達検査で，ある子どもの測定値が平均点±標準偏差×2（もしくは平均点±標準偏差）の範囲内であった場合，仮に測定値が平均値より低くても特に問題はなく「発達の個人差」と考えられます。

3　適性処遇交互作用

　性格や認知スタイルのような，ある特性の違いとして，個人差が用いられる場合，「どのくらいできるか」という量的な違いよりも「どのようにするか」という質的な違いに関心があります。また，ある特性の違いとしての個人差を考慮した学習や指導方法を検討していく必要があるのではないかと考えられています。たとえば，活動性，自信，自己主張，独立心が強い（自己優位性の高い）性格の学生と逆の性格の学生では同じ内容（大学の教養の物理学）を学習するにしても，自己優位性の高い学生では直接教師が教えるほうが映画で教えるよりも効果がありましたが，低い学生では反対でした（図13）。

　すなわち，この研究は自己優位性という個人の性格に対して，有効な学習・指導方法が異なることを示しています。こうした現象を適性処遇交互作用（ATI: aptitude-treatment interaction）と呼びます。

　従来，認知発達に関しては，全体としての発達水準のどこに個人が位置づくか（個人間差）——平均とのズレ——を問題にすることが中心でしたが，認知のなかの優れた領域とそうでない領域が人によって異なっており，そうした個人差（個人内差）に合わせた学習や指導を行っていくことの重要性が認識されてきています。

（郷式　徹）

▷5　正規分布
もともと正規分布は，数学者ガウス（Gauss, K. F.）によって誤差の分布として発見されたものである。そのため，誤差分布とも呼ばれる。

▷6　どの範囲までを「個人差」とするかは，測定内容や検査内容によって決まる。

▷7　Snow, R. E., Tiffin, J., & Seibert, W. F.　1965 Individual differences and instructional film effects. *Journal of Educational Psychology*, **56**, 315-326.

I 認知発達の基礎

18 認知スタイル：人によって異なる情報処理

▷1 認知スタイル
認知スタイルは，広い意味では，パーソナリティ特性の一部である。しかし，向性，神経症傾向，精神病的傾向などのパーソナリティ特性が，個人差を主に情動や動機づけの観点から説明するのに対し，認知スタイルはより情報処理的な観点から個人差を説明する。「学習スタイル」と同じ意味で用いられることもある。

▷2
Witkin, H. A., Dyk, R. B., Faterson, H. F., Goodenough, D. R., & Karp, S. A. 1962 *Psychological differentiation: Studies of development.* New York: Wiley.

▷3
Kagan, J. 1966 Reflection-impulsivity: The generality and dynamics of conceptual tempo. *Jouranal of Abnormal Psychology,* **71**, 17-24.

▷4
Pask が提案した順序型—全体型という認知スタイルでは，順序型の人が系列的なものとして情報を学習・記憶するのに対し，全体型の人は一つのまとまりとして情報を学習・記憶するとしている。

Pask, G. 1976 Style and strategies of learning. *British Journal of Educational Psycology,* **46**, 128-148.

① 認知スタイルとは

算数の計算問題で「できるだけたくさん，正確に答えてください。制限時間は10分です」と言われたとき，たくさん問題を解いているが間違いが多い人と解いた問題数は少ないが正答数が多い人を比べても，正答数からだけでは成績の違いはみえてきません。2人の違いは「何をするか（行動の内容）」や「どのくらいするか（行動の量）」ではなく，「どのようにするか」というものごとに取り組む姿勢や判断のしかたの違いだからです。「どのように」情報を処理するかに関する個人ごとの違いを認知スタイル（cognitive style）▷1と呼びます。

認知スタイルとして，よく知られたものとして場依存型—場独立型（field dependence/field independence）▷2，熟慮型—衝動型（reflectivity/impulsivity）▷3，順序型—全体型（serialism/holism）▷4などがあります。次に場依存型—場独立型と熟慮型—衝動型を取り上げましょう。

② 場依存型—場独立型

場依存型—場独立型はウィトキン（Witkin, H. A.）らが提唱した認知スタイルです。ウィトキンは，筒の奥に四角い枠とその中央にまっすぐな棒を配置した装置を用いた垂直知覚課題▷5を行いました。被験者がこの筒をのぞくと暗闇の中に枠と棒だけが光って見えます。枠は実験者によって傾けられ，棒は枠に従って傾いていきます。しかし，被験者は手元のハンドルを回すことで，棒の傾きを修正することができます。被験者は枠の傾きに関係なく，棒を地面に垂直にするように指示されました。その結果，ウィトキンらは，枠の傾きにとらわれずに自分の身体感覚にしたがって棒を地面に垂直にできる人と枠の傾きという目に見える手がかりに影響されて棒が傾いてしまう人がいることを見つけました。そして，前者を場独立型，後者を場依存型と名づけました。

その後，ウィトキンらは垂直知覚課題より簡便な埋没図形テスト（EFT：Embedded Figure Test）▷6を考案しました。EFTは複雑な図形の中に埋め込まれた単純な図形を探し出す課題です（図14）。より速く，たくさん単純図形を見つけられる被験者が場独立型であるとされています。

さらに，ウィトキンは場依存型の人は他者の意見に影響されやすいが，場独立型の人は影響されにくいといった対人行動をはじめ，知能や人格など知覚以

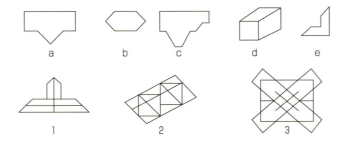

上の a から e までの図形が，下の図形の中にかくされているかを発見するのが課題である。
ここには3問しかないが，図形は全部で30あり10分間での正答をみる。30問で平均の正答は15程度である。

図14 埋没図形テスト（Embedded Figure Test）

外のさまざまな領域に，この認知スタイルが関連すると主張しました。[7]

③ 熟慮型―衝動型

熟慮型―衝動型はケイガンらが提唱した認知スタイルです。ケイガン（Kagan, J.）らは絵合わせテスト（MFFT：Matching Familiar Figure Test）を用いて，課題への反応は速いけれども間違いが多い衝動型と反応は遅いけれども間違いが少ない熟慮型という個人差があると主張しました。

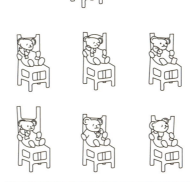

図15 MFFTのテスト図版（児童用）

MFFTは，人々によく知られている動物や物について，上に標準刺激が示され，下に6つの選択肢——標準刺激とよく似た5つの絵と1つの標準刺激と同じ絵——が示されます（図15）。被験者は選択肢のなかから標準刺激と同じ絵を選ぶように求められます。反応の速さと正確さから衝動型と熟慮型に分けられます。

通常，子どもと大人では子どものほうがより衝動型です。ある個人は5歳のときよりも10歳のとき，10歳のときよりも20歳のときのほうがより熟慮型へと変化していきます。また，衝動型から熟慮型へと変える方略や訓練法——たとえば，子どもの反応を強制的に遅らせる，など——もさまざまなものが提案されており，一定の効果をあげています。[8] 一方，幼児の場合，訓練の効果は訓練を受けた課題でのみ生じ，他の課題では生じないという研究もあります。[9] また，ある人の所属する文化・社会が衝動型と熟慮型の処理様式のどちらに価値を置くかによっても，その人の認知スタイルは影響を受けます。

（郷式 徹）

▷5 垂直知覚課題
棒と枠テスト（Rod-and-Frame test）とも呼ばれる。

▷6 EFT
EFTは成人用（10歳以上）の個別式テストだが，他に集団式のGEFTや児童用（5～9歳）のCEFTもある。

▷7 たとえば，知覚や記憶に関する課題の多くでは，場独立型のほうが成績が高いことが示されてきた。しかし，その理由は定かではない。というのも，垂直知覚課題や埋没図形テストが何を測定しているのかについてはっきりしていないからである。

▷8 近藤文里 1989 プランする子ども 青木書店

▷9 佐藤正二・佐藤容子 1986 幼児における自己教示訓練と方略転移 教育心理学研究, **34**, 159-162.

Ⅰ 認知発達の基礎

19 学　習：経験によってなにが変わるか

1 学　習

　学習とは，「さまざまな経験によって行動に比較的永続的な変化が生ずること」と定義されます。ここで述べた「行動」について，(1)外的に測定可能な行動に限定して考えるのか，(2)行動の背景にある心的構造に着目するのか，(3)行動を規定する集団内の関係性に焦点を当てるのか，によって以下に述べる3つの理論（立場）に分かれます。

2 連合説による学習のとらえ方

　学習についての最も古典的な理論に連合説（行動主義的学習理論）があります。連合説では，刺激と反応の間の新しい結びつき（連合）の形成を学習ととらえます。また，その連合を形成する方法により，古典的条件づけとオペラント条件づけ（道具的条件づけ）に分かれます。

　まず，ロシアの生理学者パヴロフ（Pavlov, I. P. 1849-1936）がイヌを用いて行った実験をもとに，古典的条件づけのプロセスを説明しましょう。古典的条件づけでは，生得的な反射にもとづく刺激―反応の連合（例：肉を与える→唾液が出る）に対して，無関連な刺激（例：ベルの音）を同時に与えることにより，その新たな刺激と既存の反応の間に新たな連合が形成されます（例：ベルの音を聞かせるだけで唾液が出る）。この学習では，元の刺激と新たな刺激とを時間を置かずに与えることが必要であり，また反応が主体（イヌ）からみて非自発的に形成される点に特徴があります。

　次にオペラント条件づけについて，アメリカの心理学者スキナー（Skinner, B. F. 1904-90）がネズミを用いて行った実験をもとに説明しましょう。オペラント条件づけでは，主体がもっている多くの反応レパートリーの1つ（例：ネズミがカゴの中に設置されたレバーを押す）に対して，報酬（例：エサ）を与えることにより，主体（ネズミ）が自発的にその反応（レバー押し）を増加させるように導きます。この報酬を与えることを強化といい，また，その報酬を得るための道具（オペラント）として特定の反応を主体が自発的に形成します。

3 認知説による学習のとらえ方

　連合説に対して，認知説では，主体が外的環境をとらえる枠組み（認知構

造）の変化を学習ととらえます。ドイツの心理学者ケーラー（Köhler, W. 1887-1967）は，高いところにバナナがつるされた状況におかれたチンパンジーの行動を観察し，一定の時間経過後にチンパンジーが突然，そこに置いてあった箱を3つ重ねてバナナをとることを見出しました。このことから，ケーラーは，連合説が想定するような繰り返しや試行錯誤による漸進的な反応の形成ではなく，洞察によって学習が急に成立すると考えました（洞察説）。最初は無関連に見えていた事物（バナナや箱）が，ある時点で目標—手段関係としてとらえられるようになるという認知構造の変化が生じたと考えるのです。

　認知説は，その後の情報処理心理学の発展とともに学習理論の主流となり，認知構造の変化を含む場合だけでなく，より幅広く，主体による知識の獲得が学習と考えられるようになりました。

4　状況理論による学習のとらえ方

　1980年代から，知識獲得に及ぼす社会・文化的要因に着目した研究が増加します。その流れのなかから，個々の学習主体の外的行動や認知構造の変化ではなく，集団と個人の関係性の変化，言い換えれば，集団が行う実践に対する個人の参加の仕方の変化を学習ととらえる状況理論が提唱されました。

　レイヴとウェンガーは，西アフリカの部族における仕立屋の職人の徒弟制を観察し，そこでの学習のプロセスを正統的周辺参加と名づけました[1]。徒弟は，最初から仕立屋という実践共同体の一員として認められ，周辺的ではあるが全体を見通せる重要な仕事（たとえば，服のボタン付け）を任された後，徐々に専門性が高く，また失敗による損失が大きい仕事（たとえば，縫製や裁断）を担うようになります。また，徒弟から職人へと移行していく過程で，扱う製品も帽子や子ども服から外出着や高級スーツへと変わり，その専門性を高めていきます。このように，部分的な仕事から全体的な活動へと徐々に参加の範囲を広げながら，その実践共同体への参加の度合いを深めていくプロセスを，レイヴたちは学習ととらえました。それは実践共同体のなかでアイデンティティを高めていく発達のプロセスともとらえることができます。

▶1　Lave, J., & Wenger, E. 1991 *Situated learning : Legitimate peripheral participation.* New York : Cambridge University Press.（佐伯胖訳　1993　状況に埋め込まれた学習——正統的周辺参加　産業図書）

5　学習と認知発達

　以上にみてきた立場の違いは，学習よりも長期的で，経験だけには依存しない変化である発達のとらえ方にも反映されています。たとえば，ピアジェの発達理論のように，認知構造の段階的・質的変化を想定する発達論は認知説に対応するのに対し，認知的諸機能の連続的な変化や，その規定因としての行動の反復を重視するような発達論は，連合説につながる発想をもつのではないかと考えられます。このように学習の諸理論は，発達主体としての子どもの変化をどのようにとらえるのかという発達観とも関わっています。

（藤村宣之）

I　認知発達の基礎

 # 20　コンピテンス：できる能力とできるという感覚

1　コンピテンスとは

　コンピテンス（competence）という用語には，2つの意味があります。1つは，環境と効果的に相互交渉する潜在的能力のことです。日本語では，有能さと訳されたりします。その場合，実際に外に現れる，環境と相互交渉する行為は，パフォーマンス（performance）と呼び，コンピテンスと区別します。チョムスキー（Chomsky, N. A. 1928- ）[1]は，実際に外に現れる言語運用（linguistic performance）と，潜在的な言語能力（linguistic competence）を区別しましたが，それはこの1例です。

　もう1つの意味は，環境に能動的に働きかけて，自らの有能さを追求しようとする動機づけ（motivation）[2]の側面のことです。ホワイト（White, R. W. 1959）[3]はこの動機づけの性質を，エフェクタンス（effectance）という用語で説明しました。人間は，自分が環境に働きかけて環境を変えることができたとき，効力感（feeling of efficacy）をもちます。この効力感を感じることは本来，快であるため，さらに効力感を感じようと環境と相互作用するなかで，さまざまなコンピテンスが獲得されます。このように，人間が何かを学習したり発達を遂げることができるのは，ある目標を成し遂げるということより，自分が環境に変化をもたらす効力感を追求するという動機づけに拠っていると考えるのです。これは，コンピテンス動機づけ（competence motivation），あるいはエフェクタンス動機づけ（effectance motivation）といわれます。

　いずれの意味においても，コンピテンスは，実現された能力を示すのでなく，実現されつつある能力や実現しようとする動機づけを表す用語であり，その意味では力動的な概念であるといえます。

2　有能な赤ちゃん

　一見無力であるようにみえる赤ちゃんが，実はさまざまな能力をその内に潜在的にもっているという発見は，有能な赤ちゃん（competent infant）[4]としてとらえる見方をもたらしました。

　生後8週間の赤ちゃんでも，枕に頭を押しつけると頭上のモビールが動くしかけをほどこされると，モビールが動くのを見るために，さかんに頭を枕に押しつけようとします。しかもその際に赤ちゃんは，自分の行動の結果動くモビ

▷1　チョムスキー（Chomsky, N. A. 1928-）
アメリカの言語学者。それまでの言語学が，子どもは白紙で生まれその後，周りからの言語刺激によって言語を習慣化するととらえていたのに対し，人間が生後数年であれほどの言語能力を獲得することを説明するためには，脳内に音と意味を結びつける文法が存在することを仮定しなければならないと考えた。その文法の生得的な部分を，普遍文法という。

▷2　動機づけ
行動の理由となるもので，行動を始めたり，持続させる過程や機能のこと。

▷3　White, R. W. 1959 Motivation reconsidered: The concept of competence. *Psychological Review*, 66, 297-333.

▷4　⇒ I-5 , II-34 も参照。

ールを見て，微笑んだり発声することが明らかになっています。これは，頭を枕に押しつけるという自分の行動が，モビールを動かすという環境の変化をもたらすというつながりを知覚していること，そしてそのことによって赤ちゃんが確実に，自らの有能さを感じており，だからこそその行動を繰り返そうとするのだと考えられます。このように，赤ちゃんの時期から人間は，有能さと，それによるコンピテンス動機づけを有しているのです。

3 コンピテンス動機づけの要因

　コンピテンス動機づけを発達させる要因には，いろいろなものが考えられます。1つは，事象間の因果関係の認識の発達があります。さきほどの，赤ちゃんが頭を枕に押しつけるとモビールが動く場合でも，その両者の関係（ここでは随伴性）がわからないと，モビールは偶然動いたとしか理解できません。この因果関係が，他の領域や現象でも理解できるようになれば，それにともない，自分の働きかけが環境を変化させることを理解できる機会を増やし，コンピテンス動機づけを強めることになります。

　2つは，自分の働きかけに対する他者のフィードバックです。特に年少の子どもは，他者からほめられるといった，正のフィードバックを与えられると，コンピテンス動機づけをより発達させます。その積み重ねによって，思春期以後に他者を含めた社会の評価基準を内面化し，自分で自分に正のフィードバックを与えるシステムができるようになります。このように，コンピテンス動機づけには，負のフィードバック（しかること，罰を与えることなど）ではなく，あくまで正のフィードバックが効果をもつことは留意すべき点です。

　以上のことは，学習性無力感（learned helplessness）の研究からもわかります。これは，紐に結びつけ逃げられなくした犬に繰り返し電気ショックを与えると，最初は必死でその場から逃げようとするのが，しだいに逃げようとすることすらしなくなるという実験から考えられた概念です。つまり，自分がいくら環境に働きかけても（この場合でいえば，逃げようとする）環境が変わらない（電気ショックは無くならない）ことを繰り返し経験すると，自分には環境を変えることができないことを学習してしまうということです。子どもの行動が環境を変化させうる経験を，どのように工夫して作り出すかが重要となります。

　このコンピテンスは，自己概念の形成の重要な要因とも考えられています。人間は，あらゆる領域でコンピテンスが強い場合もあれば，ある特定の領域だけでコンピテンスが強い場合もあります。そこで，コンピテンスの認知を，認知・社会・運動・自己価値の4領域に分けて測る尺度が作成されています。発達によってその領域が分化していき，どの領域を重視するかも変化することが明らかにされています。

（別府　哲）

▷5　Watson, J. S. 1972 Smiling, cooing, and the game. *Merrill-Parmer Quarterly*, **18**, 323-339.

▷6　バウアー（Bower, T. G. R. 1932- ）は，このように，人間が特定の行動を行うことで特定の環境変化が続いて起きることを知覚することを，随伴性探知（contingency detection）と呼んだ。バウアー，T. G. R.（鯨岡峻訳）1982　ヒューマン・ディベロプメント　ミネルヴァ書房

▷7　Harter, S. 1978 Effectance motivation reconsidered : Toward a developmental model. *Human Development*, **21**, 34-64.

▷8　セリグマン, M. E.（平井久・木村駿監訳）1985　うつ病の行動学――学習性絶望感とは何か　誠信書房

▷9　桜井茂男　1983　認知されたコンピテンス測定尺度（日本語版）の作成　教育心理学研究, **31**, 245-249.

参考文献
子安増生・二宮克美（編）2004　キーワードコレクション発達心理学［改訂版］　新曜社
速水敏彦・橘良治・西田保・宇田光・丹羽洋子　1995　動機づけの発達心理学　有斐閣

Ⅰ　認知発達の基礎

宣言的知識と手続き的知識：モノを知ること，コトを知ること

1　知識の種類

　人間がもつ知識は大きく2つに区分されます。1つは事物や事象に関する知識で，宣言的知識（declarative knowledge）と呼ばれます。たとえば，「平行四辺形とは，向かい合う二辺がそれぞれ平行な四角形である」という知識や，「アリは昆虫である」という知識のように，正しいか否かを判断（宣言）できるという特徴があります。もう1つは問題解決などのやり方に関する知識で，手続き的知識（procedural knowledge）と呼ばれます。たとえば，連立一次方程式の解き方のように記号や言葉で表現できるものもあれば，自転車の乗り方，折り紙の折り方のように，言葉では表現しづらいものも含まれます。

2　宣言的知識の構造と精緻化のプロセス

　宣言的知識は，人間の長期記憶のなかに，エピソード記憶（「昨日，街に大雪が降った」のような出来事に関する記憶）または意味記憶（「カナリアは黄色い色をした，さえずる鳥である」のような対象に関する記憶）として保存されていると考えられています。また，宣言的知識が表す対象として，最近は単なる事実よりも概念や，概念間の関連が扱われることが多く，特にスキーマやメンタルモデルのように知識の枠組みとして表現される場合などには，概念的知識（conceptual knowledge）と呼ばれることも増えています。

　宣言的知識は，意味的に関連する情報どうしが結びつけられたネットワーク構造をなしていると考えられています。たとえば，ネットワーク構造に関する初期の試みである意味ネットワークモデルでは，カナリアという概念に「黄色い」，「さえずる」という属性が，鳥という概念に「羽がある」，「飛べる」という属性が，動物という概念に「皮膚がある」，「呼吸する」という属性が，それぞれ結びつけられ，さらに動物，鳥，カナリアという3つの概念が，上位－下位概念の関係として結びつけられて表現されています。また，「源頼朝は鎌倉幕府を開いた。それは日本初の武家政権であった」といった命題についても，文中のそれぞれの要素をノードとして表現して矢印（リンク）で結び，矢印に意味（ラベル）を付与することで，命題ネットワークとして表現することができます。このように宣言的知識がネットワーク化されており，その一部が活性化されると他へ伝播していくというモデルによって，記憶の状況依存性や，プ

▷1　記憶のプロセスについては，Ⅰ-22 参照。

▷2　Collins, A. M., & Quillian, M. R. 1969 Retrieval time from semantic memory. *Journal of Verbal Learning and Verbal Behavior*, 8, 240-247.

ライミング効果（意味的に関連する語を前もって呈示すると目標語の知覚が促進される現象）などの心理学的事実を説明することができます。

新たな宣言的知識を獲得することは，その知識が既有のネットワーク構造に組み込まれ，構造が精緻化されることを意味します。その構造を評価し，また精緻化を促進する方法の1つに概念地図法があります[3]。概念地図法では，学習者は概念を表すノードを，ラベルのついたリンクで結んでいきます。このように学習者自身に宣言的知識のネットワーク構造を外的に表現させることによって，学習者が既有知識と新しい情報との関係や概念間の新しい関係に気づき，構造の精緻化が促されると考えられています。

③ 手続き的知識の構造と自動化のプロセス

手続き的知識は，人間の長期記憶のなかに手続き記憶として保存されていると考えられており，その構造はプロダクションルール（「もし……ならば……せよ（If..., then...）」という形式のルール）の集合として表現されます。たとえば，ワープロのタイピングでTの文字を打つ場合は次のようになります。

　もし　　タイプすべき文字がTであり，
　　　　　左手の人差し指が（ホームポジションの）Fの位置にあるならば
　その時　左手の人差し指を右上に移動させよ。
　もし　　左手の人差し指がTの位置にあるならば
　その時　キーを押せ。

このようなタイピングは最初，マニュアルなどを読みながら行われますが，練習を重ねるにつれて徐々に自動化され，正確に速くタイピングできるようになります。手続きがこのように学習されるプロセスを，アメリカの認知心理学者アンダーソンは次のようにモデル化しました[4]。最初の宣言的段階では，マニュアルにある手順がそのまま（事実としての）宣言的知識として長期記憶に保存されており，作動記憶上でその知識を実行可能なように読み替えて操作を行う必要があります。しかしながら，何度も読み替えながら操作を行ううちに，読み替えた結果自体が実行可能なルールとして長期記憶に保存されるようになります（手続き的段階）。こうした知識の変化は，手続き化と呼ばれています。さらに学習が進むと，複数のルールを1つにまとめる合成メカニズムによって，一連の操作をより速く実行することができるようになります。

以上のようなプロセスで，手続き的知識の獲得（手続きの自動化）は進むと考えられていますが，自動化が進む一方で，その手続き的知識に概念的な理解がともなわないという現象もよくみられます。どのような場面で，なぜその手続きを実行するのかに関する概念的知識と手続き的知識とを関連づけていくことが，その手続きをより適応的で応用可能なものとするためには必要でしょう。

（藤村宣之）

▷3　Novak, J. D., & Gowin, D. B. 1984 *Learning how to learn.* Cambridge University Press.（福岡敏行・弓野憲一監訳　1992　子どもが学ぶ新しい学習法――概念地図法によるメタ学習　東洋館出版社）

▷4　Anderson, J. R. 1983 *The architecture of cognition.* Cambridge, MA : Harvard University Press.

I　認知発達の基礎

　記憶の発達：一度にどれだけ覚えられるか

1　記憶のモデル

人間はどのように物事を覚えるのでしょうか。記憶を情報処理の流れとしてとらえたアトキンソンとシフリンのモデル（図16）をもとにみてみましょう。まず，外界から入ってきた情報は感覚登録器（感覚記憶）に一時的に短時間保存され，そこで注意を受けた情報のみが短期記憶（短期貯蔵庫）に送られます。短期記憶に貯蔵された情報はいろいろな処理に利用される状態にありますが，その容量には限界があり（次の記憶スパンの項参照），何もしないと約15～30秒で消失します。そこで，保存が必要な情報は，リハーサルなどの記憶方略を用いて長期記憶（長期貯蔵庫）に転送されます。長期記憶は容易に減衰しない持続的な貯蔵庫であり，そこでの情報は検索によって適宜，短期記憶に呼び出されて認知活動に利用されます。なお，短期記憶では情報の一時的貯蔵と同時にさまざまな認知活動が実行されるため，そのような操作面に着目して作業記憶（ワーキング・メモリー）とも呼ばれます。

次に，記憶容量，記憶方略，長期記憶に分けて，それぞれの発達についてみてみることにしましょう。

2　記憶スパンの年齢による変化

数や文字の系列を読み上げ，直後にその系列をそのままの順序で報告させたときに報告できた系列の長さを記憶スパンといいます。図17に示されているように，数の系列の場合，5歳児の平均が4桁程度なのが年齢とともに徐々に増加し，大人では平均して7桁の記憶スパンをもつようになります。ジョージ・ミラー（Miller, G. A.）は，成人が短期記憶内で一度に処理できる記憶スパンとして，「不思議な数 7±2」を考えました。記憶スパンの増加については，

▷1　以下の文献中の図より一部変更して作成。Atkinson, R. C., & Shiffrin, R. M. 1968 Human memory. A proposed system and its control processes. In K. W. Spence, & J. T. Spence (Eds.), *The psychology of learning and motivation.* (vol.2.) New York : Oxford University Press. pp.89-195.

▷2　Miller, G. A. 1956 The magical number seven, plus or minus two: Some limits on our capacity for processing information. *Psychological Review,* **63**, 81-97.

▷3　Pascual-Leone, J. 1970 A mathematical model for the transition rule in Piaget's developmental stages. *Acta Psychologica,* **32**, 301-345.

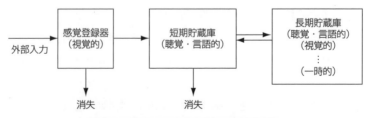

図16　記憶についての二重貯蔵庫モデル

作業記憶の容量自体の増加ととらえる立場がある一方で，自動化によって個々の処理が効率化されることで一度に扱える情報量が増加すると考える立場もあります。

③ 記憶方略の発達

物事をよく覚えたり，また思い出したりするために，年齢とともにさまざまな記憶方略が用いられるようになります。長期記憶に必要な情報を転送するために言葉などを反復して唱えるリハーサル方略は7歳頃から，「動物」「家具」「乗りもの」のように同じカテゴリーに属するものをまとめて覚えようとするような貯蔵方略は10歳頃から自発的に用いられるようになります。また，長期記憶から情報を検索するために何かの手がかりを用いて想起する検索方略や，メモをとったりして必要な情報を他の情報と区別する学習方略は小学校高学年から中学生にかけて用いられるようになります。

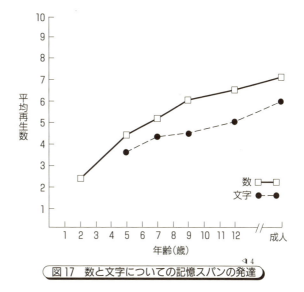

図17　数と文字についての記憶スパンの発達

④ 長期記憶の発達

長期記憶は符号化される情報の種類によって，手続き的記憶と宣言的記憶に分類されます。宣言的記憶はさらに，特定の空間的・時間的文脈のなかに位置づけることのできる出来事についての記憶であるエピソード記憶と，「ツバメは鳥類である」のような，一般的知識としての記憶である意味記憶に分けられます。エピソード記憶に関して，食料品の買い物をするなど，一連の出来事に関する時系列に沿った知識構造（スクリプト）が3歳以降に形成されます。その知識構造ないし枠組みの形成が，エピソード記憶の体制化を促進すると考えられています。また，その枠組みの形成が十分になされていないことが，3歳以前の出来事について想起しにくいこと（幼児期健忘）の原因の1つとして考えられます。

長期記憶は，記憶することを十分に意識化する以前の乳幼児期からその発達がみられます。たとえば，公園で見た遊びや保育所での他児の行動を家で再現するように，相当な時間経過後に行われる模倣を延滞模倣といいます。延滞模倣は一般的に1歳半頃に出現するとされており，能動的な表象機能の1つの例として考えられています。

（藤村宣之）

▷4　以下の文献中の図より合成して作成。Dempmpster, F. N. 1981 Memory span: Sources of individual and developmental differences. *Psychological Bulletin*, **89**, 63-100.

▷5　Case, R. 1985 *Intellectual development: Birth to adulthood*. New York: Academic Press.

▷6　Kail, R. 1990 *The development of memory in children*. (3rd ed.) New York : W. H. Freeman and Company.（高橋雅延・清水寛之訳　1993　子どもの記憶——おぼえること・わすれること　サイエンス社）

▷7　⇒ I-21 参照。

▷8　意味記憶とその発達については，II-61 参照。

Ⅰ　認知発達の基礎

動機づけの発達：人が行動する理由

1　何が彼（彼女）をそうさせたのか

おなかが減っているときに，目の前にお菓子があったら，普通は食べてしまいます。しかし，おなかが減っていなかったり，減っていてもダイエット中だったりしたら，食べないかもしれません。

人（主体）の行動の背後には普通，何らかの原因・理由（動因）があります。人がどんな物・事（誘因）に惹きつけられるのか（接近欲求），あるいは逆に避けたいと思うのか（回避欲求）についての探求が，動機づけの説明には含まれます。

2　動因低減説と一次的動機，二次的動機

人を含めた動物は，生きていくためにさまざまな行動をする必要があります。そうした行動の1つに食べることがあります。食欲は，通常，空腹感から生じます。空腹感は血液中の血糖量の低下から起こり，物を食べると上昇します。生物が生きていくためには血糖量が下がり過ぎてはいけませんが，上がり過ぎても体を壊します（糖尿病）。血糖量に限らず，生物にとってはさまざまな生理的なバランス（平衡状態）を保つことが重要です◁1。こうした生理的バランスを維持しようとする働きをホメオスタシスと呼びます◁2。そして，ハル◁3は，生理的平衡状態が崩れたとき，バランスを取り戻すために，欲求（動因）が生じ，それに導かれた行動が起こるという動因低減説を提唱しました。

しかし，私たちは常に生理的な欲求に従うわけではなく，空腹でもつまみ食い（誘因への接近）をすると叱られるので我慢（回避）したりします。生命の維持に関わる飢餓・渇き・性◁4・苦痛の低減などのホメオスタシスにもとづく動機を一次的動機と呼びます◁5。一次的動機が生得的なものであるのに対し，社会的賞賛や他者への優越などの，経験によって学習された動機を二次的動機と呼びます。二次的動機は満たされなくても死んだりしませんが，人間の場合には非常に重要です◁6。

3　外発的動機づけと内発的動機づけ

動因低減説で考えられるように，行動がホメオスタシスにもとづくなら，生理的な平衡状態に戻るために何かを得たり，避けたりすることが目的になりま

▷1　たとえば，身体の温度が高くなりすぎたときには，発汗作用が起きてその温度をさげようとする。

▷2　Cannon, W. B. (1871-1945) は空腹に関する生理学的なデータをはじめとした豊富なデータをもとに，動物の食行動が血糖値のバランスを保つように生じることを実証し，こうした生理学的なバランスを維持しようとする働きをホメオスタシスと呼んだ。

▷3　ハル（Hull, C. L. 1884-1952）
アメリカの心理学者で，数学的な形で表現された学習理論を構築した。

▷4　性
性行動そのものはそれが行われなくとも個体の生命維持には問題は起こらない。しかし，集団（種）の観点からは生命維持の問題といえよう。そのため，動物に見られる発情期のように，個体内においても性行動を生じさせるホルモンバランスの変化（ホメオスタティックな不均衡）が生じる。ただし，人間の性行動においては，より複雑な要素が存在し，また，そうした要素が生理的要素よりも重要である。

46

図18 マズローの欲求階層論

す。このように自分の外部（環境）から与えられる報酬を得たり，罰を避けたりすることが行動の理由である場合を外発的動機づけと呼びます。しかし，生物を不都合や不快な状態が生じないかぎり，自発的に行動や学習をしない「怠け者」とみなした動因低減説に対し，生物を本来活動的で，たえず環境と相互交渉しつつ自らの有能さを追求していく存在，自己決定的でありたいとの欲求をもつ存在とみなす内発的動機づけが提唱されました。内発的動機づけは報酬を得る（罰を避ける）よりも行動そのものを楽しむような動機で，代表的なものとして，好奇心があげられます。

また，見たことのない昆虫をつかまえた子どもが好奇心から図鑑を調べているのに，（自ら勉強するなんてエライからと）ご褒美としてお菓子をあげたりすると，それ以降，何かもらえないと自ら調べようとしない，といったことが生じます。このように子どもが自発的に楽しんでいた行動に報酬（賞）を与えると，楽しいからしていた行動が報酬を得る手段になることが知られています。賞罰を用いた子どものしつけや教育は，時には子どもを報酬がなければ行動しないという自発性のない状態にしてしまう危険があるかもしれません。そのため，報酬を与える場合，物を与えるのではなく，子どもが自分の行動の意味や価値を認識できるように言葉で褒めることが重要だと考えられています。

4 動機の発達

マズロー（Maslow, A. H., 1908-70）は図18のように動機は階層をなしていると考えました。そして，下位の動機が満たされると上位の動機が生じる——生理的欲求が満たされると安全欲求が高まり，安全欲求が満たされると所属と愛情の欲求が高まる……——という欲求階層論を主張しています。また，動機は発達とともに下の段階から上の段階へと生じていくと考えています。

（郷式　徹）

▷5　性行動や母性行動など生理学的な不均衡が前提とされない行動や，生理学的な基礎をもたない認知的な要因によって発現される行動の存在は，すべての行動がホメオスタティックな要因に導かれるものではないことを示唆している。

▷6　たとえば，「名誉のために死ぬ」といったことは生命の維持に関する一次的動機よりも名誉という二次的動機が勝った場合である。

▷7　Maslow, A. H. 1954 *Motivation and Personality*. New York: Harper & Row.（小口忠彦監訳　1971　人間性の心理学　産業能率大学出版部に所収）

I　認知発達の基礎

情動の発達：喜怒哀楽の働き

1　基本情動と表示規則

　私たちは，つねにさまざまな感情（feeling）を感じつつ，それを表情や行動として表出して生活しています。また，何らかの情動を感じている際，血圧や脈拍など生理学的変化も起こっています。情動（emotion）は，このように内的状態，表出行動，生理学的状態の3つの側面からなる反応といえます[1]。

　情動の発達を記述した古典的なものとして，ブリッジズ（Bridges, K. M.）の情動分化説があります[2]。誕生当初，未分化な興奮状態であったものが，快―不快から始まって順次，多様な情動に分化していくというものです。

　これに対して，生まれたばかりの赤ちゃんも，いくつかの基本的な情動が備わっているという立場があります[3]。この立場では，基本的な情動は，進化を経て準備された生得的な基盤に依拠して出現するものであり，ヒトという種に共通していると仮定されています。

　ただ，すべての情動が，文化を超えてまったく共通して表出されるわけではありません。怒りや喜びの表出がみられにくい社会がある一方，私たち日本人が感じる「甘え」であるとか「恥」といった情動は，英語圏の人々からは了解されにくいといったことが多数あります。ある文脈においてどのような表出をしたらいいのかについて，それぞれの文化は暗黙の規則や社会的ルールをもっています。それが表示規則（display rules）であり，この規則の獲得を通じて，情動表出の抑制などが発達すると考えることができます[4]。

　情動の発達について，生得的な基盤から説明するのか，社会文化的な構成プロセスを重視するのかについては，さまざまな論争がなされているテーマの1つです。また，誇り，恥，困惑などの情動は，自己認知や目標に関する認知といった自己発達や認知発達を媒介して生起するものです[5]。この意味で，情動の発達は，生得的な要因，社会文化的要因，認知発達的要因の相互作用を念頭において考える必要があるといえるでしょう。

2　情動の働き：有害なものか？

　「最近，すぐに"キレる"子どもが増えてきた」といったことをよく耳にします。1990年代にブームとなったEQ（emotional intelligence）は[6]，自らの情動をモニターして制御する能力であり，すぐにキレてしまわず，良好な対人関係

▷1　情動
英語圏において emotion という用語が比較的よく使用され，本文にあるように内的状態，表出行動，生理学的状態の3側面を含んでいる。日本語では一般に「感情」という用語が用いられるが，主観的に感じられる内的状態を指している場合が多い。これらの用語は心理学的に明確に区別しがたいものであるが，本項では emotion＝情動とし，その主観的，経験的側面をfeeling＝「感情」と一応区別して用いた。ただ，教科書や論文によっては，情動という非日常的用語を避けて，「感情」という用語を英語圏における emotion の意味合いで使用している場合があるので注意されたい。

▷2　Bridges, K. M. B. 1932 Emotional development in early infancy. *Child Development*, 3, 324-334.

▷3　エクマン（Ekman, P.）は，生得的な基本的情動として，怒り，嫌悪，恐れ，喜び，悲しみ，驚きの6つを考えている。

を築くものとして注目されました。「感情に流されて」「感情のおもむくまま」行動していては、確かに目的に達することはできず、情動をコントロールする能力は重要なものです。

では、情動は合理的な判断を妨げ、人間を不適応状態に陥らせる働きしかしないのでしょうか。系統発生あるいは個体発生的にみて、情動には個体や集団の生存などにとって、きわめて合理的で適応的な価値があるとする考え方が一般的になってきています。

◯ 認知を方向づける働き

情動の働きとしてしばしば取り上げられるのは、動機づけ的な働き、言い換えるなら、認知や行動を起こすためのエネルギーとしての働きです。視界に外敵が入ってきた際、恐れの情動が喚起されます。そのとき、個体の側は恐れを主観的に感じつつ、脈拍や呼吸が上がるなど生理的変化が生じており、これら一連の変化が外敵から逃走するための準備体制となっていると考えることができます。また、認知的な活動に関して、ピアジェ（Piaget, J.）は、情動が認知的活動を遂行するためのエネルギーを提供すると想定しています。[7]

さらに情動には、外界の対象や事象が個体にとって正負いずれの価値をもつものかを、瞬時に評価する働きがあるとも考えられています。この働きは、視床や扁桃体で処理され、大脳皮質を介在するような高次の認知的処理とは区別されるものと思われます。こうしたシステムは、系統発生上より早くから出現しており、まわりの状況が安全なものか危険なものかなど生存上不可欠な評価的判断が、ほぼ自動的になされると考えるのは、進化論的に合理的な仮定とみなしうるでしょう。

◯ コミュニケーションのための情動

また、個体発生的な観点からも、情動は不可欠なもので、合理的な存在意味があります。人間の赤ちゃんは他の哺乳動物に比べて、きわめて無力な状態で生まれてきます。そのため、養育者からの援助は生存上不可欠です。空腹や不快に対して泣くのは言うに及ばず、笑顔などポジティブな情動表出は養育者にさまざまなメッセージを伝え、有効なコミュニケーション手段となっています。その結果、養育者は赤ちゃんの微笑みにかわいさを感じ、よりいっそう関わりをもとうとすることになります。情動は、他者とつながり合うための重要な働きを担っており、人間を社会的存在たらしめているものなのです。

以上のように、情動は合理的な働きをもつものです。ただ、心理学的に測定しにくい現象であるために、認知機能に比べまだまだ明らかになっていないことが数多くあります。この間、発展してきた脳に関する生理学的研究に学びつつ、情動ならびにその発達メカニズムについて検討を深めていく必要があります。

（木下孝司）

▷4 エクマンらは、基本的情動を表す表情は生得的で人類に共通しているが、表示規則が文化によって異なるため、実際の表情表出に文化差や個人差があると考えている。
Ekman, P., & Friesen, W. V. 1975 *Unmasking the face : A guide to recognising emotions from facial clues*. Prentice-Hall.（エクマン，P.・フリーセン，W. V.（工藤力訳編）1987 表情分析入門──表情に隠された意味をさぐる 誠信書房）

▷5 遠藤は、情動に対する「構成要素的アプローチ」を提唱し、情動の進化論的、生得的な側面と、社会構成的、文化論的側面との間に理論的橋渡しをすることを試みている。
遠藤利彦 1996 喜怒哀楽の起源──情動の進化論・文化論 岩波書店

▷6 EQ
EQは、ダニエル・ゴールマン（土屋京子訳）『EQ──こころの知能指数』（1996年、講談社）がTime誌で紹介された際、IQに対するものとしてキャッチフレーズ的に使用された造語で、原著では用いられていない。この用語を用いて、知的能力に対して感性的働きを強調する向きがあるが、この本の原題であるemotional intelligence＝情動的知性は、自らの感情をモニターしコントロールする能力を意味していることに注意したい。

▷7 ピアジェ，J.・イネルデ，B.（波多野完治他訳）1969 新しい児童心理学 白水社

I　認知発達の基礎

社会性の発達：ひとりでは生きられない

1　微笑の発達

　社会的な結びつきを築き，相互の関係を深めていくための能力や傾向を，人間の赤ちゃんはもっています。それを基盤にしながら，複雑な社会生活に対処していくさまざまな能力を発達させていきます。

　発達最初期において，社会的結びつきをもたらすものとして微笑があります。赤ちゃんの微笑みは心の交流を感じさせ，養育者からよりいっそうの養育行動を引き出すことになります。

　生後間もない赤ちゃんは，まどろんでいる状態で微笑を示すことがあります。生理的微笑といわれるもので，特定の刺激と結びついた選択的なものではありません。その後，生後2〜3カ月にかけて，しっかりと目覚めた状態で，人の顔に向かって微笑むようになります。じつはこの時期，黒い2つの点といった人の顔らしさをもった刺激に対しても，微笑み反応を示していることが明らかにされています。その意味で，生得的な反射反応に近いのですが，微笑みを向けられた養育者が応答することで，相互のやりとりは活性化することにつながります。スピッツ（Spitz, R.）は，この時期の微笑を3カ月微笑と呼んで，対象関係の発達において重視しています。

　4，5カ月頃からは，親しい人にだけ選択的に微笑むようになります。また微笑みながら，発声がともなうようにもなり，微笑が有効なコミュニケーションツールとなっていきます。

2　9カ月革命

　赤ちゃんと養育者の対面的なコミュニケーションから，生後9カ月頃，新たなコミュニケーションの様式が生まれます。他者と対象を関係づけてとらえ，〈自己―対象―他者〉からなる三項関係が成立します。こうした変化が「9カ月革命」と称されるには，それなりの理由があります。この時期，共同注意が成立しますが，それは単に同じものを自他それぞれが見ているという事態ではありません。"相手が自分と同じものを見ている"ことに気づき，"自分が相手の注意の対象にもなりえる"ことに気づいている，ということに大切な意義があります。こうした対人関係のもとで，他者が何にどのような意味や意図を向けているのかを理解する基盤ができていくことになります。

▷1　高橋道子　1974　乳児の微笑反応についての縦断的研究——出生直後の自発的微笑反応との関連において　心理学研究, 45, 256-267.

▷2　スピッツ，R. A.（古賀行義訳）　1965　母子関係の成り立ち　同文書院

▷3　9カ月革命
マイケル・トマセロ（Tomasello, M.）の用語。彼は，9カ月頃，他者が自分と同様に「意図を有する主体（intentional agent）」として認識されるようになるとしている。それによって，祖先たちが創造，蓄積してきた道具など文化を，模倣や教示によって速やかに習得することが可能になり，人類の文化的発展を促進してきたという。

Tomasello, M. 1999 *The cultural origins of human cognition.* Cambridge, M. A.: Harvard University Press.

▷4　共同注意
⇒II-40 参照。

情動や身体接触による直接的なコミュニケーションに加えて，行動の背後にある意図や欲求といった心的状態を考慮した対人関係が，9カ月以降築かれていきます。一定の社会集団を形成している種にとって，自他相互の心的状態を読みとる能力は必要不可欠なものであり，その基盤がヒトの場合，生後9カ月頃に整い始めているのです。

何らかの意図をもつ主体として，自分や他者を認識するようになると，子どもの社会性のありようは大きく変わっていきます。1歳代において，苦しんだり不快を示す人を慰めたり，自分の欲しい物を手に入れるために相手をあざむく行動が観察されるようになります。▽5

3 向社会的行動の発達

発達初期の対人行動にはさまざまな限界があり，状況に関する認知，動機づけ，実際に行う行動スキルなどが発達するなかで，より複雑で高度な社会性を発揮するようになっていきます。

そうした社会性の発達の指標として，向社会的行動（prosocial behavior）があります。これは，他人の利益になり，その人を助ける結果となる，広く社会的に認められる自発的な行動を指しています。友人の落とした財布を探してあげたり，その友人に帰りの電車代を貸すなど，日常生活でこの種の行動が求められる場面はあります。また，こうした例からわかるように，援助する側には，時間的，心理的，物理的な損失がともなうのも，向社会的行動の特徴です。

向社会的行動を支えるものとして，1つには，ある状況下でいかに行動すべきかという基本的な判断の枠組みの発達があります。この向社会的判断の発達について，アイゼンバーグ（Eisenberg, N.）は，向社会的行動の理由づけから6つの水準にわけています。小学校低学年くらいまでは，自分に何らかの利益があるのかどうかが判断基準になることが多く，その後，善悪に関する紋切り型のイメージや他者からの承認が判断根拠となります。そして，内面化された価値や規範にもとづいた判断がなされるようになります。▽6

相手のおかれた状況を認知して，こうすべきだという判断ができても，実際に行動として実行できないことは多いと思います。これは向社会的行動の動機づけに関わる問題です。その動機づけを高める要因として，相手の困惑や苦悩を共有する共感性（empathy）の役割が重視されています。また，相手の視点からその人の物の見方や感情などを理解する視点取得（perspective taking）は，向社会的行動の前提となる認知能力といえるでしょう。

このような個人の諸能力によって，向社会的行動をはじめ社会性の発達は支えられています。しかし同時に，社会―歴史的に形成されてきた価値によって，社会性そのものの内容が規定されていることは，研究的にも実践的にも忘れてはならない観点でしょう。▽7

（木下孝司）

▷5　Dunn, J. 1988 *The beginning of social understanding.* Oxford: Basil Blackwell.

▷6　6つの段階は以下の通り。Ⅰ：快楽主義的・自己焦点的指向，Ⅱ：要求に目を向けた指向，Ⅲ：承認および対人的指向，あるいは紋切り型の指向，Ⅳa：自己反省的な共感的指向，Ⅳb：移行段階，Ⅴ：強く内面化された段階。

Eisenberg, N. 1986 *Altruistic emotion, cognition, and behavior.* Hillsdale, N.J.: Lawrence Erlbaum Associates.

▷7　「情けは人のためならず」という諺は，他人に情けをかけておくと，めぐりめぐって最終的には自分のためになる，という意味である。ところが，文化庁「平成12年度国語に関する世論調査」の結果，約半数の人が"情けをかけることは，結局はその人のためにはならない"という意味として理解していた。その傾向は青年層でより顕著であったという。この結果は，国語力の低下としてみることができると同時に，後者の意味が，あるリアリティをもって受け入れられている社会の価値観を反映しているともいえるのではないだろうか。社会システムというマクロな変化が，「社会性」のありようを規定する事実も射程に入れた検討が，心理学でも求められている。

I　認知発達の基礎

　自己意識の発達：私について考える私

　自己意識と自己概念

　私たちは，自分自身について考えることができます。通常，意識は対象をもちます。すなわち，意識とは，常に「何か」に対する意識です。たとえば，犬を思い浮かべてください。あなたが思い浮かべた「犬」が意識の対象です。では，犬を思い浮かべている自分を思い浮かべられますか？　私の意識が私自身の意識（犬を思い浮かべている自分）を対象とすることができる，つまり，私が私について意識することが，自己反射性と呼ばれる自己意識もしくは自己認知の特徴です。

　ところで，（自己）意識の対象である自己は，大きく3つのものに関係すると考えられます。1つは，昨日の自分と今日の自分，そして明日の自分が変化しつつも同じ人間であるという個人の連続性の感覚です。2つ目は，私は誰か，何を考えているか，また，どのようになりたいか，といった自分自身についての知識のまとまりです。3つ目は，何かを意識（認知）する際に「自分」が意識（認知）している状況のなかで自分が中心にいるという感覚です。

　特に，2つ目の自分自身についての知識のまとまり——性格や能力，身体的特徴などに関する比較的変化しにくい自分自身のとらえ方——を自己概念（self-concept）と呼びます。ただし，自己概念は自分に関する単なる知識のまとまりではありません。というのは，自己概念のもち方・内容によって行動，意識のあり方，自身についての新たな知識の獲得やその方向が変化するからです。たとえば，算数が得意だと思っている子どもが算数に積極的に取り組み，ますます算数が得意になる場合です。一方，算数が苦手だと思っている子どもは算数に取り組むことを避けるために，たまに算数に取り組んでも理解できず，ますます不得意感をつのらせます。また，自己概念と同様にその人の行動や態度を方向づけるものに自尊感情（self-esteem）があります。自尊感情は，自分自身を重要で価値あるものと感じる内的な感覚のことです。肯定的な自尊感情により，意欲的に生き，自己にも他者にも受容的でありえることから，自尊感情は精神的な健康や適応の基盤であると考えられています。

▷1　自己概念も価値評価を含んでおり，自尊感情と自己概念とは厳密には区別されえないとする考えもある。

　自己意識・概念の芽生えと発達

　◯乳児期——身体的な自己の芽生えと発達

　乳児は生後すぐには自分と他者とが分化していない状態にありますが，自分

の身体的な感覚を通して、しだいに自分と自分以外のものとが分化し、「自己」の存在を身体的・物理的なものとして認識し始めます。

表6 ワロンの鏡映像に対する仮説

第1段階	生後6カ月～1歳	鏡像を完全に実在視する段階
第2段階	1歳頃	他人の鏡像は実物ではないことが理解される段階
第3段階	1歳半頃	自己の鏡像を自分とは半ば独立した分身として遊ぶ段階
第4段階	2歳以上	自己の鏡像は自分自身ではなく、映り姿であると理解できる段階

 身体的・物理的な面でいうと、私たちは自分の目で自分の顔を直接見ることができません。自分の顔を見るためには鏡を見る必要があります。しかし、鏡に映った自分の姿（鏡像）を理解できるようになるのは2歳以降です（表6）。自分の鏡像を見ることは、自分の姿を他者の視点から見ることを意味し、自己意識の発達上、大きな意味があると考えられています。

◯幼児期──自己意識の芽生え

 自己意識（自我）の芽生えは、2～4歳頃にいわゆる第一反抗期という形で表れます。自己意識の芽生えとともに、他者（養育者）とは異なる自己（子ども自身）の欲求が生じ、子どもは自分自身で行為・決断することを求め始めます。ただし、この年齢の子どもは実際には自分の能力の把握や感情のコントロールができないため、他者との調整ができません。そのため、大人からは「反抗」とみなされます。

 幼児の自己概念は、まず「身体的自己」が現れ、次いで、生後18カ月前後には自分の物と他人の物を区別できるようになり、「自分」のおもちゃといった「何かの所有主としての自己」が意識されてくるといわれています。また、この頃には自分の名前を言い始め、言語的に自己を表現することができるようになります。他にも、2歳代には、「〇〇ちゃんは男の子かな、女の子かな？」という質問に答えられるようになり、性別意識がはっきりしてきます。2歳後半から3歳代には「ぼく」「わたし」といった一人称を使い始めます。しかし、一方で、幼児の自己概念には、身体的な特徴（私は髪が長い）と行為的な特徴（私は縄跳びができる）が混在しているようです。

◯児童期以降の自己の発達

 児童期以降には、対人関係の広がり、時間概念の成立やメタ認知の発達により、過去の自分との比較や他人との比較が可能になってきます。それにともない、子どもの自己概念は行為的な特徴が中心となっていくとともに、自己の内面への気づきが見られ始めます。さらに思春期以降、子どもは自己の多面性を認識するようになり、アイデンティティの確立を目指します。

 こうした一連の自己意識・概念の発達は自然と起こってくるのではなく、他者認識と密接に関連し、他者の存在や他者とのふれあいを通して初めて可能となります。

（郷式　徹）

▷2 高橋道子・藤崎眞知代・仲 真紀子・野田幸江 1993 子どもの発達心理学 新曜社 p.90.

▷3 同上書の表3-4（p.91）より引用（一部改変）。

▷4 行動の性差や性別役割意識は、親のしつけや社会の性別役割期待といった大人の関わり方によっていっそう強化される。

▷5 内田伸子 1992 自己概念 子安増生（編著）キーワードコレクション発達心理学 新曜社 pp.78-81.

▷6 近年、幼児においてもすでに内面的な特徴が把握されているという主張が強まってきている。たとえば、Demon, W. & Hart, D. 1988 *Self-understanding in childhood and adolescence.* Cambridge University Press.

▷7 ⇒II-73参照。

I　認知発達の基礎

27　熟　達：より速く，より巧みに

1　熟達化について

　学習者が，ある領域における経験を長期的に重ねることによって，その領域で優れた遂行を示すようになることを熟達化（エキスパート化：expertise）といいます。熟達化には，そろばんの技能や，ある種の記憶術を身につけたりするように，特定の技能を遂行する正確さや速さを高めていく定型的熟達化（routine expertise）と，チェスの名人やスポーツ競技者，芸術家などになっていくプロセスのように，場面や状況に応じて最適な方法を見つけ出せるようになっていく適応的熟達化（adaptive expertise）が区別されています。

2　初心者と熟達者

　以上に示したような長期的な経験によって多くの知識や技能を獲得し，その領域で優れた遂行を示せるようになった者を熟達者（expert）といいます。それに対して十分な知識や技能をもっていない者を初心者（novice）といいます。

　熟達者は初心者に比べて，以下に示すような点で優れています。まず，熟達者の場合は，そろばんの計算技能のように基本となる技能が自動化される（意識せずに遂行できる）ことで，課題解決の速度が速くなっています。また，チェスの名人のように，課題場面（たとえば盤面）をチャンク化（1つのまとまりとして記憶する）ことで，記憶成績も高くなっています。これらの基本的技能の高さに加えて，熟達者は，構造化された多くの知識をもつことによって，適切な問題表象を形成することができます。このことを物理学の問題解決の例でみてみましょう。

　チィらは，物理学の熟達者（物理学科の大学院生）と初心者（力学の授業を1学期間履修した大学生）に対して，「斜面」に関して，できるだけ多くの話をさせて知識の構造を推定したところ，図19に表されるような違いがみられました。[1] 初心者の場合でも斜面に関して多くの概念を関連づけていますが，その関連づけの仕方は，まず平面の長さやブロックの質量など表面的な特徴に着目し，最後の方でエネルギーの保存則を指摘するといったものでした。これに対して，熟達者の場合は「斜面」からすぐに「力学の原理」「エネルギーの保存則」「ニュートンの力の法則」を指摘し，それと同時に法則の適用条件（加速している場合とそうでない場合）も述べていました。熟達者の場合には，物理学におけ

▷1 Chi, M. T. H., Feltovich, P. J., & Glaser, R. 1981 Categorization and representation of physics problems by experts and novices. *Cognitive Science*, 5, 121-152.

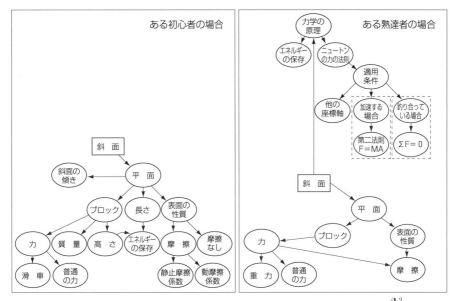

図19 「斜面」の問題について初心者と熟達者のもつ知識のネットワーク表現

る本質的な原理や法則が，それらの適用可能性に関する手続き的知識と関連づけて構造化されているといえるでしょう。

以上のような特徴のほかにも，熟達者は初心者に比べて，自身の課題解決状況や理解状況のモニタリングを頻繁に行うことで場面に応じた柔軟な適応ができていることや，遂行の優劣に関する適切な評価基準を有していることなどが指摘されています。

3 熟達化のプロセス

初心者が熟達者へと変化していくプロセスとしては，事実としての宣言的知識が手続き化・自動化されていく過程や，定型的熟達化における行為の心内化や表象系のモジュール化（たとえば，算盤の熟達化の過程において，数の系列を自動的に珠のイメージに置き換えることができるようになること）の過程が指摘されています。一方で，適応的熟達化の過程に関しては，「手続きに埋め込まれた知識の再表象化」のように，外的刺激に対して効率的に機能するように手続きに埋め込まれた知識が，徐々に柔軟性に富み，意識的に操作可能な知識へと変化し，結果として課題に応じた手続きの変更や新たな手続きの生成が可能になるといったプロセスも考えられるでしょう。

また熟達化の過程は個人内の取り組みだけで進行するものだけではなく，状況理論が指摘するような社会・文化的要因の影響も受けて進んでいくと考えられます。たとえば，集団の中でモデルとなる人の遂行を観察したり，師匠から直接的な指導を受けたりすることを通じて，個人の熟達化は進んでいくでしょう。

（藤村宣之）

▷2 図の出典は，前ページチィらの論文。

▷3 大浦容子 1996 熟達と評価的発達——音楽の領域での検討 教育心理学研究，**44**，136-144.

▷4 ⇒ I-21 参照。

▷5 波多野誼余夫 1988 珠算式暗算における習熟——定型的熟達化の一事例 認知科学の発展，**1**，141-160.

▷6 Karmiloff-Smith, A. 1992 *Beyond modularity*. The MIT Press.（小島康次・小林好和監訳 1997 人間発達の認知科学 ミネルヴァ書房）

▷7 ⇒ I-19 参照。

I 認知発達の基礎

28 生態学的アプローチ：日常生活の人間行動を考える

1 心理学実験と生態学的妥当性

○心理学における実験の意味

心理学が研究対象としているのは，現実の世界で日常生活を送っている人間の心や行動です。しかし，ある特定の行動もしくは行動の原因や心理的過程は，日常生活のなかではさまざまな複雑な要因と絡まっていて，明確に記述することが困難です。そこで，1つの方法として，心理学では，実験という複雑な現実世界から切り離された人工的な状況――実験室という空間，実験者・被験者という役割，実験課題――のなかで，研究対象とする特定の行動や反応だけを再現することによって，その行動や反応を引き起こす原因や過程を明らかにしようとしてきました。

○心理学実験への批判

実験による人間の心理の探求に対して，ナイサーは，実験のような人工的で非日常的な状況の下で得られた結果や法則が，自然な環境や日常の生活の下での人間の心や行動の理解に役に立つのか，という疑問を示しました。これは生態学的妥当性（ecological validity）の問題といわれるものです。たとえば，ある実験研究の結果が，日常場面での行動と関係ない――たとえば，実験室の中では生じるが，日常生活では通常起こりえない行動など――ならば，その研究は生態学的妥当性を欠いているといえます。

ナイサーの批判をきっかけとして，現実の生活の問題に関わる自然場面を研究することが盛んになってきました。そうした研究では，1つの行動だけを取り上げるのではなく，その行動が生じる出来事全体の文脈を対象とします。また，人間は1人ひとりさまざまな違いがあることから，「一般的な」人間を想定するのではなく，個人差を重視，もしくは個人差を対象とした研究が行われています。発達研究においては，1人の人間の長期間にわたる発達的な変化を追うことも重要です。

このように実験で得られた心理学的知見が，人工的で，日常生活への適応性に欠けるという批判が高まっています。それにともない，実験による厳密な実験統制や正確な計測よりも，自然観察を活用すべきだとの主張もなされています。一方で，自然観察による研究は，人間の行動や方略を記述するにとどまり，行動のメカニズムや因果関係の解明には寄与しないとの反論もあります。現在

▷1 ナイサー（Neisser, U. 1928- ）
アメリカの心理学者。情報処理過程として人間の認知をとらえる認知心理学を提唱した。また，知覚，認知，記憶研究における生態学的妥当性の必要を強調した。

▷2 ⇒I-17，I-18参照。

▷3 ⇒I-29，I-30参照。

▷4 加藤隆 1999 妥当性問題 海保博之・加藤隆編著 認知研究の技法 福村出版 pp.179-182.

表7 認知障害への多様な心理的アプローチ

アプローチの分類		内容
個体論的アプローチ	行動・身体レベルからのアプローチ	刺激・反応と報酬・罰という枠組みで，行動を統制して，望ましい行動の形成を行う（応用）行動分析・行動療法など
	認知論的アプローチ	自己の認知過程（の歪み）や認知的評価（の歪み）に気づき，修正するといった認知的技法を用いたアプローチ。認知療法・認知行動療法など。
文脈を強調するアプローチ	関係論的アプローチ	障害を他者との関係のなかにとらえ，障害の改善は関係の改善を通して成り立つと考える立場。家族療法，集団療法など。
	生態学的アプローチ	個人の心理・行動を，次々に生じる個人と環境の関係の連鎖のなかにとらえ，その関係の連鎖を生態学的システムととらえる。各関係間の相互作用過程に介入することにより障害の改善を目指す立場。コミュニティ心理学，生態学的心理学，環境心理学など。
	社会・文化論的アプローチ	個人の心理・行動を環境——特に，社会・文化——との関係でとらえる。特に障害の定義が社会・文化との関係で決まるという視点を重視する。

の認知発達研究においては，実験で一般原則を求める方法と生態学的な研究の組み合わせが選択され，補完的に進められることが求められています。

２　生態学的アプローチ

　研究に対して実践——たとえば，発達障害（特に認知障害）への心理・教育的な働きかけ——においても，生態学的なアプローチやそれとは異なるアプローチがあります（表7）。

　個体論的なアプローチ，特に行動・身体レベルからのアプローチの代表的なものとして実験を通して構築されてきた学習理論をベースにした行動療法があります。最近では，行動療法のような個体論的アプローチでも社会的相互作用や個人の社会的行動を引き出したり，変容させるために環境の調整を行うことの重要性が認識されています。すなわち，個体論的アプローチにおいても，文脈の重要性が認識されています。一方，文脈を強調するアプローチにおいても科学的実証性や効果にもとづいた適用を行うべきであるという主張が高まってきています。いずれのアプローチにおいても，現在の問題や関係だけに注目するのではなく，問題を抱える人の現在および将来の生活の質（QOL：quality of life）を向上させることが重要です。

　実践的には，どのアプローチも意味があり，各個人のもつ障害の特徴やその人がいる環境によって，どのようなアプローチがより効果的かは異なります。それぞれのアプローチの視点を理解し，また，多様な視点をもって，障害に対して働きかけていくことが重要なのです。

（郷式　徹）

I 認知発達の基礎

29 横断的研究／縦断的研究：発達を調べる2つの切り口

1 横断的研究

　発達研究の目的の1つは，各年齢や発達段階の特徴と，その因果的メカニズムを明らかにすることにあります。そのための代表的な研究方法の1つが，横断的研究（cross-sectional method）[1]といわれるものです。これは，ある時点で，異なる複数の年齢の被験者に対し，同じ課題を測定・観察する方法です。たとえば，3歳の子ども1名，4歳の子ども1名，5歳の子ども1名に対し，ひらがな51文字を見せて読める数を測定する場合がこれにあたります。その結果，仮に，3歳の子どもが0語，4歳の子どもは3語，5歳の子どもは40語が読めたとします。そこから，3～5歳の間でひらがながしだいに読めるようになっていくという発達的変化を類推することができます。しかも，この結果が各年齢1名ずつで確かなことがいえないと思えば，各年齢の子どもを100名に増やして再度測定することもできます。横断的研究は，それを行うために必要な時間と労力が，後で述べる縦断的研究と比較するととても少なくてすむという利点があります。その結果，測定する被験者の数を増やし，これは統計的分析にたえるデータにしやすくなります。また，新たな測定項目を組み入れて，探索的に実験・観察を繰り返しやりやすいことにもつながります。

　しかし，この結果は，実際に同一の子どもが，3歳のときは読めたひらがなが0個だったのに5歳で40語が読めるようになることを示していません。横断的方法で得られた発達的変化は，あくまで類推によるものにすぎないという欠点があるのです。

2 縦断的研究

　発達研究のもう1つの方法が，縦断的研究（longitudinal method）[2]といわれるものです。これは，同一の個人あるいは集団を，一定期間追跡し，時系列的に何度も観察・測定する方法です。たとえば，子どもの話し言葉の語彙数の発達を調べるのに，ある特定の5名を対象に，2歳0カ月時点で語彙数を調べ，同じ子どもにまた3歳0カ月時点，4歳0カ月時点で再び語彙数を調べるというものがこれにあたります。

　この方法は，同一の個人が語彙数を年齢によってどのように増加させていくかを観察・測定することで，発達的変化を直接明らかにできるという，発達研

▷1　横断的研究
英語の「クロス・セクション」は，製図学における，ものの横断面とか断面図を意味する用語である。よって横断的研究とは，一定の時間（たとえば同じ年齢）で対象を切り取って，観察・測定をする方法のこととなる。

　子安増生・二宮克美編
2004　キーワードコレクション発達心理学〔改訂版〕新曜社

▷2　縦断的研究
英語の「ロンジチュード」は，地理学の用語で経度を意味する言葉である。経度を示す経線は地球に対して縦に走っているものであり，その意味で，縦断的研究とは，心理的現象を「縦に」切り取るものという意味となる。

　子安増生・二宮克美編
2004　キーワードコレクション発達心理学〔改訂版〕新曜社

究にとっては最大の利点をもっています。これは，横断的方法が，発達的変化の類推にとどまらざるをえないという欠点をおぎなうものです。

しかし，縦断的研究のもつ欠点もいくつかあります。1つは，とても長い時間と多大な労力がかかるということです。語彙数を調べるのに，たとえば上記の語彙数の研究を行うには，始まってから2年の時間を要します。しかも，5名のなかに転居する家族があったりすることで，データが不揃いになることも少なくありません。2つは，最初に綿密な実験計画が必要だということです。これは，その労力の大きさのため，何度も繰り返し測定できないことによります。3つは，実験・測定する側だけでなく，被験者（この場合でいえば，子どもとその家族）にも多大な負担を強いるということです。その結果，協力してもらえるある特殊な被験者のみが残ることで，調べたい被験者集団を代表しない可能性が出てくることもあるのです。

実際は，横断的研究と縦断的研究をお互いに補完的に使うことが重要となります。たとえば，比較的労力が少なくてすむ横断的研究で発達的変化の仮説やモデルを作りだし，それにもとづいて縦断的研究でその仮説やモデルを検証するということです。双方の利点と欠点を自覚して使用することが必要となります。

3 追跡研究

ある発達特性や精神病理が，後の発達にどのように影響するかを明らかにするために，ある対象を縦断的に研究する方法を，追跡研究（follow-up study）といいます。これは，研究方法としては縦断的研究と同じですが，その目的が，発達の因果的メカニズムを明らかにするというところに特徴があります。

たとえば，1歳半の時点の行動特徴（指さしの理解，指さしの産出，ふり遊び）の有無が，3歳時点での自閉症（autism）の診断をどのように予期するかを調べる研究はそれにあたります。自閉症の診断はおおむね3歳以後にならないと確定できません。ですから，自閉症と診断された子どものそれ以前の発達を調べるためには，3歳以後の時点で両親にそれ以前の発達を回想してもらう，遡及的（retrospective）調査を用いたものがほとんどでした。しかしこれは，記憶の曖昧さなどより，その妥当性に問題が残ります。それに対し，1歳半で実際に行動特徴をチェックした子どもを再度3歳時点で観察して自閉症かどうかの診断を行うことは，自閉症の3歳以前の早期兆候を調べるうえで，その実証性という点からみてもきわめて優れた方法です。ただしこれも，縦断的研究と同じ欠点も併せもっています。労力の大きさに留意するとともに，因果的メカニズムの仮説をしっかりもって研究を行うことが重要となります。そのためには，追跡研究の実験計画を立てる前に，遡及的調査や横断的方法を駆使することで，十分な仮説をたてられていることが肝要なのです。　　　　（別府　哲）

▷3　自閉症
⇒III-91 参照。

▷4　Baron-Cohen, S., Cox, A., Baird, G., Swettemham, J., Nightingale, N., Morgan, K., Drew, A., & Charman, T. 1996 Screening for autism in a large population at 18 months of age: An investigation of CHAT (Check list for Autism in Toddlers). *British Journal of Psychiatry,* **168**, 158-163.

参考文献
田島信元・西野泰広編著 2000　発達研究の技法　福村出版

I 認知発達の基礎

30 コーホート：同時代を生きてきた人々

1 世代とコーホート

「今どきの若い者はなっとらん」という年輩者からの発言は、古い時代から繰り返しなされてきたものです。そう言う年輩世代も若者であったとき、上の世代から同様の評価を受けてきたのではないでしょうか。ここには、価値観や行動様式の違いからくる世代断絶があります。これまで世代の相違を示す意味で、戦中派世代、団塊の世代、共通一次世代、しらけ世代など、ある世代を特徴づけるネーミングがさまざまになされてきました。

そもそも世代（generation）というのは生物学の用語で、同時期に発生または出生した、同種の個体集団のことをいいます。あるいは個体が成長し生殖機能を失うまでの時間を指す場合もあります。ヒトに関しては、子が親になるまでのほぼ30年間を指していいます。また社会学的には、ライフ・スタイルや価値観などを共有した、同時代に生まれた人の集団のことを世代と呼びます。

一方、世代と類似した概念として、コーホート（cohort）という言葉が発達心理学、特に生涯発達心理学において用いられています。コーホートは「ともに（co-）庭（hors）に集まり訓練を受けるもの」というラテン語 cohors を語源とし、古代ローマ軍の300〜600人規模の歩兵隊を意味しました[1]。それが人口統計学などの分野において、「同じ時期に同じような社会経験や人生における重大な出来事を体験した人の集団」という意味で用いられるようになりました。世代という言葉が一般的かつ包括的に用いられているのに対して、コーホートは世代よりも時間的・空間的範囲を限定して、研究方法における分析視点として注目されています。発達心理学では、同じ時期に生まれた人の集合である、出生コーホートや年齢コーホートという意味で、用いられることが一般的です。

2 横断的研究法と縦断的研究法の限界

では、なぜコーホートに着目した検討が必要なのでしょうか。村田があげている「戦争に対する態度の発達」を例に考えてみましょう[2]。戦争に対する態度が年齢とともにどのように変化するのかを調べるために、20歳代から80歳代まで各年齢ごとに質問紙に答えてもらい、高齢者ほど戦争に否定的な人が多いという結果を得たとします。この方法は、異なる年齢グループの人に対して同時期に実験や調査を行う、横断的研究法（cross-sectional method）で、発達心理

▷1 子安増生 2004 コーホート分析 子安増生・二宮克美編 キーワードコレクション発達心理学〔改訂版〕新曜社

▷2 村田孝次 1989 生涯発達心理学の課題 培風館

学では最もよく使われるものです。

さて，高年齢者グループに戦争に否定的な人が多いという結果から，「年齢を重ねるほど，戦争に否定的な態度をもつようになる」と一般化はできません。高齢者は，戦争をなにがしかの形で経験しており，独自のコーホートをなしています。そのことが戦争への態度に相当の影響を与えていることは，容易に想像できます。同じ時期に戦争という同一の重大な出来事を経験したというコーホート効果が，この調査結果には含まれており，この種の横断的研究法だと，年齢差とコーホート差を切り離せないのです。

また，縦断的研究法（longitudinal method）を用いて，同じコーホートに属する人たちを異なる時点で実験・調査することもできます。この方法は，横断的研究法に比べ時間と労力を要しますが，同一集団の時間経過による変化を直接調べることができます。ただ，対象者はそれぞれの時期の社会状況や歴史からの影響を同様に受けていますので，やはり年齢差とコーホート差を区別して分析するのは困難です。

3 コーホート分析

コーホート分析では，複数の年齢群の時系列データを収集して，表8のような標準コーホート表に資料を配置します。

そしてこの表を基礎にしつつ，社会構成員全員が影響を被る時代的効果（戦争や恐慌など），どの構成員にも共通する年齢的影響（生物的な成熟的変化など）と，コーホートの違いによる効果（教育システムの改訂など）を分けて検討します。そのうえで，説明しようとしている事柄に対して，各効果が関与している程度を推測していきます。

ドイツのバルテス（Baltes, P. B）は，生涯発達に影響を及ぼすものとして，(a)標準年齢的影響，(b)標準歴史的影響，(c)非標準的影響（個人特有の事象によるもの）の3つをあげ，生涯発達をとらえる理論的枠組みを提案しています。▷3 このうち，標準歴史的影響は「歴史的時間や世代に関連する歴史的文脈に結びついた生物学的および環境的影響」と定義できるもので，社会状況の変化や各時代におけるコーホート差を，本格的に問題にする理論的基礎を，バルテスは発達心理学に導入したのでした。▷4

コーホート分析を実際に実施するには，多大な年月と労力を要しますので，個人でそうした研究は行いにくいと思います。ただ，コーホートに留意して，人間は変化していく社会のなかで生きているという観点を思い返すことは，人間理解にとって重要です。

（木下孝司）

表8　標準コーホート表の例

		調査時点			
		1950年	1960年	1970年	1980年
年齢層	20〜29歳	D	E	F	G
	30〜39歳	C	D	E	F
	40〜49歳	B	C	D	E
	50〜59歳	A	B	C	D

▷3 Baltes, P. B. 1983 Life-span developmental psychology: Observations on history and theory revisited. In R. M. Lerner (Ed.), *Developmental psychology : Historical and philosophical perspectives*. Hillsdale, N. J. : LEA. pp. 79-111.

▷4 アメリカのシャイエ（Schaie, K. W.）も，コーホートに着目して生涯発達心理学の進展に貢献した研究者である。彼の初期の研究では，知能の加齢による変化について，横断的研究の方が縦断的研究よりも早期にかつ顕著に知能が減衰することを示した研究間の不一致を問題にした。若いコーホートの方が年長のコーホートより高い知能水準を示すことを明らかにし，このコーホート差は，それぞれのコーホートが受けてきた教育の内容や量の差違に由来することを指摘している。

Schaie, K. W., & Labouvie-Vief, G. 1974 Generational versus ontogenetic components of change in adult cognitive behavior : A fourteen-year cross-sequential study. *Developmental Psychology*, **10**, 151-166.

II 認知発達の時期

出生前期：生まれる前の子どもの心

▷1 選好注視法（preferential looking method）
ファンツ（Fantz, 1961）らによって開発された，乳児の視覚行動を観察する方法。具体的には，乳児の眼前に2つの刺激を並べて出した際にどちらの刺激を長く注視するかを指標に，乳児の興味や視覚能力を検討する。

▷2 馴化・脱馴化法
乳児は最初刺激を与えられると注意を喚起されるが，それを繰り返すと馴れが生じ，刺激に対する反応は減少する。これを馴化（habituation）という。そこで，別の刺激に切り替えて提示した場合，乳児がそれを今までの刺激と違うものと認識すれば，また注視反応は増加する（これが脱馴化）し，その違いを認識しなければ反応は減少したままである。この現象を利用して，乳児の対象の認識を調べるやり方。⇒ II-42 参照。

▷3 これについて河合（2004）は，Spence & DeCasper（1982）の研究結果を紹介している。そこでは，在胎34週頃から1日2回，子守歌の本を母親に音読してもらう。そして，その子が生まれてから48時間以内に同じ本と，初めて

1 出生前期とは

子どもがこの世に誕生してから，どのような能力を獲得し，発達していくのかは，心理学の大きなテーマです。しかし出生より前の母親の胎内にいる時期の発達や心理については，それを調べる方法論的な限界もあってあまり取り上げられてきませんでした。しかし近年，出生前においても，胎児はさまざまな感覚・知覚・運動能力をもっていることが明らかにされてきています。

受精卵が子宮内膜に着床してから新生児として出生するまでの約280日間を出生前期（prenatal period）といいます。そしてそのなかで，受精後2週間は卵体期（ovum），それ以後8週までは胎児の組織器官の基が作られる胎芽期（embryo），そしてそれ以後，つまり受精後9～40週の間が胎児期（fetus）とされています。この胎児期の感覚，運動能力の有能さ（competence）が注目を集めているのです。

2 胎児期にみられる能力

胎児期の能力は，以下の2つの研究方法の開発によって，飛躍的に研究が進展しました。1つは，早期産児を対象にして，選好注視法や馴化・脱馴化法を使う方法です。この場合，本来，胎内にいるはずの在胎週数に換算して考えます。2つは，胎児の行動を胎内にいるままで観察する，超音波断層法や脳波を使った研究の開発です。超音波断層法とは，超音波を腹腔内に当てそのエコーで胎児の様子をとらえるものです。脳波は直接記録できないので，母親の腹壁ごしに光や音などの刺激を与え，腹壁ごしに脳波を測定するというものです。以下，そこで明らかになった胎児期の感覚について，順番にふれます（図20）。

(1) 視覚：胎児はまだ目が見えていないと思われていますが，実際には，在胎24週で光があたると顔をそむけたり，心拍数が増加することが明らかにされています。そして，光に対して瞬間的に両眼瞼が閉開する瞬目（eyeblink）反応は29週，物に対する注視は32週頃からみられます。視力は出生時で0.02～0.05程度はあるといわれますが，35週頃から視力があることも示されています。

(2) 聴覚：在胎20週には内耳が完成しています。そのうえで，26週頃からは，音に対し心拍数や胎動が変化することから，音への反応を行っていること

	受精	20週	25週	30週	35週	40週
視覚			光に反応	瞬目反応	視力	
聴覚		内耳完成	音に反応		音を記憶	
味覚					サッカリンの有無がわかる	
痛覚			痛覚の存在			

◁4
図20 胎児の感覚の発達

が示されています。34週頃からは，音を聞いているだけでなくそれを記憶していることを示唆する結果も出ています。 ◁3

(3) 味覚：在胎34～38週の胎児は，羊水中にサッカリンを注入すると飲み込む羊水の量が増えることから，少なくともこの時期より味覚が確立していることが示されています。

(4) 触覚・痛覚：比較的早くから，その存在が認められる感覚です。たとえば，在胎26週の超低出生体重児に痛みが加えられると，顔をしかめたり手足・体を動かすことから，この時期より痛覚が存在していると考えられています。

③ 胎児診断と染色体異常

このように，胎児はかなり高度な感覚運動能力をすでに獲得していることがわかってきています。しかし一方，胎児研究の進展は，染色体異常（chromosomal abnormality）や先天性代謝異常の早期発見のための胎児診断においても進展してきました。染色体は，遺伝物質の本体であるDNA（deoxyribonucleic acid）とタンパク質からできているもので，人間の場合，常染色体22対（44個）と性染色体2個となっています。その染色体が1個多かったり（その一例が，21番目の染色体が1個多いダウン症候群）少なかったりという数的異常や，染色体の一部が欠けたり移動している構造上の異常がある場合を，染色体異常といいます。常染色体の異常の場合は特に，知的発達の重い障害を合併する場合も少なくないといわれています。 ◁5

しかしそういった胎児診断のためには，母胎の腹壁から羊水腔に針をさして羊水を吸引する羊水穿刺（せんし）（amniocentesis）を行うことがあります。胎児はさまざまな感覚をもって外界を理解しているならば，心理的主体として考えるべきだという主張も生まれます。そして胎児が痛覚をもっているならば，母体外からの働きかけの苦痛はありますし，聴覚の記憶があるならばそれが出生後の行動や人格形成に及ぼす影響は予想されます。そういった問題を扱うものとして，出生前心理学（prenatal psychology）という研究分野が生まれ，北アメリカで設立された出生前・周産期心理学協会（Pre & Perinatal Psychology Association of North America）が，隔年で国際会議を開くまでになっています。これは，胎児に人格を認めるのかどうかという議論に発展し，胎児治療や人工授精，人工中絶の問題とも関わってくるものです。今後，生命倫理の問題とも関わって，さらに重要性が増大する領域と考えられます。 （別府 哲）

聞く本を母親が読んで聞かせた際の，子どもの乳首を吸う強さを比較した。もしこの2つの本を違う本と判断しなければ乳首を吸う強さには変化がないはずである。しかし聞き慣れた本では吸う強さが最大に，初めて聞いた本では最小になったことから，子どもは2つの本を区別していることが示された。
　河合優年　2004　出生前心理学　子安増生・二宮克美編　キーワードコレクション発達心理学〔改訂版〕新曜社　pp.88-91.

▷4　同上書および仁志田博司　2004　新生児学入門[第3版]　医学書院をもとに作成。

▷5　ダウン症候群
イギリスのダウン（Langdon Down）が1866年に初めてその症例を発表し，1959年にフランスのルジューヌ（Lejeune, J. A.）が21番染色体の過剰であることを発見した。最初に症例を記載したダウン，L.の名前をとって，ダウン症候群あるいはダウン氏症候群と呼ばれる。特徴的な顔貌と知的障害をもっている。また心臓疾患なども合併することが多い。

参考文献

　高橋道子編　1992　新・児童心理学講座第2巻　胎児・乳児期の発達　金子書房

II 認知発達の時期

32 プロライフ／プロチョイス：宿された命をめぐる対立

1 出産をめぐる対立的な考え方

人はこの世に生を享ける以上，周囲から祝福されて生まれてきたいものです。しかしながら，母親やその周囲の人間にとっての望まない妊娠（undesired pregnancy）[1]の結果，望まれない子ども（unwanted children）として生まれてくる子どもが少なくないという現実があります。また，望まない妊娠の解消の手段として，人工妊娠中絶（abortion）が行われているという事実もあります。この問題について，2つの対立する考え方があるのです。

○プロライフ

第1は，胎児は，いかに小さくとも，いかに未発達だとしても，れっきとした人間であり，人工妊娠中絶はその小さな生命[2]をうばう許しがたい反倫理的行為であるとするプロライフ（prolife）の考え方です。プロライフは，「生命尊重派」と訳すことができます。このプロライフの主張の背景には，生命の尊さを訴えるキリスト教，特にカトリック派の思想があります。

○プロチョイス

第2は，出産ならびに育児は女性の固有の権利であり，妊娠した子どもを生むかあるいは中絶をするかは，母親自身が決定すべき問題なので，他からそのことについてとやかく言うべき筋あいではないとするプロチョイス（pro-choice）[3]の考え方です。プロチョイスは，「選択尊重派」と訳すことができるでしょう。プロチョイスの主張の背景には，女性の権利擁護を主張するフェミニズムなどの思想があります。

○政治的争点

プロライフの立場に立つか，プロチョイスの立場に立つかは，基本的には個人の思想信条の問題です。しかし，ヨーロッパやアメリカでは，「プロライフ対プロチョイス」の対立は，個人の思想信条の問題を越えて，重要な政治的争点の1つとなっています。

アメリカでは，プロライフかプロチョイスかは，大統領選挙をはじめとする国政選挙だけでなく，州知事や州議会などの地方選挙にいたるまで，常に候補者が自らの立場を明示すべき重要な論点となっています。

イギリスでも，生命尊重を平和的民主的な手段で達成することをうたう，プロライフ同盟（The ProLife Alliance）という団体が最近の国会議員選挙におい

▷1 最近この語に変えて「予期せぬ妊娠（unwanted pregnancy）」という表現も使われるようになってきた。

▷2 民法第3条「私権の享有は，出生に始まる」という規定や，国籍法第2条の日本国民の規定では，法律により保護されるのは出生以後であり，胎児については人権を規定していない。

▷3 刑法では，第212条から216条にかけて「堕胎罪」が規定されている。たとえば，第212条「妊娠中の女子が薬物を用い，又はその他の方法により，堕胎したときは，一年以下の懲役に処する」とある。

て多数の独自候補を立てています。他方，プロチョイス・フォーラムという団体は，そのことに対して冷ややかな論評を行っています。

　問題は政治的争点であるにとどまりません。アメリカでは，この２つの立場の対立が1980年代から激しくなり，中絶手術を行う医師への暴力事件が目立ち始め，90年代にはついに殺人事件にまで発展しています。また，中絶手術を行っている医院を爆破するという事件もあとを絶ちません。カナダでも，90年代以後に同様のことが起こっています。

　生命尊重を訴えるプロライフ派が中絶手術を行う医師の殺傷を意図するのは，どう考えても大いなる矛盾に思えます。実際，プロライフの穏健派は，「いかなる暴力も真のプロライフとは無縁である」と宣言しています。

❷ わが国の動向

　ひるがえってわが国の現状はどうでしょうか。幸か不幸か，プロライフ派とプロチョイス派の熾烈な争いはほとんど耳にすることはありません。国政選挙であれ，地方選挙であれ，そのことが争点になったためしはありませんし，人工妊娠中絶の是非をめぐる暴力事件も起こっていません。しかし，日本は「中絶天国」と言われていること，人工妊娠中絶を規定する優生保護法の改正に関して，さまざまな議論があったことは知っておくべきことです。

　前者については，ノーベル平和賞も受賞したカトリック修道女マザー・テレサ（Mother Teresa：本名 Agnes Gonxha Bojaxhiu, 1910-1997）が来日した折，日本の中絶件数がきわめて多いことに注意を喚起し，中絶を容認し放置している社会は命の尊厳を放棄するものであると厳しく指弾し，日本人を驚かせたことをあげておきたいと思います。

　後者については，優生保護法第２条に「この法律で人工妊娠中絶とは，胎児が，母体外において，生命を保続することのできない時期に，人工的に，胎児及びその附属物を母体外に排出することをいう」という規定があるのですが，1989年から90年頃にかけて，この規定のなかの「母体外生命保続（生育可能）時期」を満24週未満から満22週未満に引き下げる法案について，その是非をめぐり医学界，厚生省，国会を巻き込む大きな論争がありました。この週齢の引き下げは，中絶が犯罪になる可能性を高めるものだからです。

　発達心理学において重要な関心事は，「望まれない子ども」が妊娠中や生まれてからの生育の過程で周囲から受けやすいさまざまな不利益（特に，児童虐待）と，そのことがもたらすさまざまな心理的問題です。その意味において，「望まれない子ども」が減ること自体は望ましいことのようですが，胎児診断による障害の可能性のある子どもの排除の問題なども考えると，人工妊娠中絶を無条件に礼賛するわけにはいきません。この問題は，衆知を集めて考えていかなければならないのです。

（子安増生）

▷4　プロライフ同盟のホームページ：
http://www.prolife.org.uk

▷5　プロチョイス・フォーラムのホームページ：
http://www.pro-choiceforum.org.uk

II　認知発達の時期

　出　産：
赤ちゃんは生まれてすぐに立てない

1　就巣性と離巣性

　牛や馬は生まれて何時間かで立ち上がって歩くことができます。テレビの動物番組などで，見たことのある人も多いのではないでしょうか。哺乳類や鳥類の場合，生まれるとすぐに立つことのできる動物と，生まれたときは目も開かず，毛も生えていない状態でじっとしていることしかできない動物がいます。

　生まれてすぐに立つことのできる動物を離巣性の動物と呼びます[1]。これらの動物は進化上高等で，脳が複雑に発達しています。生後すぐでも目や耳（感覚器官）も骨や筋肉（運動器官）もよく発達し，姿や行動は親によく似ています。生まれてすぐに立てない動物を就巣性の動物と呼びます[2]。これらの動物は進化上あまり高等でなく，脳もあまり発達していません。生後すぐはほとんど毛がなく，目や耳（感覚器官）が閉じており，体温は外部の温度によって変わります。他にも表9のようにいくつかの特徴的な違いがあります。

2　ポルトマンの生理的早産説[3]

　人間は，妊娠期間や子どもの数では離巣性の動物に似ています。しかし，誕生直後の姿は親とは異なっており[4]，運動能力の点ではほとんど動くことができず，就巣性の動物に近い状態です。人間が離巣性の条件を満たすには，もう1年間母親の胎内にいることが必要なのかもしれません。そこでポルトマンは人間の出産を生理的早産もしくは二次的就巣性と呼びました。

3　なぜ，人間は二次的就巣性なのか？

　生理的早産説から考えると，1歳過ぎまで母親のお腹の中にいれば，離巣性の動物の条件を満たせるかもしれません。ところで，人間の脳の重さは生まれたときには約400グラムですが，生後1歳半で約1,000グラムに増加し，脳の内

▷1　たとえば，馬，牛，鹿，猿，鯨，鶏，鴨などが離巣性の動物である。

▷2　たとえば，ネズミ，猫，犬，雀，ツバメなどが就巣性の動物である。

▷3　ポルトマン（Portmann, A. 1897-1982）スイスの動物学者。

▷4　たとえば，人間の成人は7頭身前後だが，誕生直後の新生児はほぼ4頭身である。

▷5　ポルトマン, A.（高木正孝訳）1961　人間はどこまで動物か――新しい人間像のために　岩波書店 p.30の表を改変。

表9　就巣性の動物と離巣性の動物の特徴の違い[5]

	就巣性の動物	離巣性の動物
妊娠期間	非常に短い（たとえば20〜30日）	長い（50日以上）
一度に生む子どもの数	多い（たとえば5〜22匹）	たいてい1〜2匹（まれに4匹）
進化上の段階	下等な段階で，組織体制が特殊化していない	高等な段階で，組織体制が特殊化している

部構造も成人に似てきます。しかし，1歳半の脳の重さに体の大きさを合わせると母親は身長70センチ，体重9キロの赤ん坊を産まなければなりません。そんなに大きな赤ちゃんを産むことはできないため，誕生時には脳の重量を最小限にし，体も生きていくのに必要な機能以外は最小限に抑えてあるのです。通常，離巣性の動物では身体各部の割合が大人に近いのですが，人間ではかなり頭でっかちです。出生時には胴，腕，脚の発育は頭部に比べて小さく，あまり運動能力も発達していないのです。

　人間は大きな脳をもって誕生しますが，生後さらに3倍近くになります。さらに誕生直後には脳が未完成で，成熟に時間がかかります。その結果，成長過程で多くの複雑な学習をすることが可能なのです。そして，未熟な運動能力の反面，目や耳などの感覚器官は十分に発達した状態で生まれてきます。おかげで，生後すぐから，赤ちゃんは環境から情報（刺激）を取り入れることができ，学習を行うことが可能です。また，未熟な運動能力は，長期間の全面的な養育を必要とします。それが密接な親子関係を生み出し，その密接な親子関係が子どもの学習の機会を増やすのだと考えられます。これらが相互に絡み合って，環境についての知識をたくわえながら，それに合わせてゆっくりと柔軟に行動を形成していくという人間の学習・発達の特徴を作っています。

4　泣き声

　人間の赤ちゃんは自分で移動できないので，不快状態（空腹，オシメが濡れたなど）になると大人（養育者）に何とかしてもらうしかありません。そのため，大人の注意を引く強力な手段として泣くという行動をとります。新生児期のコミュニケーションの大部分は泣くことで占められていますが，泣き声からだけでは不快である以外には，泣く理由はほとんどわかりません。

5　マタニティーブルー

　出産は赤ちゃんだけでなく，母親にとっても大変です。妊娠中に変化した体がもとに戻るには約4～6週はかかります。また，出産の喜びとともに憂鬱感や疲れやすいなどの一過性の症状（マタニティーブルー）が起こることがあります。これは妊娠を維持していた状態からもとの状態へと急激にホルモンの状態が変化するためだと考えられています。そのため，出産後は無理をしないようにするとともに周囲の人たちのサポートが大切になります。

　また，人間の出産や育児は生物としての営みだけではなく，社会・文化的な営みの側面をもっています。そのため，親（になる可能性のある人）や彼らの周囲の人々が出産や育児について正しい知識を学んでおくことが必要になってきます。

（郷式　徹）

▷6　人間の新生児の体重は厚生省（現厚生労働省）「乳幼児身体発育値（平成12年度）」の3パーセンタイルと97パーセンタイルの数値によると2230〜3790g（男児），2250〜3730g（女児）である。

▷7　ただし，医学的になんらかの異常が認められた新生児は，健常児と違うパターンの泣き声を発することが知られている。
　正高信男　1989　乳児の泣き声研究の展望　心理学評論，32，407-420
　正高信男　1991　ことばの誕生　紀伊國屋書店

▷8　汐見稔幸・長坂典子・山崎喜比古著，小泉るみこ絵　1994　父子手帳　大月書店

II 認知発達の時期

新生児期:自ら働きかける赤ちゃん

▷1 WHO
World Health Organization（世界保健機関）の略。1948年に国際連合の専門機関として発足した。⇒III-83参照。

▷2 ⇒II-31参照。

▷3 Meltzoff, A. N., & Moore, M. K. 1977 Imitation of facial and manual gestures by human neonates. Science, 198, 75-78.

▷4 Field, T. M., Woodson, R., Greenberg, R., & Cohen, D. 1982 Discrimination and imitation of facial expression by neonates. Science, 218, 179.

▷5 Meltzoff & Moore 前掲論文

1 新生児期とは

「出生時より27生日（生後4週目まで）」（WHOによる定義）までの間を，新生児期（neonatal period）といいます。これは，それまでの胎児期にみられる子宮内生活から，子宮外生活への生理的適応過程がほぼ完了するまでの期間に当たります。その生理的適応の評価法としては，皮膚の透明度や浮腫の有無などの形態学的外表と，足首の背屈や頭のすわりなどの神経学的所見をあわせてみるデュボウィッツ（Dubowitz）法が代表的です。新生児期はこのように，生理的な側面が重視されるため，それ以後の乳児期や幼児期のように発達段階としてはあまり注目されてきませんでした。しかし子どもは，胎児の段階ですでに多くの感覚や運動機能を形成しています。たとえば，胎児期にすでに視力をもっており，聴覚は聴いているだけでなくその記憶まで可能です。さらに新生児期は，能動的に外界に働きかけるさまざまな能力をもっていることが明らかにされています。

2 新生児模倣

その1つが，新生児模倣（neonatal imitation）です。メルツォフとムーアは，生後42分から71時間（平均32.1時間）の新生児に，大人が舌出しや口の開閉を行って見せたところ，新生児がそれを模倣したことを報告しました（図21）。また，フィールドらは，生後平均36時間の新生児が，大人の見せる喜びと悲しみ，驚きの3つの表情を弁別して真似たことを明らかにしています。

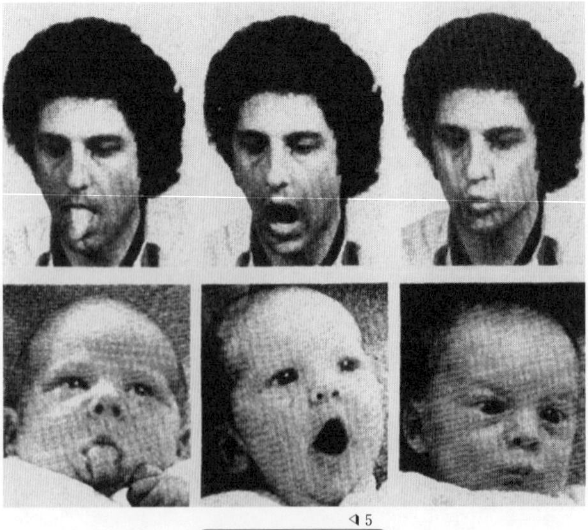

以前，この新生児模倣は，刺激（大人の顔の動きや表情）に自動的，受け身的に反応したものにすぎないと考えられていました。たとえばピアジェは，顔の動きの模倣が，見える大人の顔の動きと見えない自分の顔の動きの関係を推理によって確立することを必要とすること，そのため1歳半頃に獲得する表象

図21 新生児模倣

（representation）の形成を待たなければならないとしました。まだ表象をもたない新生児には，模倣は不可能だと考えたのです。

しかし，舌出しの模倣でいえば，新生児は大人の顔刺激をしばらく注視し微笑んでから，模倣を行うことが明らかにされています。刺激が与えられてから反応を行うまでの経過時間を潜時（latency）といいますが，新生児模倣の場合は必ずしかるべき潜時があるのです。これより，新生児模倣は，自動的，受け身的な反応ではなく，他者のモデルを観察してから自発的にその行動を再生したものであることが明らかになりました。また，以前では，表象を獲得した1歳半以後にしか出現しないと考えられていた延滞模倣を，生後6週児が行ったという報告もなされ，新生児の高度な能力の存在が示唆されています。

3 新生児反射

従来，新生児を特徴づけるものとしてあげられてきたのが，新生児反射（neonatal reflex）です。これは，正常な新生児において特徴的に観察される反射行動です。口の中へ小指を入れると強く吸い付き，乳首を吸うように音を立てて吸啜する吸啜反射，頭を持ち上げて急に落とすような動作をしたときなどに，両上肢を開き，側方から正中方向に抱きつくような動作をするモロー反射（図22），掌に指を置いて刺激すると指を屈曲させて握るような動作をする把握反射などがあります。これは，ある刺激によって引き起こされる運動であり，新生児期には必ずみられますが，生後3～4カ月頃から消失し始め6～7カ月では完全にみられなくなります。これは，脊髄や脳幹の反射であり，大脳皮質の発達にともない抑制され消失するためと考えられています。そのため，新生児反射が新生児期にみられない，あるいは生後3～4カ月をすぎても残存する場合は，大脳皮質の障害を疑う有力な手がかりになります。

しかし現在は，この反射と考えられた運動パターンそのもの（たとえば，吸啜反射にみられる，口を動かして何かを吸う運動）は，胎児期から存在すること，しかもそれは外からの刺激が無い場合の自発運動としても存在することが示されています。これは，反射から自発運動へという，従来考えられていた運動発達の図式とは異なるものです。新生児に反射が存在するのは事実ですが，同時にさまざまなレパートリーの自発運動ももっているのです。

このように新生児期の研究は，人間が，受身的な反応や反射から出発するのでなく，能動的に外界に働きかける能力ももった存在であることを示唆しており，発達観にも大きな影響を与えるものとなっています。

（別府　哲）

▷6　池上貴美子　1999　模倣することの意味　正高信男編　赤ちゃんの認識世界　ミネルヴァ書房　pp.75-114.

▷7　生後6週児が，舌出しのモデルを提示された直後ではなく，24時間後に模倣したことが報告されている。
Meltzoff, A. N., & Moore, M. K. 1994 Imitation, memory, and the representation of persons. *Infant Behavior and Development*, **17**, 83-99.

▷8　たとえば吸啜反射と同様の行動で，しかも自発的に行う吸啜行動は，受精後13～14週の胎児期からみられる。また自発運動として一番多いのは全身を協調して動かす運動で，GM（general movements）として注目されている。
小西行郎　2003　赤ちゃんと脳科学　集英社

▷9　仁志田博司　2004　新生児学入門　医学書院

(参考文献)
池上貴美子　2002　模倣の発達　梅本堯夫監修，落合正行・土井道栄共編　認知発達心理学　培風館　pp.3-23.
正高信男編　赤ちゃんの認識世界　ミネルヴァ書房

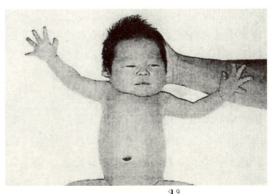
図22　モロー反射

II 認知発達の時期

乳児期：人生の旅立ち

1 「話せない者」としての乳児

　乳児期は，生後1年から1年半の期間を指します。英語の infant の語源はラテン語の「話せない者」という言葉であることにみられるように，乳児期をそれ以後の時期と区別する一つの目安は，明確な言葉の使用にあります。また，英語圏でしばしば用いられる toddler は，「よちよち歩きの子ども」という意味で，特に1，2歳児を指しており，歩行の獲得も発達の時期区分の目安となります。

　こうした語源からもわかるように，乳児期とその後の幼児期を区別するうえで，言語と歩行の開始がポイントとなります。また，スプーンや筆記具などの道具使用も，生後1年から1年半で可能になり始めるものであり，乳児期から幼児期への移行を示すものといえるでしょう。移動の自由を獲得して世界を拡げ，さまざまな道具を使用して外界に関する認識を深め，そうした経験を言語という伝達ツールを使って共有していく準備期間として，乳児期をみることができます。

　また，認知発達に限定し，ピアジェ（Piaget, J.）の理論に従うと，乳児期は感覚—運動期に相当し，その後の前操作期への移行を特徴づけるのは表象能力の発達となります。

2 歩行運動の開始

　乳児の頭部は身長や体重に占める割合が高く，いわば頭でっかちの状態にあります。次第に身体のプロポーションが変化し，相対的に頭の大きさは小さくなります。それとともに，図23に示したように，生後1年の間で，首が座り，座位や立位の姿勢が獲得され，重力に対して身体のバランスを取り，歩行運動が可能になっていきます。

▷1　感覚—運動期
⇒ I-5 参照。

▷2　Bower, T. G. R. 1977 *A primer of infant development.* Freeman and Company.（岡本夏木他訳　1980　乳児期——可能性を生きる　ミネルヴァ書房）

▷3　Thelen, E., & Smith, L. B. 1994 *A dynamic systems approach to the develoment of cognition and action.* Cambridge, MA: MIT Press.

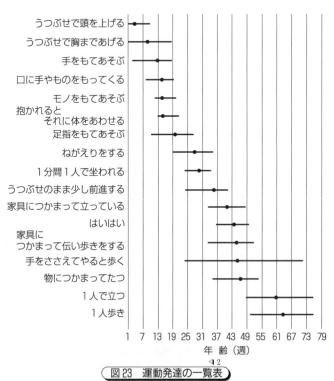

図23　運動発達の一覧表

じつは新生児期でも，同様の歩行運動は，子どもを支えて足の裏を床面につけてあげると観察できます。これは原始反射の一つであり，しばらくすると消失するとされてきました。ところが，テーレン（Thelen, E.）らによると，この反射が消失した乳児を水中で支え浮力を加えると，再び歩行運動が観察されるのです。歩行運動を構成する諸要素は，出生時より備わっていると考えられます。テーレンらは，そうした要素が外的条件のありよう（脚が水中にあるかどうか，あるいは頭や四肢の重さや重心の位置）でダイナミックに変化して，新たな運動形態として歩行運動を作り出していると仮定しています。

3 リーチングから定位的操作

生後6カ月前後より座位が安定し，重力に抗して姿勢が保持できるようになると，手を自由に使う機会が増えていきます。この頃，対象物に手を伸ばしてつかみとるリーチング（reaching）がしばしば観察されるようになります。当初，同時に2つの物を両手で把握するのは難しいのですが，乳児期後半にかけて複数の対象物を取り扱うことが可能になっていきます。

また物の操作に関しては，生後8カ月頃まで，手にした物を床に打ちつけたり，ひっくり返すなど無目的な扱い方が多かったのが，9，10カ月頃より物と物を打ち合わせる，容器に入れる，相手に渡すなど定位的操作が増えてきます。目的と手段の分化が進み，乳児の行為が目的的なものになってくるといえます。そして，このように対象物を操作することは，物を単にもてあそぶだけではなく，道具として使っていくうえで不可欠なものなのです。

4 前言語的コミュニケーション

乳児と親は，発達初期からアイコンタクトや表情を通して，情動的な一体的関係を成立させているといえます。ただ，乳児自身が相互にコミュニケーションを図ろうとしていることを自覚しているかどうかは，生後9，10カ月頃までは定かではないようです。

認知発達という観点から，こうした前言語段階でのコミュニケーションの発達をみてみますと，上述した定位的操作が可能になる認知的基盤が大切な役割を果たしていると考えることができます。目的と手段を分化して認識するようになる感覚―運動期第5段階以降，他者に自らの要求を伝達する際，相手の目を見て発声するなど，コミュニケーションの意図性が増します。対象操作における目的性が明確になることと並行して，自身の伝達手段が有しているコミュニケーション機能を自覚し，意図的なコミュニケーターに乳児はなっていきます。

以上のように9，10カ月頃，物および人との関わりが相互に関連して，幼児期へと向かう準備が始まっているのです。

（木下孝司）

▷4 田中・田中は乳児期後半を3つの段階（7カ月頃，9カ月頃，11カ月頃）に分け，それぞれ1つ，2つ，3つの外界との連結点を作り，乳児は対象物を扱っているという特徴づけをしている。なお，田中・田中は，本項目で取り上げている9，10カ月頃の変化を，1歳半における幼児期への飛躍的移行をなしとげる新しい発達の力の生成として，独自の理論を提案している。
田中昌人・田中杉恵（写真，有田知行） 1982 子どもの発達と診断2――乳児期後半 大月書店

▷5 定位的操作
「自分の持っている物を外界のある特定の部位（ある場所，ある物，自己あるいは他者）に方向づけて操作する行動」（竹下，p.50）。なお，竹下は，人間の言葉と対象操作の発達の関係について，ヒトとヒト以外の霊長類の乳児を比較することで検討している。
竹下秀子 2001 赤ちゃんの手とまなざし――ことばを生みだす進化の道すじ 岩波書店

▷6 目的―手段分化に関する認知発達とコミュニケーションの関係を取り上げた，初期の研究として以下のものがある。
Harding, C. G., & Golinkoff, R. M. 1979 The origins of intentional vocalization in prelinguistic infants. *Child Development*, **50**, 33-40.

II 認知発達の時期

 愛　着：人と人の絆

▷1 Bowlby, J. 1969, 1971, 1973 *Attachment and loss.* Vol. 1-3. New York: Basic Books.（黒田実郎他訳　1976, 1976, 1981　母子関係の理論　全3巻　岩崎学術出版）

▷2　ボウルビィの「母性的養育の剥奪」理論は，1951年WHOに提出した報告書によって提起された（Bowlby, J. 1951 *Maternal care and mental health.* WHO.〔黒田実郎訳　1967　乳幼児の精神衛生　岩崎学術出版〕）。この提起によって，親子の情緒的な接触が重視され，当時劣悪な環境にあった児童福祉施設や小児医療現場に積極的な改善が図られることになった。

一方，産みの母親こそが代替不可能な養育者であり，母親は就労などのためにわが子から離れるべきではないといった主張がなされ，それに対する批判も数多く登場した。ボウルビィはこうした論争を受けて，生物学的母親の役割を一面的に強調すべきではなく，父親，親戚，保育者などのていねいな養育によって，子どもの発達に悪影響を及ぼすことはないと，自説の強調点を変えている。

Rutter, M. 1972 *Maternal deprivation reassessed.* Harmondsworth : Penguin.（北見芳雄他訳　1979　母親剥奪の功罪　誠信書房）

 愛着理論の背景

ボウルビィ（Bowlby, J.）によって提唱された愛着（attachment）とは，特定の他者に対してもつ情緒的な絆（emotional bond）のことを言います。◁1

ボウルビィは，精神分析を学び，精神科医として数多くの臨床経験や調査を重ねていくなかで，発達初期の愛着形成の重要性について認識を深めていきました。特に，乳幼児期に養育者と十分に関われなかった，母性的養育の剥奪（maternal deprivation）を受けた子どもたちが，身体的な発育や心理的発達において遅れやつまずきを示すことを報告したことは，多くの専門家の関心をよびました。この考えをめぐってはさまざまな議論が起こりますが，ボウルビィは自説への批判に応えつつ，さらに理論的な検討を進めていきます。◁2

その際，彼が依拠したのが比較行動学の成果です。刷り込み（imprinting）◁3 などからヒントを得て，人間の赤ちゃんが特定の個人を求めていくのは，生存上の適応的価値の大きな行動であり，長年の進化的プロセスを通して獲得された生得的なメカニズムによるものだとします。それまでの学習理論や精神分析理論によると，特定の他者との関係は，空腹を満たすなど生理的欲求を実現することを通して，後天的に学習されるものだと考えられていました。いわば特定の個人との情緒的関係は，生理的欲求を満たしてくれるから生まれる2次的なものとみなされていたのです。それに対して，ボウルビィの主張は愛着の起源を生物として根源的なものととらえる画期的なものだったのです。

2 愛着の発達

乳児期初期において，子どもは養育者とそうでない人を明確に区別している様子はあまりありません。6カ月頃には養育者と見知らぬ人を区別し始め，8，9カ月になると，養育者には接近を求め，見知らない人には人見知りが生じ，回避するということがはっきりと見られるようになります。こうした行動レベルにおいて明確な分化が確認できることから，特定の個人が愛着対象として認知されていることが了解できます。

新奇な対象と出会い不安が喚起されれば，愛着対象に接近して心理的安定を図り，再び探索活動を行うというように，愛着対象がいわば安全基地（secure base）として機能するようになります。安定した愛着関係が結べていない子ど

表10 ストレンジ・シチュエーション法の8場面

場面	エピソードの内容	時間
1	母親は子どもを抱いて入室し，子どもを床におろす。実験者は退室。	30秒
2	母親はいすに座って本を読んでいる。子どもが要求したことには応じる。	3分
3	ストレンジャーが入室。1分間は黙っている。次に母親と話し，2分経過後，子どもに近づき玩具で遊びに誘う。	3分
4	母親は退室。ストレンジャーは子どもが遊んでいたら見守る。	3分
5	母親が入室し，ストレンジャーは退出。	3分
6	母親も退室して，子どもは一人残される。	3分
7	ストレンジャーが入室して，子どもが遊べば見守り，混乱していたら慰める。	3分
8	母親が入室し，ストレンジャーは退室。	3分

もの場合，安全基地が機能しきれず，外界を探索することが抑えられて自立や心身の発達が妨げられると考えられています。

❸ ストレンジ・シチュエーション法

愛着がそれぞれの関係性の歴史を反映したものであるとするならば，当然，個人差ないしは親子などのペア差が問題となります。エインズワース（Ainsworth, M. D. S.）らが開発したストレンジ・シチュエーション法（strange situation procedure）は，しばしば用いられる愛着測定の手続きです。

この方法は，乳児にとって見知らぬ部屋で，表10にあるような8つの場面を設定し，不安を高め実験的に愛着行動を喚起しやすくするものです。

この方法によって，乳児は大きく次の3つのタイプに分類されます。

A（回避型）：親との分離に混乱をあまり示さず，親が戻ってきても避けたり無視する。

B（安定型）：分離に混乱を示すが，再会すると落ち着きを取り戻す。

C（アンビバレント型）：分離で極度に不安がり，再会後は親に怒りを向けてなかなか機嫌が直らない。

こうした個人差は1つには，愛着対象である養育者が子どもの心の状態をどのように感じ，それにいかに応じているのかという点での違いによって，もたらされていると考えられています。他方，新生児期以来のぐずりやすさなど，乳児自身の気質の違いが愛着タイプを決定するという見方もありますが，養育者の応答性と乳児の気質の相互作用としてとらえる立場が一般的になっています。

このストレンジ・シチュエーション法によって，愛着に関する実証的研究が大きく前進しました。ただ一方で，日本のように親との分離体験の少ない育児スタイルをとる文化においては，この方法だとストレスが強すぎるなどの問題も指摘されています。

こうした限界を自覚しつつ，乳幼児期における愛着タイプとその後の対人関係の発達との関連を調べることは今後の大きな課題の1つです。（木下孝司）

▷3 刷り込み
アヒルやカモなど早成性の鳥類は，孵化直後に出会った対象を追従することが知られている。こうした現象をローレンツ（Lorenz, K.）は刷り込みと呼んだ。刷り込みによる新たな行動獲得は，生後一定の期間に敏感期があり，かつ無報酬で生起することから，本能行動と学習行動の中間に位置すると考えられる。

▷4 Ainsworth, M. D. S., Blehar, M. C., Waters, E., & Wall, S. 1978 *Patterns of attachment: A psychological study of the strange situation*. Hillsdale, N. J.: Lawrence Erlbaum Associates.

▷5 この3つの分類におさまらないものとして，Dタイプ（無秩序・無方向型）がこの間注目されている。このタイプの特徴は，全体に行動がぎこちなく，突然におびえたような様子を見せることである。養育者の鬱状態や養育者からの虐待などで，劣悪な処遇を受けている可能性が考えられており，臨床的な介入との関係で検討されている。

▷6 Sroufe, L. A. 1985 Attachment classification from the perspective of infant-caregiver relationships and infant temperament. *Child Development*, **56**, 1-14.

▷7 Takahashi, K. 1990 Are the key assumptions of the 'Strange Situation' procedure universal? A view from Japanese research. *Human Development*, **33**, 23-30.

II 認知発達の時期

 # 間主観性：他者とのつながり

▷1　間主観性
intersubjectivity は本来，ドイツの哲学者フッサール（Husserl, E. 1859-1938）の用語で，「間主体性」，「相互主体性」，「相互主観性」などさまざまな訳語があり，それだけ多義的な概念であるといえる。ここでは比較的多く使われる「間主観性」を用いた。ただ厳密には，「間主観性」というと主観的な意味の了解に力点が置かれる。そして，養育者が子の主観的状態を感じ取ってどのように対応するのかという，養育者側の解釈が問題の焦点となる。それに対して，次に紹介するトレヴァーセンは養育者と乳児という主体と主体の関わりに分析の焦点を当てているので，「相互主体性」と訳した方が適当なのかもしれない。

▷2 Trevarthen, C. 1979 Communication and cooperation in early infancy: A description of primary intersubjectivity. In M. Bullowa (Ed.), *Before speech*. London: Cambridge University Press.

▷3 Cohn, J. F., & Tronik, E. Z. 1983 Three-month-old infants' reaction to stimulated maternal depression. *Child Development*, **54**, 185-193.

1 身体や情動でつながる関係

　自己と他者が，相互に感じていることや思っていることを了解し合うというのは，ある意味きわめて困難な営みです。というのも，それぞれが別々の身体をもち，物理的には自他は別個の存在なのですから。そうした相互の通じ合いがいかに発達するのかを検討するために，間主観性（intersubjectivity）という哲学に端を発する概念が発達心理学の文脈において用いられています。この間主観性の発達的変化について，順次みていきましょう。

　生後 2～3 カ月頃，赤ちゃんとしっかりと目が合うと，アイコンタクトに応えるように赤ちゃんは微笑みを返してくれます。また，養育者の話しかけに合わせるように身体を動かしたり，声を返して会話様のやりとりが部分的であれ成り立っていきます。その際，両者の身体の動きは同期して共振しあい，情動的に一体感が感じられる状態にあるといえます。イギリスの心理学者トレヴァーセン（Trevarthen, C.）は，発達初期においてこうした相互同期的で一体的な関係が成り立つことを第1次間主観性（primary intersubjectivity）と呼んでいます。

　この第1次間主観性が成り立っていることは，調和的なやりとりを乱すことでより顕著にわかります。たとえば，母親に沈んだ表情で生後3カ月のわが子と対面してもらうと，赤ちゃんはむずがり不快な表情を示します。また，別室にいる母子にテレビカメラを通してやりとりをしてもらう実験において，リアルタイムで映像が流れると，2，3カ月児はテレビを介してスムーズに関わり合うことができます。ところが，母親の映像を30秒遅れで流し，やりとりをかき乱すと，乳児たちは困惑した表情となり，母親の映像から目をそらすなどネガティブな情動を示したのでした。

　こうした実験からも，発達初期の乳児は養育者と単に行動レベルで相互に調整し合っているだけではなく，情動的に共振し合い，相互に情動の動きを感じ取っていることが推察されます。

2 意図を感知し合う関係へ

　トレヴァーセンらによると，生後半年頃，外界のモノの世界に乳児の関心が向かい始めることで，第1次間主観性を基礎にした養育者と乳児の関係のあり

方は変わっていきます。人以外のモノに注意が向かいやすいなかで，相互交渉を持続するには，さまざまな系統だった働きかけが必要となるのです。イナイイナイバーのような儀式化されたゲームは，この時期の赤ちゃんを相互交渉に巻き込むのに有効なものです。また，赤ちゃんが関心を向けているおもちゃを操作して見せたり，その際，発声や表情を豊かにともなわせていくことも，モノを介した関わりを持続するうえで重要になっていきます。

こうした時期を経て，9，10カ月頃，乳児と養育者の関係は劇的な変化を迎えることになります。養育者がおもちゃを赤ちゃんに差し出すと，それを受け取ることはその時期までにも観察されます。ただ，渡し主である養育者の方を自ら見ることはあまりありません。それが9カ月を過ぎる頃より，おもちゃを差し出されると，まるで受け取ることを知らせるかのように動きをいったん止めて，養育者の方を繰り返し見上げるといったことが多くなります。また逆に，赤ちゃんがモノを持っていて，養育者が「ちょうだい」と手を差し出したとき，赤ちゃんはそのモノを渡し，相手の表情をうかがい，「ありがとう」など言葉をかけてもらうのを期待している様子もみられるようになります。

このように，9，10カ月頃，モノに向かう態度と人に対する態度が統合され，モノを使った活動に関する経験を相互に分かち合うことが可能になります。そうした関係は，相互に意図を感知しつつ，それに応じた行動を取ることを可能にするものであり，トレヴァーセンらは第2次間主観性（secondary intersubjectivity）として注目しています。

3 第2次間主観性と心の理解

第2次間主観性の成立は，モノの受け渡しに留まらず，指さしや視線による対象の共有や共同注意行動が可能になることが指標となります。そして，第2次間主観性にもとづいた関係性が可能になることは，子どもが2つのことに気づき始めたことを意味します。1つは，自分も相手も何らかの意図をもつ存在である一方で，それぞれには独自の主観性があるということです。そして2つ目に，そのように異なりうる主観性（注意や関心）は，相互に共有し合えることが気づかれていきます。これらの点において，第2次間主観性は，非言語，言語を問わず意図的コミュニケーションが発達するうえで，直接的な基盤となるものであることがわかります。

また，間主観性の成立は，「心の理論」ないしは心の相互理解の大前提となっています。自他相互に，身体や情動レベルで通じ合う経験を欠いたまま，互いの心的状態を認知することは困難でしょう。「心の理論」研究の多くが認知レベルでの相互理解を扱っていますが，間主観的な関わりの発達を出発点に自他理解を検討することは，この分野での研究に多くの示唆を与えるものと思われます。

（木下孝司）

▷4 Murray, L., & Trevarthen, C. 1985 Emotional regulation of interactions between two-month-olds and their mothers. In T. M. Field, & N. A. Fox (Eds.), *Social perception in infants.* Norwood, NJ: Ablex. pp. 177-197.

▷5 Trevarthen, C., & Hubley, P. 1978 Secondary intersubjectivity: Confidence, confiding, and acts of meaning in the first year. In A. Lock (Ed.), *Action, gesture and symbol.* London: Academic Press. pp. 183-229.

▷6 共同注意行動
⇒II-40 参照。

▷7 心の理論
⇒II-51 参照。

▷8 間主観性の成立から自他理解ならびに自己の発達を考えている研究者の一人として，イギリスのホブソン（Hobson, R. P.）がいる。
Hobson, R. P. 1993 *Autism and the development of mind.* Hove: LEA（木下孝司監訳 2000 自閉症と心の発達――「心の理論」を越えて 学苑社）

参考文献
鯨岡峻 1986 母子関係と間主観性の問題 心理学評論，**29**，506-529.

鯨岡峻編訳・鯨岡和子訳 1989 母と子のあいだ――初期コミュニケーションの発達 ミネルヴァ書房

II 認知発達の時期

38 イナイイナイバー：大人とのやりとり遊び

1 イナイイナイバー遊び

お母さんが子どもの目の前で，「いないいない」と言いながら両手で顔を隠し，少し間をおいて「ばー」と言いながら顔を出す遊びを繰り返すことがあります。このような遊びを，イナイイナイバー遊び（peek-a-boo game）といいます。「イナイイナイバー」の代わりに，アメリカでは peek-a-boo，ドイツでは Fort-da といい，同じ構造をもった遊びは日本に限らず存在します。

しかし，この遊びがどのように成立し，子どもが何を楽しんでいるかは発達によって違いがあることがわかってきています。伊藤は以下の3つの段階を明らかにしています。[1]

段階Ⅰ（4〜6カ月頃）：大人があやしてくれること自体が楽しい時期で，おはしゃぎ反応として喜びを出す時期です。[2] 顔を隠す際に，両手でおおうことで顔の一部が見えていると顔が再び出てくることを期待できますが，顔すべてが隠れると再現を期待できません。

段階Ⅱ（7〜9カ月頃）：物が見えなくなっても存在することが理解できる，対象の永続性が成立するため[3]，人の顔が完全に隠れても再現されることが期待でき，その通りに顔が出てくることを楽しめるようになります。

段階Ⅲ（10カ月以後）：イナイイナイバー遊びのルール（対象はさまざまだが，それが隠れてから再び現れるという構造をもっていること）がわかり，大人にやってもらうのでなく，乳児自身が大人に遊びを仕掛けるようになります。その結果，2人で役割を交替して遊べる，交替遊びが成立します。[4] また，単純に同じ場所から同じ顔が出てくるよりも，違う場所から，あるいは違う顔が出たりする遊びの方を楽しんだりするようになります。

2 母子相互作用とマザリーズ

イナイイナイバー遊びを見ると，段階Ⅰの乳児が一番よく笑い，その際には大人が顔を隠さなくても喜ぶといいます。[5] これは，段階Ⅱの乳児は，顔が隠れて出現するという構造に興味をもって喜ぶのに対し，段階Ⅰは大人にあやしてもらうこと自体が喜びになることを示しています。一方，大人も，自分があやすことで乳児が笑うと，乳児に対する慈しみ育む心としての養護性（nurturance）が強まり，さらに乳児に働きかけるようになります。このように，イナイ

▷1 伊藤良子 1998 障害児と健常児における遊びとコミュニケーションの発達 風間書房

▷2 おはしゃぎ反応
大人のあやしに対し，発声，微笑，手足をばたつかせるなど，身体全体の動きによって乳児が反応する複合的運動反応のことであり，生後3〜4カ月頃に出現する。
Lisina, M. L. 1985 Child-adults-peers : Patterns of communication. Moscow: Progress Publishers.

▷3 対象の永続性
⇒ Ⅰ-5 参照。

▷4 交替遊び
ワロン（Wallon, H. 1879-1962）が用いた用語で，2人で役割を交替して遊ぶもの。イナイイナイバー遊びや，ボールのやりとり，積木を積んで倒す遊びなどのことである。

▷5 伊藤 前掲書

イナイイナイバー遊びは，大人（多くは身近な大人である母親など）と子どもの間で相互にやりとりをする母子相互作用（mother-infant interaction）の一つと考えられるのです。

この母子相互作用を強めるうえで，大人がどのように子どもに言葉をかけるかは，大きな意味をもちます。母親は，2歳未満の子どもに語りかける場合，共通の語り口調があるといわれます。それは，声の高さが高く，抑揚が誇張され，語りと語りの間の休止時間が長く，同一語を反復しやすいというものです。そういった特徴を備えた語りを，マザリーズ（motherese）と呼びます。このマザリーズを使うと，子どもは大人に注意をより多く向けるだけでなく，より頻繁に喜びを表すことも明らかにされています。母親に喜びという情動的反応を示すことは，母親という特定の相手に情動的絆を形成する愛着（attachment）を形成する大きな要因となります。また大人にとっても，自分の働きかけに対し子どもが注意を向けてくれ，しかも喜びを示すことは，養護性を育むことにつながります。イナイイナイバー遊びも，隠れたり出現する対象が母親なら乳児は笑いますが，玩具の場合はそれがいくら魅力的なものであっても笑いません。この時期は，大人が自分に注意を向け，ポジティヴな情動で関わってくれること自体が，遊びを成立させる要因なのです。

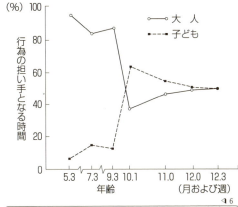

図24 やりとりにおける行為の担い手の役割変化

3 やりとりとしてのイナイイナイバー遊び

対象の永続性が理解できる段階Ⅱを過ぎ，段階Ⅲになると子どもは，大人にイナイイナイバー遊びをやってもらうことには興味を示さなくなり，自分から大人にイナイイナイバー遊びを仕掛けることをもっぱら喜ぶようになります。この段階Ⅲの10ヵ月頃は，ほかの行動でも，大人の働きかけに対する受け身的な反応ではなく，子ども自身が大人に働きかけるやりとり（turn-taking）行動を成立させていきます（図24参照）。子ども―対象―相手の三項の間でやりとりを行う三項関係でいえば，この段階Ⅲの10ヵ月以前は，やりとりを始発するのが大人であるのに対し，10ヵ月以後は子どもが始発するようになるということです。やりとり行動は，言語によるコミュニケーションのやりとりと同じ構造をもつという点で，言語形成を準備するものと考えられます。また，イナイイナイバー遊びを大人に仕掛ける乳児は，それまでの，大人にやってもらう立場（受動）に加えて，仕掛ける立場（能動）もとれるようになることを意味します。これは，自分を他者と対置してとらえる自他分化（self-other differentiation）の始まりを示しているともいえます。

（別府　哲）

▷6 ブルーナー，J. S.・ガートン，A. 編（寺田晃監訳，大山正博・畑山みさ子訳）1981 子どもの成長と発達――その理論と教育　新曜社

▷7 正高信男 1993 0歳児がことばを獲得するとき――行動学からのアプローチ　中央公論社

▷8 愛着
⇒Ⅱ-36 参照。

▷9 Greenfield, P. M. 1972 Playing peekaboo with a four-month-old: A study of the role of speech and nonspeech sounds in the formation of a visual schema. *The Journal of Psychology*, 82, 287-298.

▷10 三項関係
⇒Ⅱ-40 参照。

▷11 ブルーナー，J. S.（寺田晃・本郷一夫訳）1988 乳幼児の話しことば――コミュニケーションの学習　新曜社

▷12 ワロン，H.（浜田寿美男訳）1983 身体・自我・社会　ミネルヴァ書房

II　認知発達の時期

リーチング：対象に手を伸ばす

1　リーチングとは

　対象に手を伸ばしつかもうとする行動のことを、リーチング（reaching）といいます。乳児は、これによって能動的に対象に働きかけ、対象を変化させることが可能になります。その意味で、リーチングの獲得は、それまでの視覚や聴覚による知覚以上に、乳児が外界を探索する可能性を広げることになります。

2　リーチングの発達

　乳児は、寝返りができ、1人で座ることが可能になる6カ月頃から、リーチングを行います。これは、座位がとれることで両手が自由になることや、両眼による奥行き知覚（depth perception）▷1が可能になり、対象と自分の距離を知覚できるようになることなどに拠っています。奥行き知覚については、以下のような研究があります▷2。そこでは、乳児が近い対象に手を伸ばすという事実をもとに、同じ形の対象を2つ並べて提示した際の反応を比較します。乳児から対象までの距離を変えるのですが、その際、2倍の遠距離にある対象の大きさを2倍にし、近距離の対象と網膜上の大きさが同じになるようにします。網膜上の大きさだけで判断すれば2つは等距離ですが、もし奥行き知覚があれば、近距離の対象に手を伸ばすことが予想されます。その結果、6カ月児は、近距離の対象の方に続けて手を伸ばすことが示されたのです。

　6カ月の乳児は、リーチングでつかんだ対象を口へ持っていったり、左右の手で持ち替えたりします。ただし、その後、新しい対象が提示されそれにリーチングする際には、それまで持っていた対象を手から落としてしまいます。すなわち、リーチングによって扱う対象は1つであり、同時に2つの対象を扱うことはまだ困難なのです。

　それが8カ月頃になると、すでに持っている対象を落とさず、新しい対象にリーチングできるようになります。つまり、両手で同時に2つの対象を扱うことが可能になるのです。ただ、そこでの対象の操作は、手に持ったものを床に打ちつけたり、ひっくり返す、両手を使ってティッシュを箱から出し続けるなど、無目的な扱い方にとどまります。それが10カ月頃になると、持っている物を容器に入れる、相手に渡すなど、目的的な操作▷4が可能になっていきます。

　このように乳児は、6カ月から10カ月頃にかけて、リーチングできる対象を

▷1　奥行き知覚
　対象を、三次元的に定位すること。視覚的な奥行き知覚以外に、聴覚的な奥行き知覚、目を閉じていても竿を振るとその長さがわかるといった、探索的触覚による奥行き知覚もある。

▷2　Yonas, A., & Granrud, C. A. 1985 Reaching as a measure of infants' spatial perception. In Gottlieb, G. K. N. A.（Ed.）, *Measurement of audition and vision in the first year of postnatal life: A methodological overview.* Norwood N. J.: Ablex. pp. 301-322.

▷3　⇒II-35 参照。

▷4　目的的な操作を、田中・田中は定位的操作と呼んだ。田中昌人・田中杉恵　1982　子どもの発達と診断2──乳児期後半　大月書店

広げ，つかんだ対象の操作を発達させることで，外界を探索する能力を拡大・深化させていくのです。

3 リーチングと指さし

乳児は10カ月頃，指さし（pointing）を獲得します[5]。リーチングと指さしは，指さしが人さし指だけを立てて対象に向けて伸ばすという点を除けば，運動形態において類似しています。そこから，指さしは，リーチングが省略されて発生すると考えられたこともあります。しかし，この仮説は現在否定されています。たとえば，玩具を使う遊び場面の観察をすると（図25参照），乳児はリーチング（図で，手を対象に伸ばす試みとなっているもの）は月齢に関係なくほぼ一定の割合みられるのに対し，指さしは11～12カ月頃から急に観察回数が増えています[7]。指さしがもしリーチングの省略形であるなら，指さしの増大はリーチングの減少をともなうはずですが，そうはなっていません。

現在，リーチングと指さしはその機能がまったく異なるものととらえられています。共同注意（joint attention）にみられるように，指さしは，「対象を見てほしい」といった，対象に対する注意を共有しようとする叙述のコミュニケーションや，「対象をとってほしい」といった要求のコミュニケーションのために使われます。一方，リーチングは基本的にコミュニケーション機能をもっていません[8]。麻生の観察にあるように，乳児は大人に抱っこされている状態で面白い玩具から離れると，その玩具の方へ手を伸ばし発声することはあります。これはまさに，要求のコミュニケーション機能として手を伸ばしていると考えられます。しかし興味深いことに，大人が抱っこしたままその玩具に手が届く距離まで近づくと，逆に乳児は手を伸ばすことをやめるのです。麻生はリーチングと区別して，これを手さしと呼びました[9]。

乳児は，対象が手が届かない距離にある場合はリーチングをほとんど行わないということも[10]，リーチングが本来，コミュニケーション機能をもつものではないことを示しています。一方，指さしはコミュニケーション機能のために使われますから，対象との距離でなく，コミュニケーションをとる相手の存在が重要となります。その意味で，指さしを獲得する10カ月頃に，コミュニケーションをとる相手である愛着対象との関係が質的に変化する（安全基地となる）ことは，興味深いところです。指さしが他者とのコミュニケーション機能の発達のなかに位置づけられるのに対し，リーチングは外界の対象操作の発達に位置づく行動なのです。

（別府　哲）

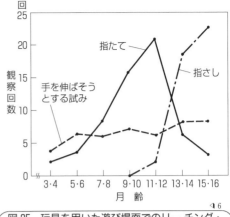

図25　玩具を用いた遊び場面でのリーチング・指さし・指たての頻度の変化[6]

[5] ⇒II-40 参照。

[6] 正高信男　2001　子どもはことばをからだで覚える——メロディから意味の世界へ　中公新書
なお，正高は，指さしの発達的前身が指たてにあると論じている。

[7] 同上書

[8] 麻生武　1992　身ぶりからことばへ——赤ちゃんにみる私たちの起源　新曜社

[9] 同上書

[10] 正高　前掲書。

参考文献

麻生武　2002　乳幼児の心理——コミュニケーションと自我の発達　サイエンス社

無藤隆　1994　赤ん坊から見た世界——言語以前の光景　講談社新書

ロシャ，P.（板倉昭二・開一夫監訳）　2004　乳児の世界　ミネルヴァ書房

II　認知発達の時期

　共同注意：同じモノをみる

　共同注意とは

　お母さんと赤ちゃんがお互いに見つめあったり，赤ちゃんを抱いている大人が近くにいる犬を指さして「ワンワンいるねえ」と語りかけ，赤ちゃんがそちらを振り向いている光景をみかけることがあります。このような，対象に対する注意を他者と共有する行動を，共同注意（joint attention）行動と呼びます。

　ブルーナーは，乳幼児の共同注意行動に2つの段階を考えました。第1段階は，2カ月頃の乳児が大人と視線を合わせる行動です。それに対し第2段階の9～10カ月では，たとえば，大人が指さした対象（犬）を子どももいっしょに見るといった，外界の対象への注意を相手と共有する行動がみられるようになります。第1段階が乳児と大人という二者間の注意共有であったのに対し，第2段階では，自分─対象─他者の三者間での注意のやりとりが可能になるのです。現在，共同注意という場合，この第2段階の行動が認知発達や障害との関連で注目されています。そこで以下では，三者間での注意のやりとりとしての共同注意行動に限定して述べることにします。

　共同注意行動は，9～10カ月頃に獲得される，子ども─対象─相手の三項の間でやりとりを行う三項関係による行動の1つです。子どもは，この時期以前には，外界と関わるやり方として，大人と視線を合わせたりして関わる子ども─大人のやりとりと，モノと関わる子ども─モノのやりとりしかもっていません（これを二項関係と呼びます）。たとえば，6，7カ月の子どもは，おもちゃを渡すと一心不乱にそれを見て左右の手で持ち替えたり口に入れたりします（子ども─モノのやりとり）。ところが，お母さんに声をかけられそちらへ注意が移ると，手に持っていたおもちゃから気持ちがすぐそれて手から離してしまいます（子ども─大人のやりとり）。このように，モノへ関わりながら同時に大人とも関わるという三項関係は，子どもにとってけっして易しいことではなく，9～10カ月になって初めて獲得できる行動なのです。

　三項関係を表す共同注意行動としては，具体的には次のようなものがあります。代表的なものは，指さし（pointing）です。相手の指さしに対して子どもが指さされた対象を見る指さしの理解と，子ども自らがいっしょに見てほしいものを指さすという，指さしの産出の両方が含まれます。他には，自分のやっ

▷1　ブルーナー，J.（寺田晃・本郷一夫訳）1988　乳幼児の話しことば　新曜社

▷2　やまだようこ　1987　ことばの前のことば　新曜社

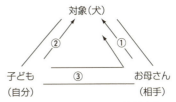

(a) 12カ月以前：お母さんが対象を指さす（①）とその対象に自分も注意を向ける（①）

(b) 12カ月以後：お母さんが対象を指さす（①）と，その対象に自分も注意を向けた（②）後，お母さんが対象を見ているかどうかチェックする（③）

図26　生後12カ月以前と以後の共同注意行動の違い[5]

たこと，持っているものを相手に見せる行動（showing）（たとえば，ご飯を食べ終わったお茶碗を差し出し「食べたよ」ということを見せる）や，相手に物を渡す行動（giving），大人の注意をある対象（たとえばおもちゃ）に向けるために対象と大人を交互に見る，参照視（referential looking）などがあげられます。また，不確かな事態に接したときに，自分にとっての重要な他者（たとえば母親）がどういう情動を向けているかを見ることで，その事態を意味づける（たとえば，見知らぬ人に出会ったとき，母親がにこやかに話しかければその人を安全だと判断し，恐い顔でにらんでいれば安全ではないと判断する），社会的参照（social referencing）も，共同注意を示す重要な行動の1つです。

2　共同注意行動の認知発達における意味

共同注意行動は，その認知発達に大きな意味をもつものと考えられています。

1つは，話し言葉がもっているコミュニケーションの基本的役割の雛形がここにあるということです。指さしなどの非言語的手段によっていますが，ある対象について他者にコメントを行う，あるいは他者のコメントを受け取ることが，共同注意行動において成立しているのです。話し言葉を準備するものとしての発達的意味があります。

2つは，他者の注意や意図の理解を示す行動であるという点です。バロン－コーエン[3]は，共同注意行動が，他者の注意という心的状態を理解する行動であることに注目し，それを心の理論（theory of mind）の発達的起源として取り上げました。またトマセロ[4]は，9～10カ月頃の子どもは大人と同じ対象に注意を向けるだけなのが，12カ月頃になると対象を指さした後，大人を振り返ってその対象を見ているかどうかを確認する行動が出現する（図26）とし，これを他者の意図を理解した行動と指摘しました。

このように，共同注意行動は他者の心の理解と密接に関係している行動とも考えられているのです。

（別府　哲）

▷3　Baron-Cohen, S. 1995 *Mindblindness : An essay on autism and theory of mind*. MIT Press.

▷4　Tomasello, M. 1995 Joint attention as social cognition. In C. Moore, & P. Dunham (Eds.), *Joint attention : It's origin and role in development*. Lawrence Erlbaum Associates. pp. 103-130.

▷5　同上書を参考に筆者作成。

II 認知発達の時期

41 喃語：おしゃべり事始め

1　乳児期前半における音声

　生後間もない赤ちゃんが発する音声は，泣き声だけです。この時期は，発声器官が未熟で声帯を振動させることができず，言語音を発することはできません。そもそも新生児の口腔やのどの形態は成人と大きく異なり，咽頭の位置が相対的に高く，口腔のスペースがきわめて狭いという特徴があります（図27）。こうした形態的特徴は，言語音を発するには適しませんが，母乳を吸い込み，気管に行かないように飲み込むのには最適だと考えられています。

　3，4カ月頃より，咽頭の位置が下がり，口腔内に舌を動かすだけのスペースもできてきます。すると，お腹もふくれて比較的リラックスした状態で，「アー」とか「クー」といった声が喉の奥から発せられるようになります。その音の響きからクーイング（cooing）と呼ばれる音声です。親からすると，「わが子がおしゃべりを始めた」と喜び，子どもに話しかける頻度は増すことになります。子のクーイングに随伴させて，大人が同じような声を出したり話しかけることで，子どもからの発声はより多くなっていきます。

2　喃語の出現と発達

　クーイングは一つの音節からなる音声で，まだ言語音にはほど遠いものです。言語音により近い音声として，6〜8カ月頃から出現するのが喃語（babbling）です。赤ちゃんのしゃべる言葉は何かと聞かれると，「バブバブ」という答えが多く返ってくることでしょう。babbling という英語も，そのバブバブという音からきた擬音語です。「バーバーバー」とか「ダーダーダー」といった発声も喃語に含まれます。

　喃語の特徴として，(a)子音プラス母音の音声構造，(b)複数の音節，ということがあります。こうした特徴をもった喃語を，特に規準喃語（canonical babbling）と呼び，5カ月頃からの過渡的喃語（marginal babbling）とは区別されます。過渡的喃語は，複数音節からなる点では

▷1　正高信男　1993　0歳児がことばを獲得するとき──行動学からのアプローチ　中公新書

▷2　同上書

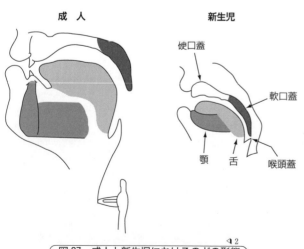

図27　成人と新生児におけるのどの形態

クーイングと区別されますが，子音プラス母音の構造が明確でない，「アーアーアー」といった発声を指します。

当初，同じ音を繰り返す喃語が多いのですが，いろいろな音声を出して調整することを通して，発声音のヴァリエーションは増していきます。たとえば，「アデゥ」，「バブ」といった異なった音からなる喃語が生後11カ月頃には出現します。こうした，いわば構音の練習によって，音声言語を発する準備がなされていくのです。実際，喃語で使用されていた音が，話し始めの音声言語にかなり含まれています。

また，赤ちゃんは一人でいるときも喃語を発しますが，人に向って発せられるものも多く，対人交流の基盤を築いています。その点においても，喃語は音声言語の獲得に重要な役割を果たしているのです。

3 身体で刻むリズムに導かれる笑いと喃語

喃語や音声言語を発するためには，リズミカルに一定時間，息をはき続ける必要があります。正高は，その準備が「ハッハッハッ」と声を出して笑うことによってなされているという，画期的な一連の研究を報告しています。この笑い声は単独でなされるものではなく，足で空をける動作に同期する形で発せられます。足けり行動は，生後3，4カ月で一定の周期でリズミカルに行われるようになっており，それに笑い声を同期していくことで，呼気を規則的に反復することを習得します。足けり行動は生後5，6カ月をピークに減少し，それに代わって，左右いずれかの手を水平または垂直に振る反復動作（banging）が出現します（図28）。そして，生後6カ月頃よりは，この手の反復動作に笑い声が同期されていくのです。笑い声と手の動作の同期は比較的速やかに起こり，また次第にそのテンポはより速くなっていきます。

7，8カ月になると，手の動作に合わせなくても，リズミカルに呼気を反復して出せるようになります。その頃がまさに，規準喃語が急速に増えていく時期なのです。江尻のデータにおいて，規準喃語の出現1カ月前に，手と発声（過渡的喃語）の同期現象が多くみられ（図29），規準喃語の出現した後に急速に減少することが示されています。身体で刻むリズムに導かれるように，子どもは言語音声を自らのものとしていくのです。

（木下孝司）

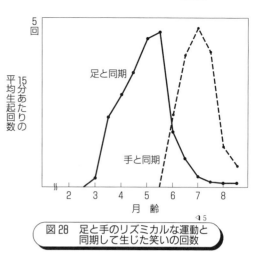

図28 足と手のリズミカルな運動と同期して生じた笑いの回数

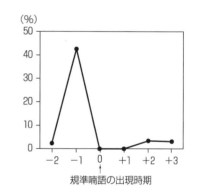

図29 対象児 GY における音声とリズミカルな運動の同期率

（注）横軸の0地点は基準喃語の出現した月齢を，−1地点はその1カ月前を表している。

▷3 **構音**
声道，声帯，咽頭などの器官や呼吸を調整しながら，口唇，舌，口蓋などの運動を適切に行うことで，随意的に言語を発すること。

▷4 正高信男 2001 子どもはことばをからだで覚える——メロディから意味の世界へ 中公新書

▷5 同上書

▷6 江尻桂子 1998 乳児における喃語と身体運動の同期現象I——その発達的変化 心理学研究，**68**，433-440.

II　認知発達の時期

　馴化／脱馴化：見慣れないものを区別する

① 赤ちゃん研究のためのテクニック

　赤ちゃんは，まわりの人や世界をどのように知覚しているのでしょうか。まだ言葉をもたない赤ちゃんに，言語的に質問することはできませんし，教示によって実験状況に誘うこともむずかしいです。それに対して，赤ちゃんの知覚能力を調べるためのテクニックが開発されてきています。

　その1つが，選好注視法（preferential looking method）と呼ばれるもので，対提示された刺激に対する注視時間の長さから，特定刺激を他のものと区別して見ているのかを調べる方法です。ファンツ（Fantz, R. L.）の研究は有名で，発達初期の赤ちゃんが複雑なパターン化された図形を好み，なかでも顔図形をよく注視することが明らかにされています▷1。

　2つ目に最近よく用いられている方法として，馴化・脱馴化法（habituation-dishabituation metheod）があります。ある刺激が提示されると，そちらに注意が向いてその刺激をじっと見るといった反応が生じます。しかし，同じ刺激が繰り返し提示されていくと，じっと見る反応がしだいに減っていきます。この現象が馴化です▷2。馴化が起こったところで，今までとは異なった第2刺激を提示すると，再び刺激への注意が回復し，これを脱馴化と呼びます。その際，被験児が最初の刺激と第2刺激を弁別していたら，脱馴化は生じますが，両者の弁別をしておらず同種のものとして知覚しているなら，脱馴化は起こらないことになります。つまり，注視時間の回復状況から，2つの刺激を知覚的に区別しているかどうかを調べようとするのが，馴化・脱馴化法なのです。

　選好注視法は，2つの刺激の好み（選好）に差をみるものであるため，好みに差がない場合，2つの刺激を区別しているかはわかりません。馴化・脱馴化法だと，そのようなタイプの刺激でも研究対象とすることができ，このテクニックを用いた研究が数多く登場してきています。

② "有能な"赤ちゃん

　ピアジェによれば，赤ちゃんの知覚能力は限られたもので，対象に関する認識は未熟な段階に留まっているとされます。それに対して，馴化・脱馴化法を用いた研究によって，赤ちゃんはピアジェが考えた以上に対象の理解をしていることが明らかにされてきています。そうした研究によると，赤ちゃんは混沌

▷1　Fantz, R. L. 1961 The origins of form perception. *Scientific American*, **204**, 66-72.

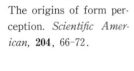

▷2　馴化（じゅんか）
馴化は，定位反射や防衛反射など反射と結びついて，広く動物一般にみられる現象である。個体にとって意味のない刺激を無視し，新奇な刺激に対する反応をしやすくするよう注意の配分を行うという機能的な意義が，馴化にはある。また，新奇な刺激に対して脱馴化が生じることから，単なる疲労とは区別される。

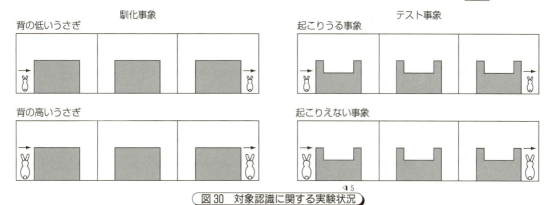
図30　対象認識に関する実験状況

とした世界に住んでいるのではなく，合理的な対象理解が可能な"有能な"存在であるのです。

　その一例をあげてみましょう。物は何かにおおわれて視野から消えても，必ず存在し続ける。これは対象の永続性と呼ばれる，対象に関する基本的な認識です。ピアジェはこうした認識は9～12カ月以後に可能になり始めるとしました。それに対して，ベイラージョンは，6カ月未満の乳児も隠された対象は存在し続けると知覚していることを示しています。

　生後5カ月の乳児を2群に分けて，一方に背の低いうさぎがスクリーンの一端から移動して，もう一方へ出てくるところを繰り返し見せます。もう一群には背の高いうさぎを使います（図30の左側，馴化事象）。繰り返し同じものを提示すると，注視時間が短くなる，すなわち馴化が起こります。そこで，スクリーンの中央部を取り除き，図30右側（テスト事象）のような状態にして，再びうさぎを移動させる場面を乳児に見せます。その際，背の高いうさぎを使った条件では，仕掛けがしてあって，中央の窓からうさぎが姿を現さないで移動するように見せます。これは，見ている者にとって通常起こりえない出来事です。もう1つの背の低いうさぎの条件の方は，起こりうる出来事です。

　この結果，背の高いうさぎの起こりえない出来事の方をより長く注視する，すなわち脱馴化は背の高いうさぎの条件で起こったのでした。同様のことは3カ月児でも確認され，発達初期の赤ちゃんも，物が隠されて見えなくなっても，同じ大きさのまま存在し続けることを知覚できているといえます。

　対象の永続性以外にも，数量や意図性（intentionality）などに関する知覚判断についても，乳児期より可能になっていることが馴化・脱馴化法によって示されています。ただし，この方法で示されたのは，あくまでもある特性をもつ刺激とそうでない刺激を乳児が区別しているという事実です。その事実から一足飛びに，大人と同じように赤ちゃんも，物理現象，数，心的状態を理解しているとは，結論づけられないことには注意すべきでしょう。

（木下孝司）

▷3　対象の永続性
⇒ I-5 参照。

▷4　Baillargeon, R. 1991 The object concept revisited : New directions in the investigation of the infant's physical knowledge. In C. E. Granrud (Ed.), *Visual perception and cognition in infancy*. Hillsdale, NJ : Lawrence Erlbaum Associates.

▷5　同上書

▷6　Starkey, P., & Cooper, R. Jr. 1980 Perception of number by human infants. *Science,* **210**, 1033–1035.

▷7　Gergely, G. 2002 The development of understanding self and agency. In U. Goswami (Ed.), *Blackwell handbook of childhood cognitive development*. Oxford, UK : Blackwell.

II 認知発達の時期

 幼児期：
コミュニケーションの活発化，自我の芽生え

1 幼児期の特徴

　発達心理学では，幼児期とは話し言葉と歩行がほぼ獲得される1歳半頃から就学する6歳頃までを指します。一口に幼児期といっても，2歳児と6歳児では，身体面・行動面・心理面などさまざまな点で違いがあります。一方，幼児期には共通性もあります。1つは，食事・排便・衣服・睡眠などの基本的生活習慣を身につける時期であることです。また，コミュニケーションや運動の能力を展開する時期であることです。そして，さまざまな学習や経験を学校（教科）教育ではなく，遊びを通して行う時期であることが幼児期の特徴と共通性といえます。

　また，ピアジェ（Piaget, J.）の発生的認識論によれば，認知発達の面では，幼児期は前操作期にあたります。なお，ピアジェは前操作期の下位区分として前概念的思考段階と直観的思考段階に分けていますが，一般的に3〜4歳頃で幼児期前期と幼児期後期に分けることが多いようです。

　この項では，特に，幼児期の言葉と認知の発達の関連，自我の芽生えについてみていきます。

2 言葉と思考

　言葉の機能には伝達機能，思考機能，行動調節機能の3つがあります。幼児期にはコミュニケーション手段としての話し言葉（伝達機能）を洗練させていきます。ただし，幼児期の言葉は，特定の親しい人（自分が相手をよく知っており，また，相手も自分をよく知ってくれている人）との1対1の会話場面で，その会話場面の状況や行動的な文脈に支えられて，その意味を相手に伝えていくことはできますが，言葉だけで不特定多数の人に何かを伝えること——たとえば，文章で何かを伝える，多くの聴衆の前で弁論を行うなど——はできません。

　また，言葉は最初コミュニケーションの道具（伝達機能）として発達していきますが，2歳頃から5，6歳にかけて，自分の内での自分自身とのコミュニケーションとして言葉を用いることで言葉の思考機能や行動調節機能としても用いられるようになっていきます。その途上では，ピアジェが自己中心的言語と呼んだ現象がみられることがあります。これは幼稚園の自由遊び場面などでよく見られる社会的なコミュニケーションを意図しない独り言です。自己中心

▷1　発生的認識論
⇒I−4 参照。

▷2　前操作期
⇒I−6 参照。

▷3　岡本は幼児期と児童期以降に獲得される言葉をその特徴の違いから，それぞれ一次的言葉，二次的言葉と呼んでいる。
　岡本夏木　1985　ことばと発達　岩波書店

▷4　高橋道子・藤崎眞知代・仲真紀子・野田幸江　1993　子どもの発達心理学　新曜社

的言語は言葉の伝達機能(外言)から思考機能や行動調節機能(内言)が分化する過程を示していると考えられています。

また,4,5歳頃には相手にあわせて言い直したり,言い換えたりするようになります。これは,自分の視点を離れてものごとを認識したり,考えたりできるようになってきたことを示しており,自己中心性からの脱却という認知能力の発達にもとづくものです。同じ頃に,自分の理解があいまいなときなどに,自分から話し手に質問して自分の理解を確かなものにするようになります。これは,自分の知識の状態を自分で認識するメタ認知能力の発達にもとづくものです。

一方で,認知発達は言語発達,特に言葉による思考機能や行動調節機能,と関連しています。ただし,認知能力か言語能力の一方に問題を抱える障害の存在から,認知と言語はあくまで異なる(脳)基盤にもとづくものであると考えられます。

3 自我の芽生え

乳児は最初,自分と他者とが分化していない状態から,自分と自分以外のものを分化していくと考えられています。自我にはさまざまな側面・内容——身体・所有主・統制対象・特性群・社会的役割・固有の私としての自分・将来や過去の自分——がありますが,まず,身体的な自我が意識されるようになります。そして,しだいに自我の他の面も意識されるようになっていきますが,自我の発達は生涯を通じて続くものであり,幼児期には未だ明確に意識されない側面もあります。とはいえ,幼児期が自我の芽生え始めるときであることは間違いありません。

たとえば,2,3歳頃には,親の言うことを何でも拒否したり,叱られても謝らないといったいわゆる反抗期に入ります。この頃には,子どもは自分には親とは異なる自分自身の欲求や意志があることを意識できるようになります。これこそが自我の芽生えなのですが,そうした自分の欲求や意志に対する親の制止や干渉に対して,拒否や反抗という形でしか反応できません。すなわち,反抗期は親と子どもの自我(要求等)がぶつかり合うが,まだ,子どものコミュニケーションや自己主張・抑制の能力が十分でないために,うまく調整・妥協することができない時期といえます。そうしたぶつかり合いは,社会性を発達させるために重要だとみなされています。そして,社会性の発達,自己主張・抑制やコミュニケーション能力の発達などにより,幼児期後半頃になると「何でも拒否」は減ります。それとともに,他者からの評価を気にしたり,他者との比較・競争を行うようになり,1人遊びや大人との1対1の遊びよりも同年齢の子どもたちによる集団遊びを求めるようになっていきます。

(郷式　徹)

▷5　⇒ II-45 参照。

▷6　⇒ II-49〜51 参照。

▷7　メタ認知能力
⇒ I-16 参照。

▷8　自我
意識の主体を自我,意識の対象としての自我を自己と分けることも多いが,この項では両者をまとめて自我としている。

▷9　鏡映像に対する反応の発達がその指標の一つとなる。I-26 参照。

II　認知発達の時期

母語の発達：ことばを話せるまで

1　ことばの獲得の基礎

　母語とは，幼い頃に周囲の人々から自然に習得する言語を指します（「第1言語」と呼ばれることもあります）。たとえば，日本人にとっての日本語がそれにあたります。ところで，私たちは漢字の書き方や掛け算のやりかたは他の人から教わり，自分でも努力をしなければ習得できません。また，大人になってから外国語を習得しようとすると大変な努力が必要です。しかし，母語は特に習ったり，努力して勉強したわけでもないのに，自然と身についています。

　ことばを話し始めるのは多くは1歳過ぎからですが，その前からことばを発達させるためのさまざまな準備がされています。たとえば，赤ちゃんは生後2，3カ月頃には声を出すようになります。その後，喃語が産出されるようになり，大人が話しかけると喃語で返すなどの会話様のやりとりを行うようになります。また，生後9から10カ月頃には三項関係や指さし行動が成立してきます。同じ頃（1歳前後）には，ふり行動の始まりがみられます。ふり行動は具体的な対象（電車）を別のモノ（積み木）で表す行動です。これは，ある事物（犬）をその事物とは関連のないある音（イヌ）で表す言語と同じ機能です（象徴機能）。さらに，目の前にない物や過去の出来事をイメージして，そのふりをする延滞模倣をするようになるとことばの表出までもう少しです。

2　ことばの獲得と発達

○文法の獲得と発達

　喃語を用いた会話様のやり取り，三項関係の成立，ふり行動を足がかりに多くの子どもでは，1歳から1歳3カ月頃までに初めてのことば（初語，始語）が出てきます。その後，1歳半から2歳頃までは，一語でさまざまな意味を表す一語文の時期です。次に複数の言葉を組み合わせた二語発話が出現しますが，これは文法能力が獲得され始めた目印になります。日本語の場合，「イヤイヤッテ」「ミークンノ」といった自立語（名詞や動詞）に付属語（助詞）がついた発話が出現した後に，「オサンポ，イク」「ジュース，ノム」といった自立語＋自立語の二語発話が出現します。また，1歳半頃から2，3歳にかけて，急速な語彙の拡大が起こります。4歳頃までには日常生活に困らないくらいの文法能力と語彙を獲得します。

▷1　⇒II-41参照。

▷2　⇒II-40参照。

▷3　初語の開始には，大きな個人差がある。日本語版デンバー発達スクリーニング検査では，25%の子どもが10カ月半までに，90%の子どもが15カ月までに初語を発するとされている。

▷4　一語文
「マンマ」という一語が「ご飯を食べたい」だったり，「ご飯があるよ」だったりと場面によって，さまざまな意味に用いられ，文章の役割を果たしていることから一語文と呼ばれる。

ことばの発達のなかで子どもは大人のことばをよく真似ます。しかし，ことば，特に文法の獲得は単なる模倣によるものではありません。それは多くの子どもが大人が使わない文法的な誤りを同じように犯すことからわかります。たとえば形容詞の否定形の使い方に関して，「きれい」の否定形を「キレイナイ」→「きれい」に形容詞の否定形語尾「くない」をつけて，「キレイクナイ」→「い」が落ちて「キレクナイ」→「きれいで（じゃ）ない」と段階をおって使用するようになります。こうしたことから，子どもは大人の模倣ではなく，自ら文法規則を理解・運用しようとしていることがわかります。しかし，まったく0から学習していくわけではありません。たとえば，文法の獲得については，自分のまわりで話されていることばのなかから文法規則を抽出し，学習する機能（言語獲得装置）が人間には生まれつき備わっているという主張もあります。

ことばの発達の基盤

大人で日本語しか話せない人の場合，英語で使われるLとRを聞き分けることは難しいかもしれません。しかし，生後6カ月までの赤ちゃんは，どんな言語——英語でも日本語でも——で使われる音（音韻）でも区別できます。ところが，周りの人が使っている言語に接すること（育った環境）で，その言語で使われている音しか区別できなくなっていきます。こうした現象は脳の成熟に伴って起こると考えられています。

他にも母語の発達に関しては，さまざまな面で脳の成熟との関連が指摘されています。また，三項関係の成立やふり行動を始めとして，認知機能も初期の言語獲得においては関連していることが明らかになってきています。

ただし，脳の成熟や認知の発達だけが，ことばの獲得や発達に関連するわけではありません。ことばを獲得する前に（した後も）十分なコミュニケーション経験や人間関係を作っていくことが重要です。たとえば，赤ちゃんの微笑は最初は生理的・生物学的なものですが，生後5カ月頃には，社会的な反応として，見つめあい，微笑み返すという行動が，声をかけてくれる相手との間でのみ成立するようになります。こうした経験を積み重ねることがことばの獲得前になされなければなりません。

話しことばは幼児期の終わりまでに一応の完成をみます。しかし，幼児期の子どもはことばをコミュニケーションの道具としては使いますが，思考の道具としては十分に使うことができません。子どもは，その後，児童期を通して，文字の読み書きの獲得とともに，言語について言語で語るメタ言語機能や言語による思考様式を獲得し，発達させていきます。児童期は言語発達にとって，単に読み書きを習得するだけではなく，認知発達と影響しあいながら，言語生活や思考活動を豊かにするとともに，自己を見つめる能力を育てる重要な時期です。

（郷式　徹）

▷5　伊藤克敏　1990　こどものことば——習得と創造　勁草書房

▷6　**言語獲得装置**
言語習得装置（language acquisition device: LAD）ともいう。

▷7　生後6カ月頃には母音について，10カ月頃には子音について，母国語には存在しない音韻を区別する能力が低下する。林安紀子　1999　声の知覚の発達　桐谷滋編　ことばの獲得　ミネルヴァ書房　pp.35-70.

▷8　そのため，言語獲得には臨界期が存在するという主張もある。

▷9　言語獲得以降では，認知発達と言語発達の非並行性も指摘されている。小山正編　2000　ことばが育つ条件——言語獲得期にある子どもの発達　培風館

▷10　前掲書

▷11　新生児期の微笑は，脳神経系の活動リズムを反映した生理的なものである。また，生後2カ月頃から微笑が人に対して示されるようになるが，この時期の微笑は生物学的反応としての側面が強い。

▷12　岡本は乳幼児期の話しことば中心の言語使用を「一次的ことば」，児童期以降の話し言葉と書きことばを用いる言語使用を「二次的ことば」として，話しことばと書きことばの相互依存的な発達を説明している。
岡本夏木　1985　ことばと発達　岩波書店

II 認知発達の時期

外言／内言：言語の2つの働き

▷1　ピアジェ, J.（大伴茂訳）1923／1954　児童の自己中心性　同文書院

▷2　ヴィゴツキー, L. S.（柴田義松訳）1962　思考と言語　明治図書出版

▷3　ピアジェ自身がヴィゴツキーからの批判を読んだのは、ヴィゴツキーの死後30年経ってからである。スターリン政権下、ヴィゴツキーの著作は発禁処分となり、『思考と言語』の英訳が出されたのが1960年代になってからという事情がある。
　1920年代、ピアジェは自閉的思考がしだいに社会化され論理的になると理論化していたが、1930年代以降、わが子の観察を通した乳児期の研究をするなかで、自閉的思考が先行するという考えを否定していた。その後、ヴィゴツキーからの批判を読んだ彼は、それを認め、すでに自らはその批判内容を超えた理論に到達しているとしている。しかしながら、本当にヴィゴツキーの批判点をピアジェが克服しているかどうかには、疑問が残る。詳細は次の文献を参照して頂きたい。
　浜田寿美男　1978　ピアジェの発達理論の展開　ピアジェ, J.（谷村覚・浜田寿美男訳）知能の誕生　ミネルヴァ書房　pp.485-515.

1 外言と内言の分化

○自己中心的言語をめぐる論争

　ピアジェ（Piaget, J., 1896-1980）は、初期の研究において幼児の発話を観察し、集団でいても他者の応答を期待しない独り言が多く、それを自己中心的言語と名づけました。幼児期までは、他者の視点をとることができず、思考が現実に向けられた論理的なものでないため、この種の現象が起こると、ピアジェは解釈しました。

　これに真っ向から批判を向けたのがヴィゴツキー（Vygotsky, L. S., 1896-1934）でした。彼は、ピアジェとは逆に、発達初期の言語は他者に向けたコミュニケーション機能を有していると考えました。そして、通常、音声言語をともない、他者とのコミュニケーションの道具となっている言語を外言と呼びました。それに対して、音声言語をともなわない、思考の道具として内的対話のために用いられる言語が内言です。発達的には、外言がまず出現し、その後、外言と内言が分化していくとヴィゴツキーは仮定したのです。

○ヴィゴツキーによる実験

　このヴィゴツキーの仮定によると、自己中心的言語は外言から内言への移行期に出現するものとみなされることになります。こうした解釈を検証するために、ヴィゴツキーはいくつかの実験を行っています。

　たとえば、外国語をしゃべる子どもの集団や、聴覚障害をもっていて言語的コミュニケーションのできない子どもの集団に幼児を参加させて、コミュニケーション可能な集団にいる場合と比較しています。その結果、外国語を使う子どもや聴覚障害児と一緒の場合の方が、自己中心的言語は少なかったのでした。つまり、幼児は他者の存在を十分意識しているのです。

　また、お絵描きに必要なもの（色鉛筆や紙）を与えないで絵を描かせて、その際「自己中心的言語」が増加したという実験結果も、ヴィゴツキーは示しています。その発話内容は、問題状況を整理したり、自らの行動をプランするものであり、広い意味で思考を方向づける働きをもつものでした。

　以上のように、ピアジェがいう自己中心的言語は、他者に向けられたコミュニケーション機能を残しつつ、内言と同様に思考の道具としての働きも担い始めたものであることが示されたのでした。

❷ 行動をコントロールする言語

○ルリアのバルブ押し実験

言語には行動をコントロールする働きもあります。この機能について，旧ソ連の神経心理学者ルリア（Luria, A. R., 1902-77）が行った研究の一部を紹介しましょう。[4]

赤いランプと青いランプの前に子どもを座らせ，「赤いランプがついたらバルブを押して，青いランプがついたら押さないで」と教示します。3歳前半児は，点灯したランプが赤でも青でもバルブを押してしまいます。4歳前半児だと，正しく反応することもありますが，ランプの点灯の見過ごしも目立ちます。そこで，赤いランプがついたら「押せ」，青いランプがついた場合は「押すな」と子ども自身に言わせながら，課題の実施を求めてみました。3歳前半児は，声を出すのに気をとられて手がお留守になったり，「押すな」と言いながらバルブを押してしまったりという反応を示します。一方，4歳前半児では，自らに向けた発声の効果はてきめんで，赤と青のランプの意味を確実に分化させて正しく反応したのでした。

興味深いことに，4歳半から5歳半の子どもは，最初の教示だけで安定した反応を示し，「押せ」や「押すな」と発声させるとかえって行動を妨害することになっています。つまり，バルブ押し課題において，4歳代というのは，外言から内言による行動コントロールの移行がみられる時期といえるでしょう。

ルリアによると，大脳の前頭前野はこうした言語による行動コントロールや行動のプログラミングと深く関わる領域です。事実，この部位に損傷を受けた患者は，行動のコントロールがうまくできず，自らの行動結果を正しくモニターすることが困難であることがわかっています。[5]

○実行機能

行動のプランニングをしたうえで，そのプランに照らして不適切な反応を抑制しつつ，行動をコントロールし，課題を遂行する認知機能は，この間，広く実行機能（executive function）と呼ばれるようになっています。それは具体的には，ハノイの塔[6]やウィスコンシン・カード分類課題[7]の遂行状況から調べられるのですが，前頭前野損傷患者だと反応パタンの切り替えが困難であるなど，実行機能の不全が示されています。そして，自閉症[8]やAD/HD[9]などの子どもがそれと同様のパフォーマンスを示すことから，これらの障害を実行機能障害としてみなす研究が1つの流れとなっています。

外言が内言へ移行していくというヴィゴツキーのアイディアは，以上のように新たな装いをともないつつ，人間が自らの意志をもって随意的に行動する主体に発達する過程について検討するうえで，重要なヒントを与えているのです。

（木下孝司）

▷4 ルリア, A. R.（松野豊・関口昇訳）1966 言語と精神発達 明治図書出版

ルリア, A. R.（松野豊訳）1976 人間の脳と心理過程 金子書房

▷5 近藤文里 1989 プランする子ども 青木書店

▷6 ハノイの塔
⇒ II-64 参照。

▷7 ウィスコンシン・カード分類課題
色，形，数のそれぞれ異なった128枚のカードを，実験者が決めた分類カテゴリーを探りながら分類する課題。当初は当てずっぽうの分類になるが，実験者からの回答を手がかりに，分類カテゴリーを推測することになる。正反応が10回続いたところで，実験者は分類カテゴリーを変更し，被験者が速やかに新たな基準に切り替えていけるかを検討する。

▷8 Ozonoff, S., Pennington, B. F., & Rogers, S. J. 1991 Executive function deficits in highfunctioning autistic individuals : Relationship to theory of mind. *Journal of Child Psychology and Psychiatry,* **32**, 1081-1105.

▷9 Barkley, R. A. 1997 *ADHD and nature of self-control.* Guilford Press.

II 認知発達の時期

 アニミズム：生物と無生物の区別

1 アニミズムと素朴生物学

○アニミズム

幼い子どもたちは，おもちゃや自動車のような無生物に対して，まるでそれが生きているかのように働きかけたり，「生きている」と言うことがあります。こうした生物や生命に対する幼児の大人とは異なるとらえかた（概念）について，多くの研究がなされてきました。ピアジェ（Piaget, J.）は，無生物にまで生命を認めたり，意識や意志などの心があるようにあつかう幼児の心理的特徴をアニミズムと名づけ，次のような発達的な変化を指摘しました。ピアジェによると，子どもはもっとも初期にはどんなものにも生命を認めてしまいますが，しだいに，動くものだけが生きていると考えるようになります。さらに，自分の力で動くものだけが生きていると考えるようになり，最終的に11, 12歳頃には大人と同様に動植物だけが生きていると認識するようになりアニミズムを脱します。

○素朴生物学

ピアジェはアニミズムを幼児の思考の未熟さを示すものと考えましたが，逆に幼児の有能性を示すものとして肯定的にとらえ直す立場もあり，素朴生物学の研究と呼ばれています。素朴生物学研究では，アニミズムのような誤った認識でも子どもが自分自身のもつ生物についての一貫した枠組みにもとづいて生物と無生物の区別をしようとしていることから素朴概念による判断の証拠と考えています。素朴生物学がどのくらいの時期から成立しているのか，という点には議論がありますが，5歳頃には自立的な領域として獲得されていることについてはほぼ合意が得られています。

○アニミズムは「未熟さ」の表れか

ピアジェはアニミズムを幼児の未熟さを示す特徴と考えましたが，雲や海のような自然現象に対して大人でも時には生命力のようなものを感じます。また，日本をはじめ，多くの文化で，巨大な岩や山，太陽や月など自然物や現象に対する信仰や畏敬を示す習慣が存在します。もともと，アニマとは魂という意味のラテン語で，本来，アニミズムとは万物に魂が宿るという思想を指します。私たち日本人にとっては，こうした思想にそれほど違和感はないかもしれません。しかし，近代の文化人類学において，非ヨーロッパのさまざまな宗教や習俗を説明するためにアニミズムという言葉が使われたのですが，その際にヨー

▷1 Piaget, J. 1929 *The child's conception of the world*. London: Routledge & Kegan Paul.

▷2 素朴生物学
科学的な生物学とは異なるが，生物学に関する理論とみなすことができるような（生物学的）枠組みであり，外界を理解するための素朴理論の中核領域の一つとして位置づけられている。
布施光代・郷式徹・平沼博将 2006 幼児における生物と生命に対する認識の発達 心理科学，**26**，56-66.

▷3 ⇒II-60参照。

▷4 Carey, S. 1985 *Conceptual Change in Childhood*. Cambridge, MA: MIT Press.（ケアリ著（小島康次・小林好和訳）1994 子どもは小さな科学者か──J. Piaget理論の再考 ミネルヴァ書房）
稲垣佳世子 1995 生物概念の獲得と変化 風間書房
Inagaki, K., & Hatano, G. 2002 *Young children's naive thinking about the biological world*. New York: Psychology Press.

ロッパ以外の文化や宗教はヨーロッパのそれよりも「未熟」であるという価値観にもとづいていたことは否定できません。そして，そうしたヨーロッパの文化・社会的背景のなかで生きたピアジェもその影響から逃れられなかったといえるでしょう。

❷ 生物概念と生命概念

○生物概念

幼児でも生物と無生物の区別はできる一方，幼児だけでなく大人でも，太陽，雲，石のような自然物や現象に対して，生きているように感じることがあります。素朴生物学を獲得し，さらに学校教育による科学的な生物概念を学習した大人の場合でも，生物概念よりも広い生命概念をもつ——無生物に対しても「生きている」という扱いや表現をする場合が多くみられる——ことが示唆されています[6]。ただし，大人は「生きている」ように感じるからといって，自然現象を「生きている」と考えることはありません。しかし，幼児は自然現象を「生きている」と考える一方，植物が生きていることを理解できないことから[7]，幼児は生物だけが生命をもつというふうには生命を理解していないことが考えられます。

幼児の生物や生命概念の理解はまだ明確ではなく，動き（特に自発的な運動）や変化，さらには人間との（形態の）類似性にもとづいて，生物と無生物，生命のあるものとないものを区別しているようです。そのため，「死んでしまった生き物」は「生き物」ではあるが「生きていない」ということを理解することは困難です。

○「死」の理解

「生きている」という言葉には，「生物—無生物」という対比だけではなく，「生きている—死んでいる」という対比があります[8]。生物と無生物の区別を中核とした生物概念（もしくは生命概念の側面）が幼児期に獲得されるのに対して，「状態としての非生命」である「死」について乳幼児が理解することは難しいようです。子どもが「死」をどのように理解しているかについての研究では[9]，幼児期には，生と死が未分化で，現実と非現実の死の区別がされていないことが示されています。そして自分は死なないと思っているようです。児童期になると，自分自身を含めすべての生物はいずれ肉体的な停止としての死を迎え，死んだら生き返らないことをしだいに理解するようになります。また，「死」の理解や死後観については，死別体験や文化・社会的影響が指摘されています。たとえば，日本の子どもの場合，どの年齢でも死に対してネガティブな感情をもっていますが，特に年齢が高くなるにつれて人間は死んだらまた生まれかわるという「生まれかわり思想」の増加が目立つという研究があります。

（郷式 徹）

▷5 小阪修平・ひさうちみきお 1984 イラスト西洋哲学史 JICC出版局 p.146参照。また，イギリスの人類学者タイラー（Tylor, E. B. 1832-1917）は，原始宗教の基礎を万物に霊魂が宿ると考えるアニミズムにおいた。

▷6 布施光代 1999 子どもの生命認識とその発達的変化 教育心理学論集, 28, 1-7.

▷7 稲垣 前掲書

▷8 ケアリ 前掲書

▷9 仲村照子 1994 子どもの死の概念 発達心理学研究, 5, 61-71.

II 認知発達の時期

47 転導推理：あれはあれ，これはこれ

1 転導推理とは

　形式論理にしたがった推理には，演繹推理や帰納推理があります。演繹推理（deductive reasoning）とは，一般的な命題から論理的な形式にしたがって，個別的な情報を導き出す推理のことです。一方，帰納推理（inductive reasoning）とは，いくつかの個別的な事例から一般的な命題を導き出す推理を指します。これらの論理的思考が発達する以前の幼児期にみられる推理を，ドイツの心理学者シュテルン（Stern, W. 1871-1938）は，転導推理（transductive reasoning または transduction）と呼びました。その特徴は，個別的な事例から別の個別的な事例を直接，導く点にあります。転導推理の研究は，スイスの心理学者ピアジェ（Piaget, J. 1896-1980）によって，幼児期前半の推理を特徴づけるものとして展開されました。ピアジェの示した例をみてみましょう。

　4歳以前の子どもにみられた例として，部屋の中のテーブルの上にうつった衝立の影は，庭の木の影が入ってきたものだと考える推理があります。この転導推理では，衝立の影という個別事例と木の影という個別事例が結びつけられています。これに対して，光線は遮る物に影をつくるという一般的命題から，衝立にも木にも影ができると，個別事例を推理するのが演繹推理であり，衝立にも影ができ，木にも影ができるから，日光を遮る物には影ができるのではないかと複数の個別事例から一般的命題を推理するのが帰納推理になるでしょう。

2 幼児の前概念的思考

　転導推理は，幼児期前半の思考の全般的特質と関連づけて考えると，理解がしやすくなります。ピアジェは，2歳頃から4歳頃までの前操作期の前半を特徴づける思考を前概念的思考と名づけました（これに対して4歳頃から7歳頃までの前操作期後半を特徴づける思考は直観的思考と呼ばれます）。

　前概念的思考の特徴は，個と類が未分化な点にあります。たとえば，2歳7カ月の幼児が散歩の途中でなめくじを1匹見つけ，さらに10メートルほど歩いて別のなめくじを見つけたとき，「あのなめくじがいる」と言いました。ここでは，2匹のなめくじを包括する「なめくじ」という概念はなく，「あのなめくじ」という個別事例で1つの類が表されています。「ワンワン」という言葉が，自分が最初に見た犬から，犬に似た動物や，最初に犬を見た場所（バルコ

ニー）から見えるものすべて（車や動物や人）に適用されるようになるのも，大人がもつような概念が成立していないことの例です。その前概念的思考の一つに，転導推理が位置づけられます。

　ピアジェのあげている別の例をみてみましょう。[1]

　　ジャクリーンは2歳10カ月のときに熱を出し，ミカンがほしいと言った。シーズン前でまだミカンを売っていなかったので，ミカンはまだ熟れていなくて緑色をしているので黄色になるまでは食べられないと説明した。彼女はこれを認めたが，しばらくして煎じ薬を飲んだとき，次のように言った。「煎じ薬は緑色ではない。もう黄色になっている。……ミカンをちょうだい」彼女は，煎じ薬が黄色くなったのなら，ミカンも黄色くなっただろうと推測したのだ。

　ミカンが熟れて，早生の緑色から黄色に変わっていくというメカニズムと，煎じ薬が緑色の薬から黄色の薬に変わったことに内的な関連性はなく，同一カテゴリーで説明することはできません。煎じ薬が黄色であるという個別事例から，他の個別事例であるミカンに黄色という属性を直接，移行させることは，カテゴリー的な思考が不十分であることを示しています。

　しかしながら，転導推理や，それを含む前概念的思考の積極的側面を評価することも必要でしょう。それは，物事に対する表象（たとえば，緑色のミカン）が形成され，言葉を用いて予測や判断などの推理が行われていることです。帰納推理や演繹推理に比べると論理的思考としては不十分かもしれませんが，表象能力が形成される以前の感覚運動期（0〜2歳頃）に比べると質的な向上がみられます。また，自分の既有知識や日常経験と結びつけて説明しようとする姿勢には，対象に対する能動的な関わりがうかがえます。

3　短絡的に結びつける推理

　転導推理のように直接，個別的事例と個別的事例を結びつけるわけではありませんが，一般的なメカニズムを想定することなく，表面的な属性と別の表面的な属性を結びつける推理は，小学校段階の子どもにもみられます。たとえば，バナナとスイカではどうしてスイカの方が高いかを尋ねたときに「スイカはバナナよりも大きいから高い」のように大きさと値段を直接結びつけたり，5月のイチゴと12月のイチゴではどうして値段が違うのかを尋ねたときに「12月のイチゴの方が甘いから高い」のように自分で想像した属性と値段を直接結びつけたりするなど，関連しそうな属性を短絡的に結びつける推理が小学校中学年以前の社会現象に関する思考にみられます。[3] 短絡的な推理（例：手づくりの豆腐は高い）を行っている場合でも，因果の中間項を尋ねる問い（例：どうして手づくりだと高いのか）を行うと，背後のメカニズムに関して推理を展開すること（例：手づくりだと人件費がかかるから高い，または，1つひとつつくるのに時間がかかるから高い）が，特に小学校高学年以降では可能になります。[4]（藤村宣之）

▷1　波多野完治編　1965　ピアジェの発達心理学　国土社

▷2　田丸敏高　1993　子どもの発達と社会認識　法政出版

▷3　藤村宣之　2002　児童の経済学的思考の発達——商品価格の決定因に関する推理　発達心理学研究，13，20-29．

▷4　例に関する出典は同上論文と同じ。

II 認知発達の時期

48 描画の発達：子どもはどのように描くか

1 子どもの絵の世界

　描画（drawing）とは，鉛筆やクレヨンなどを使って線画で描かれた絵のことで，フランス語ではデッサン（dessin）にあたる言葉です。水彩画や油絵のように絵の具を用いて色を重ね合わせて描かれたものは彩色画（painting）と呼ばれますが，乳幼児が彩色画を描く機会は少なく，描画が子どもの絵の中心部分を占めています。

　児童画の最初の体系的な研究は，フランスのリュケ（Luquet, G. H.）が1927年に公刊した『子どもの絵（*Les dessin enfantin*）』であるとされます。リュケは幼い子どもの絵の特徴を知的リアリズム（intellectual realism）という言葉で表しました。子どもの絵は，決してものを「あるがまま」に描いたものではありません。たとえば，取っ手のついたコップを取っ手が見えない位置から描くとき，幼児は「このコップには取っ手がある」という知識を活用し，コップに取っ手をつけてしまうことが知られています。ものをそれが見えるままに描くことを視覚的リアリズム（visual realism）というのに対し，知的リアリズムは「ものを自分が知っているように描く」ことをいいます。子どもの描画は，それがいかに下手にみえても，子どもの認識世界を表したものなのです。

　描画は，言葉が十分に発達していない乳幼児にとって重要な表現の媒体となっています。また，言語障害や情緒障害などの子どもの場合にも，描画が発達支援上重要になる場合があります。なかには，言葉は出ないのに，絵を描かせるとプロフェッショナルなうまさを示すという事例もみられます。

2 描画の発達過程

　描画の発達は，大まかにいって，なぐりがきの段階（1～2歳頃），図式的表現の段階（3～9歳頃），遠近画法の段階（9歳以後）に分けることができます。ただし，ここでの各段階の年齢はあくまで大づかみのもので，個人差が大きいことに留意する必要があります。

○なぐりがき

　なぐりがき（scribble）は，筆記具を対象物に叩きつけたり，ぐるぐる回したりしてできる線のかたまりです。1～2歳児の描くものなので，描かれた図形が何かの形をしているようには見えませんし，言葉が発達する前のものなの

▷1　Freeman, N. H., & Janikoun, R. 1972 Intellectual realism in children's drawings of a familiar object with distinctive features. *Child Development*, **43**, 1116-1121.

▷2　たとえば，イギリスのロンドンに住む自閉症者スティーヴン・ウィルトシャー（Wiltshire, S. 1974- ）は，言葉の発達が遅れたが，小さい頃から建物の細密な絵を描くことで評判になり，1987年に最初の画集を出版している。
http://www.stephenwiltshire.co.uk/

で，言葉による説明はなく，何を描いたかはうかがい知ることができません。また，描きつける対象物は紙だけでなく，畳，床，壁，襖，机など，子どもには区別がありません。大事なものを汚されるのは困りますが，腕を動かすとそのまま軌跡が残るという体験は，子どもが自己と対象の関係を理解する重要な機会ですから，丈夫で大きな紙を用意するなど乳幼児が存分に描ける環境や場を用意することが大切です。

○図式表現

なぐりがきの段階の後，やがて大人の目から見て何かの形と思われる図形が現れ始めます。「これは何をかいたの？」と聞くと，子どもは「ワンワン（犬）」，「ブーブー（自動車）」などと答えます。これは，何かをかたどった絵という意味で，象徴的描画（symbolic drawing）と呼ばれています。人の形をかたどった人物画（human figure drawing）はその典型的なものです。人物画の初期には，頭から直接手や足が出ている絵が描かれることがあります。これを頭足人（tadpole figure）と呼びます。

このような象徴的描画を行う際に，幼児は自分が好きで得意な幾つかの図形を描画のレパートリーとしてもつようになります。たとえば，円から放射状に線が出ている図形や花びら型の図形などです。このような個人に特徴的な定型的表現を図式（schema）といいます。いくつかの図式を多用して絵を描く時期を図式的表現の段階と呼ぶわけです。

幼児期から児童期の初期にかけての図式的表現の段階の絵は，描かれるものの大きさが，実際のものの大きさや，ものとものとの大小関係をほとんど反映しないサイズ・フリーであること，1枚の絵がただ1つの視点から描かれるのでなく，多くの視点から描かれる多視点性を有すること，という2つの特徴をもっています。たとえば，1枚の紙の上にお互いに関係のない図柄を幾つも描く「ならべ描き」，図柄と図柄を重ねあわせて描く「重ね描き」，ものを外部から見た様子と内部の様子が同時に描かれる「レントゲン画」，家の絵などで見えないはずの面まで描くような「展開画」などです。

○遠近画

最後に，小学校中学年頃から遠近画法（perspective drawing）がみられるようになります。近くのものは大きくまばらに，遠くのものは小さく密に，「肌理の勾配」をつけて描き（線遠近法），距離によっては対象の色や明るさも変え（空気遠近法），ある特定の視点から見た対象の遠近感とリアリティのある絵を描くことは，美術教育の1つの達成目標です。15世紀のイタリア・ルネサンスで花開いた絵画の技法を，子どもたちが9歳頃からわがものとすることができるとするならば，それはまさしく教育の大きな力です。

〔子安増生〕

参考文献

リュケ（須賀哲夫監訳）1979 子どもの絵 金子書房（Luquet, G.-H. 1927/1977 *Les dessin enfantin*. Acran/Delachaux et Niestle）

コックス（子安増生訳）1999 子どもの絵と心の発達 有斐閣（Cox, M. 1992 *Children's drawings*. Penguin Books）

グッドナウ（須賀哲夫訳）1979 子どもの絵の世界 サイエンス社（Goodnow, J. 1977 *Children's drawings*. Harvard University Press）

II　認知発達の時期

 # 自己中心性：社会化されない言葉と思考

自己中心語

ピアジェ（Piaget, J.）は，前操作期（2歳頃から7歳頃まで）の子どもの心性を自己中心性（egocentrism）という用語で特徴づけました。自己中心性とは，子どもの言語と思考がまだ十分に社会化されておらず，自己以外の視点にたって話したり考えたりすることができない様子をいうもので，自分ひとりの利益をはかろうとする利己主義（egoism）とはまったく異なるものです。

ピアジェの自己中心性の研究は，まず自己中心語（egocentric speech）の検討から開始されました。[1]

◯聞き手への無関心

ピアジェは，『子どもの言語と思考』（邦訳の題は『児童の自己中心性』）において，6〜7歳頃までの子どもの発話が，まわりで聴いている人にうまく合わせているときもあるのですが，誰にも向けられていない場合が少なくないということに注目しました。すなわち，ことばが自分に向けられ特にコミュニケーションの機能を果たさない独語（monologue）や，何人かの子どもたちの間で誰に向けられたともつかない発話が（お互いに）行われる集団的独語（collective monologue）などの現象が観察されました。それだけでなく，聞き手のもっている知識や関心などをほとんど考慮していない発話も多いのです。このようなものを，ピアジェは自己中心語と呼びました。

なお，ソヴィエトの心理学者ヴィゴツキー（Vygotsky, L. 1896-1934）は，独語や集団的独語のような「自己中心語」について，それは社会的機能をもつ「外言」が思考の道具である「内言」に移行する過渡期の様相であると主張しました。

◯文法の未発達

続く『判断と推理の発達心理学』では，ピアジェは子どもの文法構造について調べました。たとえば，フランス語の「〜から（parce que）」や「だから（donc）」のような接続詞の使い方を見ると，「男のひとが自転車でころんだの。足をけがした<u>から</u>」や「ぼくは今自転車がつかえない。<u>だから</u>自転車はこわれてるんだ」のように，ものごとの原因と結果が反対に表現されたりします。あるいは，家族の間柄のような関係概念（「おじ」，「おば」，「いとこ」など）の理解に困難がみられることも示されました。

▷ 1　Piaget, J. 1924 *Le langage et la pensée chez l'enfant.* Delachaux & Niestlé.（大伴茂訳　1954　児童の自己中心性　同文書院）

Piaget, J. 1924 *Le jugement et le raisonnement chez l'enfant.* Delachaux & Niestlé.（滝沢武久・岸田秀訳　1969　判断と推理の発達心理学　国土社）

3つの山問題

その後,ピアジェの自己中心性の研究は,子どもの空間認知の研究に発展していきました。

ピアジェとイネルデは,図31のような1メートル四方の台座に,高さ20〜30cmの3つの山を置いた材料と木製の人形を用意し,100人の子どもを対象に,次の3種の課題を実施しました。

(1) 人形の位置から見える風景を,模型を用いて再構成させる。
(2) 人形の位置から見える風景の絵を10枚の候補から選択させる。
(3) 1枚の絵から,そのような風景が見えるように人形を置かせる。

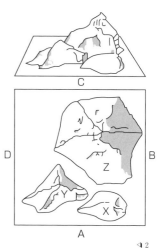

図31 ピアジェの3つの山問題

この課題は,3つの山問題(the three mountains task)と呼ばれています。この実験の結果,ピアジェは子どもたちの反応を次の3段階に分けました(段階ⅡとⅢについては,それぞれさらに細かくAとBに分けられましたが,ここでは省略します)。

段階Ⅰ(4歳未満):課題の説明を理解せず,研究対象から除外。
段階Ⅱ(4〜7歳):自己視点と他者視点の区別未成立。他者視点から見える風景を聞かれているのに,自己視点を答える狭義の自己中心性。
段階Ⅲ(7〜12歳):自己視点と他者視点の協応が可能,課題に正解。脱中心化(de-centering)の成立時期。

○自己中心的といえるか

3つの山問題は,子どもが自己中心的かどうかという大きな論争を巻き起こし,この方法を用いて数多くの研究が行われました。その結果,3つの山問題の実験手続は,たとえば次に示すように,必要以上に課題要求が高く,条件を緩和すると正解率が高まることが示されました。

(1) 顔のない木製の人形でなく,実際の人間の視点を推測させると正解が増加。
(2) 10枚の風景の絵は多すぎであり,選択肢数を減らすと正解が増加。
(3) 視点の位置を向かい側からの対面などに限定すると正解が増加。

後にピアジェは,このような批判と,「自己中心性」は「利己主義」と混同されやすいという指摘を受け容れて,この語を使うことを断念し,代わりに,「自己への中心化(centering on the self)」と言い換えることにしました。

しかしながら,「自他の区別」の問題が幼児期から児童期にかけての発達にとって重要であるという事実には変わりはありません。ピアジェの自己中心性の研究は,その後,視点取得(次項参照)や「心の理論」(次々項参照)の研究へと発展していったのです。

(子安増生)

▷2 Piaget, J., & Inhelder, B. 1948 *La représentation de l'espace chez l'enfant.* P. U. F. Translated by F. J. Langdon, & J. L. Lunzer 1956 *The child's conception of space.* London: Routledge & Kegan Paul.

▷3 子安増生 1990 幼児の空間的自己中心性(Ⅰ)——Piagetの3つの山問題とその追試研究 京都大学教育学部紀要, **36**, 81-114.

▷4 Piaget, J., & Inhelder, B. 1966 *La psychologie de l'enfant.* P. U. F. Translated by Helen Weaver. 1969 *The psychology of the child.* Routledge & Kegan Paul.

II 認知発達の時期

 視線／視点：目は心の窓

1 視線の理解

「目は心の窓」とか「目は口ほどにものをいい」という言葉があります。人は，他者の目の動きに注目し，目の動きからその人の考えていることや，感じていることを読み取ろうとします。時には，笑顔なのに目が笑っていないとか，本人も意識しないような目を伏せる一瞬の動きから発言が「うそ」であることを見抜いたりします。子どもは，大人が日常的に行っているこのような社会的スキル（social skill）をどのようにして身につけていくのでしょうか。

生後すぐの赤ちゃんは，抱かれているとき，弱い視力でありながらもお母さんの顔の方を見ます。顔に対する赤ちゃんの注目度は高いのですが，そのなかでも目と口に対する注目度がとりわけ高いことは，乳児の眼球運動（eye movement）の研究などからも明らかにされています[1]。いうまでもなく，目と口はともに，顔の中でいつも動いている部位です。目と口への注目度の高さは，そのことによると考えられます。しかし，言葉が発せられる口とは異なり，目は音声をともないません。それでも目が注目度の高い部位であるということは，目が「コミュニケーションの器官」として重要であるということを意味するものと考えられます。

2 まっすぐでない視線？

幾何学における直線とは，2点間を最短距離で結ぶ唯一の経路です。同様に，視線（line of sight）とは，目（瞳孔の中心）と対象物を直線で結んでできる線のことです。しかし，こんなあたりまえのことが，じつは幼児には必ずしも理解されていません。図32は，アメリカの発達心理学者フレイヴル（Flavell, J. H. 1928- ）らが幼児の視線の理解の実験に用いた材料です[2]。筒の一方の入り口に小人形をおいておき，その反対側からのぞかせて人形が見えることを確認させた後，筒をさまざまな角度で曲げて，人形が見えるかどうかを予想させます。

▷1 乳児の眼球運動については，下記文献を参照。
シーグラー（無藤隆・日笠摩子訳）1992 子どもの思考 誠信書房 （Siegler, R. S. 1986 *Children's thinking: What develops?* Hillsdale, NJ: Erlbaum.）

▷2 Flavell, J. H., Green, F. L., Herrera, C., & Flavell, E. R. 1991 Children's knowledge about visual perception: Lines of sight must be straight. *British Journal of Developmental Psychology, 9*, 73-87.

▷3 同上書

図32 視線の理解の実験に用いた材料

3歳児は，ほとんどの場合に「見える」と予想します。実際には見えないことを確認させた後でも，3歳児の大部分は相変わらず「見える」と答えます。5歳になると，ようやく見える場合と見えない場合とが区別できるようになります（正答率9割弱）。この時期，かくれんぼ遊びで「頭隠して尻隠さず」ということが起こるのは，子どもが相手からの視線を正しく予測できないことも大きな理由です。

3 視点取得

前項 II-49 で述べた3つの山問題は，ピアジェの研究以後，「他者の視点をとり入れる」という意味で視点取得（perspective-taking）という観点から研究されるようになりました。ピアジェらは，3つの山問題を子どもが他者の心の表象（mental representation）の直接的推測過程を調べる課題と考えましたが，その後の研究において，さらにもう2つの可能性があることが示唆されるようになりました。それは，メンタル・シミュレーション（mental simulation），すなわち自分が他者の位置に行ったと仮定して行う自己表象の操作と，メンタル・ローテーション（mental rotation），すなわち刺激布置全体を心の中で自分の位置に向けて回転させる対象表象の操作です。3つの山問題では，子どもが実際に上記の3つのうちのどの表象操作を行っているのかを特定することが困難な場合が少なくありません。課題そのものに内在するこのような問題を克服し，他者の心の表象の推察能力を直接的に調べようとするのが「心の理論」研究だったのです（次項 II-51 参照）。

4 意図理解の難しさ

視点取得の研究には，ピアジェの3つの山問題のように「他者が何を見ているか」についての推測過程を調べる視覚的視点取得のほかに，「他者が何を感じているか」を調べる感情的視点取得，「他者が何を考えているか」を調べる認知的視点取得の3分野があります。

「心の理論」研究は，認知的視点取得を扱うものと考えることができます。認知的視点取得のことを他者の「心を読む」という意味でマインドリーディング（mind-reading），そのことができない状態のことをマインドブラインドネス（mindblindness）と呼びます。「マインドブラインドネス」は，イギリスの心理学者バロン＝コーエン（Baron-Cohen, S.）が，他者理解の困難な自閉症者の心の特徴を述べるために用いた造語です。バロン＝コーエンによれば，自閉症者も発達によって他者の視線の方向を推測すること（視覚的視点取得）が可能になりますが，他者の視線の意図を推測すること（認知的視点取得）の困難さは成長後も長く残るとされます。たとえば，人が壁の掛時計の方を見ていることはわかっても，時間を気にしていることはわからないのです。　　（子安増生）

▷4　サイモン・バロン＝コーエン（長野敬・長畑正道訳）2002　自閉症とマインドブラインドネス［新版］青土社（Baron-Cohen, S. 1995 *Mindblindness: An essay on autism and theory of mind.* Cambridge, MA: MIT Press.）

II 認知発達の時期

心の理論：他者の心を理解する

▷1 あざむき
⇒ II-52 参照。

▷2 Premack, D., & Woodruff, G. 1978 Does the chimpanzee have a theory of mind? *The Behavioral and Brain Sciences*, **1**, 515-526.

▷3 Premack & Woodruff の定義を離れ、現在では、哲学、霊長類研究、発達心理学、自閉症研究などでの心の理解に関する学際的研究領域が「心の理論」研究と総称されている。

▷4 Dennett, D. C. 1978 Belief about beliefs. *The Behavioral and Brain Sciences*, **1**, 564-570.

▷5 Wimmer, H., & Perner, J. 1983 Beliefs about beliefs: Representations and constraining function of wrong beliefs in young children's understanding of deception. *Cognition*, **13**, 103-128.

▷6 Frith, U. 1989 *Autism: Explaining the enigma*. UK: Blackwell Ltd.（冨田真紀・清水康夫訳 1991 自閉症の謎を解き明かす 東京書籍）フリス（冨田・清水訳）の図10-1 (p.271) より引用。

▷7 郷式徹 2004 心の理論 (6-2) 杉村伸一郎・坂田陽子編著 実験で学ぶ発達心理学 ナカニシヤ出版 pp.190-199.参照。

1 なぜ理論なのか？

太郎はテーブルの上のチョコレートを盗み食いしました。盗み食いしていないと言いはる太郎に、お母さんは「あのチョコレートにはお酒が入っているから、食べたら顔が真っ赤になるんだよ」と（うそを）言いました。それを聞いた太郎は慌てて鏡のところに走っていって、「赤くなんかなってないよ」と叫びました。そして、太郎はお母さんに叱られました。どうして太郎のうそはばれたのでしょうか。どうすれば、ばれずにすんだのでしょうか。

普段の生活のなかで、私たちは他の人の行動を理解したり、予測するために、その人の心——他者の目的・意図・知識・信念・思考・疑念・推測・ふり・好みなど——を推測し続けています。

チンパンジーは餌をみつけても、自分より上位のチンパンジーにみつかると横取りされるので、上位のチンパンジーが側にいるときには餌から目をそらしてやり過ごす「あざむき」を行います。プレマックらは、「あざむき」のような他の仲間の心を推測しているかのようなチンパンジーの行動に注目し、こうした行動を「心の理論」という考え方で解釈することを提唱しました。

心の状態は直接には観察できないため、心（の状態）と行動の間の規則性や関連の理解やそうした規則にもとづいた使用が必要だと考えられます。そして、こうした規則の集まりは「理論」とみなすことができるということから、「心の理論」と名づけられました。

2 誤った信念課題

プレマックらの「心の理論」の提言とデネットの研究法の提起を受けて、ウィマーとパーナーは誤った信念課題（false belief task）を考案し、幼児が他者の心を理解しているかと、その発達過程を研究しました。ここでは、ウィマーとパーナーの課題と同様の誤った信念課題の1つ、サリーとアンの課題を紹介します（図33）。誤った信念課題に共通しているのは、「最初、ある人物が経験した状況が、その人物が不在の間に変化してしまう。そのとき、その人物は現在の世界（ものごと）がどのような状況にあると考えているか」ということであり、この枠組みがデネットの提案したものです。誤った信念課題を用いた研究において、3〜4歳児はそのほとんどが正しく答えられませんが、4〜7歳

にかけて正答率が上昇するという結果が数多く示されています。[7]

3 見かけと現実

フレイヴルらは「見かけと現実の区別」課題で，スポンジでできているけれど岩に見えるように色が塗ってある「スポンジの岩」を子どもに見せました。触って岩ではなくスポンジであることを確かめさせた後に子どもたちに「これは何に見えるか」をたずねました。すると，4歳児は「（本当はスポンジだけど）岩に見える」と正しく答えましたが，3歳児は「スポンジに見える」と誤って答えました。

4 心の理論の発達

誤った信念課題や見かけと現実の区別課題を用いた多くの実験から，3歳

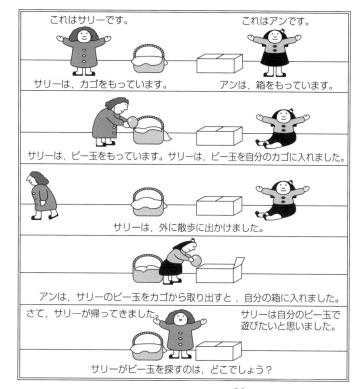

図33　サリーとアンの課題[6]

児は「他の人は自分が知っている事実とは異なることを信じていることがある（他者の誤った信念の理解）」，「現在，自分が知っている事実とは異なる過去の自分自身の信念を思い出す（自己の誤った信念の想起）」，「本当の現実と見かけの区別をする（見かけと現実の区別）」ことが難しいことが示されてきました。一方，ことばや指さしでは正しく反応できない1，2歳児でさえ，他者の誤った信念を理解しているかのような視線の動きを無意識に示します。このことから，より幼い年齢でも暗黙の心の理解を示す一方，他者や自己の心の状態を意識的に表象できるようになるのは4歳以降なのではないかと考えられています。[11]

また，誤った信念課題を自閉症児に実施した研究の多くは，彼らの通過率がきわめて低いことを示しました。こうした研究を通して，自閉症と心の理論の欠如に関する研究や議論が高まりました。他には，誤った信念課題通過以前のより幼い子どもを対象とした研究（たとえば，共同注意の研究）が盛んになっています。さらに，「サリーとアンの課題」で検討されるある人が考えていること（サリーは〜と思っている）についての一次的信念に対して，ある人が考えていることを他の人がどう考えているか（ジョンは「メアリーが…と考えている」と考えている）というより複雑な二次的信念の理解について小学生を対象とした研究へと広がっています。

（郷式　徹）

▷8 Flavell, J. H., Flavell, E. R., & Green, F. L. 1983 Development of appearance‑reality disyinction. *Cognitive Psychology*, **15**, 95-120.

▷9 スマーティー課題（郷式　前掲書　参照）

▷10 Onishi, K. H., & Baillargeon, R. 2005 Do 15-month-old infants understand false beliefs? *Science*, **308**, 255-258.

▷11 郷式徹 2016 心の理論を支える構造と物語——未来への展望　子安増生・郷式徹編　心の理論——第2世代の研究へ　新曜社

▷12 フリス　前掲書（冨田・清水訳）参照。

▷13 共同注意
⇒II-40 参照。

II 認知発達の時期

52 うそとあざむき：子どもはいつ頃からうそをつくか

▷1 うそとあざむき
「うそ」とは本当ではないことや言葉を指し，「あざむき」とはだましたり，まどわしたりすること（行為）を指す。

▷2 Chandler, M. J., Fritz, A. S., & Hala, S. M. 1989 Small-scale deceit: Deception as a marker of two-, three, and four-year-olds' 'theory of mind'. *Child Development*, 60, 1263-1277.

▷3 Sodian, B., Taylor, C., Harris, P. L., & Perner, J. 1991 Early deception and the child's theory of mind: False trails and genuine markers. *Child Development*, 62, 468-483.

▷4 Sodian, B. 1991 The development of deception in young children. *British Journal of*

1 うそとあざむき

「日本の首都は大阪」というのは本当のことではありません（広い意味ではうそ）。しかし，このうそで少なくとも日本で暮らす大人をあざむくことはできません。また，自分が「日本の首都は大阪」だと信じていた場合は，他の人にそれを信じさせても，あざむいたことにはならないでしょう。あざむきが成立するためには，①他の人をあざむく意図をもっていること，②自分は「本当のこと」を知っていて，「他の人は『本当のこと』を知らない」と知っていること，③本当ではないこと（＝うそ）を本当だと他の人に思い込ませることが必要です。

2 うそをつくことの発達

子どもがいつ頃からうそをついたり，意図的に他者をあざむいたりできるようになるかについては，2歳半から3歳頃という主張と4歳以降という主張があります。たとえば，子どもがあざむき行動をすることができるかを調べる課題として，宝探し課題（図34参照；人形が容器のどれかに宝を隠しに行くが，そのとき足跡が残る。子どもは足跡を消したり，偽の足跡をつけたりして悪者（他の人）に宝物の隠し場所がわからないようにするゲーム）があります。

この課題では，2歳半の子どもでも足跡を消したり，偽の足跡をつけたりというあざむき行動を行うという主張と安定したあざむき行動を行うのは4歳以降で，2歳半では足跡を消したりといった行動は，そうした行為を楽しんでいるだけで，あざむき行動になっていないという主張があり，結論は出ていません。また、その他のあざむき行動を求めるゲームを用いた研究の多くでは，4歳児は上手くあざむきを用いてゲームに勝つことができますが，3歳児はあまり上手くあざむきを用いることができないことが示されています。

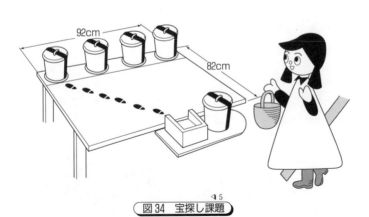
図34 宝探し課題

他の人に物を取られないようにしたり，怒られないように自分のしたことを隠すといった行為は比較的幼いうちからできますが，完全なあざむき——あざむく意図をもって他の人にうそを真実だと思い込ませる——が行えるのは，4歳以降と考えてよいようです。なお，うそやあざむきを理解したり，実際に行ったりする能力の発達は心の理論の発達との関連が注目されています。

3 皮肉，冗談，社会的表示規則

泥だらけで帰ってきた子どもにお母さんが「まあ，きれいだこと」と言うのは，あざむきではなく，皮肉です。この場合，本当のこと（泥だらけで汚い）は言っていませんが，①あざむく意図はなく，②自分（お母さん）も相手（子ども）も本当のことを知っており，③本当ではないこと（まあ，きれいだこと）を本当だと相手（子ども）に思わせてはいけません。皮肉と同じように本当ではないことを言う場合に冗談があります。皮肉や冗談を言ったり，理解するためには，うそやあざむきと同様に相手がどのように思っているか（何を知っているか）を理解している必要があります。

また，自分のためのうそ以外に，ときには，他の人を傷つけないように自分の感情を偽ることも日常生活では必要です。たとえば，あまり欲しくないプレゼントをもらったときにがっかりしたのを隠して，笑顔やお礼を言う場合です。このように相手の感情を傷つけないように社会的な習慣に従い，気持ちを示す方法は社会的表示規則（social display rule）と呼ばれています。幼児は日常生活のなかで挨拶やお礼を大人からたびたびうながされます。そうした経験の繰り返しにより，まずパターン化した社会的表示規則を使用することを学びます。そして，児童期以降にはその場の状況や相手との関係に応じて，適切な社会的表示規則を使用することを経験を通して学んでいきます。

うそ（あざむき），皮肉，冗談，社会的表示規則は，それが使用される社会や文化，もしくは，話し手や聞き手のパーソナリティなどによって許容される場面や程度が異なります。うそ（あざむき），皮肉，冗談，社会的表示規則などの理解や使用は，他者の心を理解する能力の発達を基盤に，家庭，幼稚園や保育所での生活を通して道徳判断や役割取得能力の発達などと関連しながら，発達していくと考えられます。

一方，発達障害の子どものなかには，友だちの冗談や皮肉が理解できないといった問題を抱えている場合があります。こうした場合，「友達ができない」といった社会性のつまずきが生じてきます。冗談や皮肉が理解できないのは，障害のためかもしれませんが，対人的な経験の不足という面も否定できません。こうした子どもたちには，適切な指導と支援（たとえば，ソーシャルスキルトレーニング）が必要です。また，そうした支援の中には，友達と遊ぶといった経験を積んでいく機会を保障するといったことも含まれます。　　　　（郷式　徹）

Developmental Psychology, **9**, 173-188.

Russell, J., Mauthner, N., Sharpe, S., & Tidswell, T. 1991 The 'Windows Task' as a measure of strategic deception in preschoolers and autistic subjects. *British Journal of Developmental psychology*, **9**, 331-349.

Peskin, J. 1992 Ruse and representations : On children's ability to conceal information. *Developmental Psychology*, **28**, 84-89.

▷5　Chandler, et al. 前掲論文. p.1269より引用。

▷6　郷式徹　1998　あざむき行動における心的状態の理解と実行機能　京都大学教育学部紀要，**44**，167-178.

▷7　⇒II-51参照。

II 認知発達の時期

心的動詞：心の状態を表現する

1 心的動詞の分類

○心的動詞とは――心理的使用と会話的使用

「歩く」という言葉はその言葉が意味する行動（歩くという行為）を見ることができます。しかし，「考える」という言葉が意味する行動は目には見えません。たとえば，ロダンの「考える人」は本当に考えているのでしょうか。もしかしたら，座ったまま眠っているのかもしれません。考える，知る，わかる，思う，信じるといった目に見えない心の状態を表現する言葉，特に心的動詞の使用は，幼児が日常生活のなかで示す心の理解や推論能力の指標であると考えられます。

ところで，心的動詞には心理的使用と会話的使用があります。心理的使用とは自分や他人の心の状態を表現するための使用です。たとえば，「君がそんなことを考えているとは知らなかった」の「考えている」「知らなかった」が心理的使用にあたります。会話的使用とは心の状態を表現するための使用ではなく，決まり文句としての慣用的な使用です。たとえば，「これ，知ってる？」と話しかける糸口としての使用が会話的使用にあたります。

○心的動詞の心理的使用――事実動詞と非事実動詞

これまでの「幼児における心的動詞の理解」研究をまとめたものを参考にもう少し細かくみてみましょう。それによると，心的動詞の心理的使用に関して，「知る」「忘れる」などの事実動詞と呼ばれるグループと「思う」「推測する」などの非事実動詞と呼ばれるグループに分けることができます。

(1) ジョンは雨が降っていることを知っている（事実動詞）。
(2) ジョンは雨が降っていると思っている（非事実動詞）。

事実動詞を使った(1)の文では，ジョンが知っていても，知らなくても，「雨が降っている」ことは事実です。それに対して，(2)の文では，ジョンが雨が降っていると思っているか，降っていないと思っているかにかかわらず，「雨が降っている」ことは事実とは限りません。

さらに，心的動詞における確実性を示す働きも注目されています。

(3) 私は授業が休講になると知っている。
(4) 私は授業が休講になると思っている。

この例では，(3)の文のほうが(4)の文よりも「授業が休講になる」確実性は高

▷1 2歳4カ月〜4歳までの心の状態を表現する言葉の使用を観察したShatz, Wellman, & Sliberによると，観察された心的用語の95%は動詞（心的動詞）であった。

Shatz, M., Wellman, H. M., & Sliber, S. 1983 The acquisition of mental verbs: A systematic investigation of the first refrence to mental state. *Cognition*, 14, 301-321.

▷2 Astington, J. W. 1993 *The Child's Discovery of the Mind.* Cambridge, MA: Harvard University Press.（松村暢隆訳 1995 子供はどのように心を発見するか――心の理論の発達心理学 新曜社）

▷3 玉瀬友美 1997 幼児における心的動詞の理解 心理学評論, 40, 389-399.

▷4 「信じている」のように論理的には非事実動詞であるが，事実動詞に近い機能をもつものもあり，明確に二分されるわけではない（同上書）。

いといえます。[5]

2 幼児の心的動詞の理解

○心的動詞の理解と使用の発達

子どもは1歳頃に初めての言葉（初語）を話し始め，4歳頃までには日常生活に困らないくらいの文法能力と語彙を獲得します。1歳半頃から2，3歳にかけて，急速な語彙の拡大が起こります。[6]それでは，心的動詞を幼児はいつ頃理解し，また，使うようになるのでしょうか。

心的動詞の使用は2歳頃から始まります。しかし，最初はやりたくないことや自分には難しいことに対して「わからない」「知らない」といってやらずにすませようとするなどの会話的使用が中心です。心理的使用は3歳以降にみられることが報告されています。ただし，心的動詞を用いた文の内容の確実性の理解については4歳でできるのに対して，事実性の理解はそれよりも遅れます。すなわち，最初，子ども（聞き手）にとって，他者（話し手）の心的動詞の心理的使用は他者（話し手）がある事象（文の内容）をどの程度ありそうだ（確実性）ととらえているかを表すものと理解されます。しだいに話し手の視点から離れて言葉の文脈そのものを理解できるようになると，話し手がある事象（文の内容）をどのようにとらえているかを客観的に表す事実性を理解できるようになります。そして，最終的に個々の心的動詞の意味的な定義にもとづいた概念的理解が可能になります。

○心的動詞と心の理論

ところで，他者の心的状態をどのように幼児が理解しているのか，については心の理論と呼ばれる領域で研究されています。[7]心の理論は4歳頃から現れるという主張もあり，心的状態を表す心的動詞の理解や使用はこうした心の理論の獲得とも深く関連しています。特に心の理論研究で用いられる誤った信念課題では，心的動詞が含まれた教示や質問文が用いられることが多く，幼児が課題をどのようにとらえているのかという観点からも心的動詞の理解の発達を検討しておく必要があります。

○心を表現する言葉と残された問題

心的動詞の発達だけではなく，肯定の返事に使われる感動詞「うん」や「これですね」の「ね」のように話し手の気持ちや態度を表す機能をもつ終助詞の発達についても心の状態を表現する言葉としての検討が必要だと思われます。さらに，従来の語彙や文法を中心とした言語発達の研究のなかで注目されてこなかった「あのう」「ええと」のような会話装置についても，心の状態を表現する言葉や心の理解との関連を探求していくことが必要かもしれません。[8]

（郷式　徹）

▷5　心的動詞の確実性についての働きは，非事実動詞をさらに区分する際に有効であることが指摘されている。

▷6　⇒II-44参照。

▷7　⇒II-51参照。

▷8　綿巻徹　1998　言葉の使用から見た心の交流（第6章）丸野俊一・子安増生編　子どもが「こころ」に気づくとき　ミネルヴァ書房　pp.143-170.

II 認知発達の時期

54 満足の遅延：今はがまんする

1 満足の遅延

　もうすぐ夕食の時間というときにお菓子をもらったらあなたはどうしますか？　すぐに食べますか，それとも，ご飯をおいしく食べるためにがまんしますか。満足の遅延（delay of gratification）とは，他の人から強制されてではなく自分の意志で，その場で手に入る価値の低いもの（報酬）をあきらめ，もっと価値のあるものを得られるまで我慢することです。

　満足の遅延は大きく2つの過程から成り立っています。1つは，すぐにその場で低価値の報酬（即時報酬）を得るか，後で高価値の報酬（遅延報酬）を得るかを選ぶ遅延選択過程です。遅延選択過程については，幼児期から児童期にかけて，即時報酬を選択する段階，その時々に即時報酬が選択されたり遅延報酬が選択されたりする中間段階，遅延報酬を選択する段階と発達していきます。

　もう1つの過程は，後で高価値の報酬を得ることを選んだ後，実際に報酬が得られるまで我慢し続ける遅延維持過程です。幼児を対象とした遅延維持過程の研究方法としては次のような形が一般的です。まず実験者が子どもとゲームをします。ゲームの途中で，即時報酬と遅延報酬を示し，どちらが欲しいか選ばせます。たとえば，お菓子やおもちゃの数に差を設け，すぐにもらえるが数が少ない方を即時報酬，待たなければならないが数が多い方を遅延報酬とします。実験者は子どもに「私（実験者）は用事があるので部屋を出る。もし，私が戻ってくるまで待っていられたら，選んだもの（遅延報酬）をもらえる。待っていられなくなったら，ベルを鳴らせば，私はすぐに戻ってくる。しかし，その場合，選ばなかったもの（即時報酬）しかもらえない」と伝えて，退室します。そのうえで，子どもが待っていられる時間が測られます。

　まず，この実験方法を使った研究によって，どうすればより長く待っていられるか，について次のような要因が影響することが明らかにされてきました。

(1) 子どもは目前に報酬を示されると遅延時間が短くなる（遅延報酬の顕現性）

(2) 報酬とは関係のないことをする──おもちゃで遊ぶ，楽しいことを考えるなど──と遅延時間が長くなる（気紛らわし方略）

(3) 遅延報酬には味や食感という（満足を遅延してでもより多くもらおうとする）動機づけ機能と「待てたら，遅延報酬がもらえる」という手がかり

▷1　「満足の遅延」の代表的研究者としてはミシェル，W. がいる。
　ミシェル，W（柴田裕之訳）2015　マシュマロテスト──成功する子，しない子　早川書房

▷2　井上厚・佐藤正二　1977　幼児の遅延選好行動　宮崎大学教育学部紀要（人文科学），42, 137-143.

▷3　幼児の場合，待機の上限時間は10～20分程度のことが多い。
　濱口佳和　2000　自己制御の発達　堀野緑・濱口佳和・宮下一博編著　子どものパーソナリティと社会性の発達　北大路書房　pp. 174-187.

▷4　悲しいことや報酬のことを思い浮かべると，待つのが嫌になるため，待機時間が短くなる。

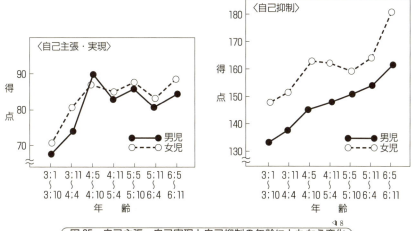

図35 自己主張・自己実現と自己抑制の年齢にともなう変化

機能（情報的側面）があるが，動機づけ機能が高まると待機時間は短くなり，手がかり機能が高まると長くなる（情報的側面への注意）
(4) 「待つことは良いことだ」と口頭で言うのは待機時間を長くするが，「このお菓子はおいしい」と言うのは短くする（課題関連的自己言語化）

満足の遅延の維持は幼児期から児童期にかけて発達していきますが，その詳細はまだ十分にはわかっていません。少なくとも，年齢や知的な能力の発達，遅延維持のための方略や方略についての知識の獲得によって，満足の遅延が容易になっていきます。

❷ 自己統制

満足の遅延は，社会的行動，認知などの各側面が関連した自己統制（自己制御）の抑制的側面の一つの表れであると考えられます。自己統制（self-regulation）とは，「今ここ」での欲求を抑え，その欲求とは矛盾する行動をすることです。「したい」もしくは「したくない」という動機と「する」もしくは「しない」という行動を調節し，「したくないけれどもする」や「したいけれどもしない」ことが自己統制です。柏木によると，自己統制は自己抑制と自己主張・自己実現の2側面に分けて，とらえられます。この2つの側面は，図35のように自己抑制は年齢とともに上昇するのに対し，自己主張・実現は途中から上昇が停滞しています。

すなわち，自己主張・実現の発達は自己抑制より遅れ，また，獲得が難しいと考えられます。2つの側面の発達の違いは，親の発達期待やしつけが影響しているとみられ，そうしたしつけの背景には文化差——日本の文化では自己主張よりも自己抑制に価値を置くが，アメリカではその逆——が存在するものと考えられています。

（郷式　徹）

▷5　報酬の実物を目の前に示された場合には動機づけ機能が高まり遅延時間が短くなるが，報酬のスライド映像を示された場合には手がかり機能が高まり遅延時間が長くなる。

▷6　濱口　前掲書

▷7　柏木惠子　1988　幼児期における「自己」の発達——行動の自己制御機能を中心に　東京大学出版会

▷8　同上書の図1-1（p.23）より引用，改題。

▷9　高橋道子・藤崎眞知代・仲真紀子・野田幸江　1993　子どもの発達心理学　新曜社

II　認知発達の時期

55　英才教育：特別な能力を伸ばす

1　天才と英才

　人は多様な個性をもち，さまざまな家庭環境の下に生まれてきます。そのなかには，何かの分野でずば抜けた能力をもつ子どもたちがいます。天才（genius）とか英才（the gifted）と呼ばれる子どもたちです。天才は「天性の才能（をもつ人）」のこと，英才は「秀でた才能（をもつ人）」のことで，天才の方がより能力水準が高く，輩出率が低い（めったにいない）という印象を与えます。いずれにしても，彼らは頭抜けて高い知能をもっていたり，数学・音楽・スポーツなど特定の分野において並外れた才能をもっていたりします。

2　天才をめぐる言説

　天才をめぐっては，さまざまな言説が存在します。曰く「天才は夭折する」，曰く「麒麟も老いては駑馬に如かず」，曰く「天才と狂気は紙一重」，曰く「天才に教育は無用」。

　たしかに，夭折の（若くして亡くなる）天才はいます。たとえば，群論といわれる分野で数学に新しい境地を切り開いたフランスのガロア（Galois, E. 1811-32）は，恋愛関係のもつれからピストルで決闘し，20歳の短い生涯を終えました。決闘の前日に友人に宛てた手紙と遺稿が唯一の，しかし後世に残る業績となったのです。

　他方，天才が長生きすると凡人以下になるというのが「麒麟も老いては駑馬に如かず」です。「神童も二十歳を過ぎればただの人」です。

　しかし，この両方の言説の反証例として，「発明王」と呼ばれたエジソン（Edison, T. A. 1847-1931）をあげることができます。エジソンは，電信機，蓄音機，映画，蓄電池，謄写印刷機など，84歳で亡くなるまで，天才的頭脳と飽くことのない意欲で発明に取り組みました。

　「天才と狂気は紙一重」については，イタリアの精神医学者ロンブローゾ（Lombroso, C. 1836-1909）らが「天才と狂気」について研究を行いました。この問題はその後，病跡学（pathography）として研究されましたが，天才と精神障害の間の必然的なつながりは証明されていません。

　それでは，「天才に教育は無用」はどうでしょうか。「天才をつぶしたり，天才をじゃましたりしない教育はできるが，天才を生み出す教育はできない」と

▷1　英才を表す英語の"gifted"は「神から"授けられた"天賦の才能をもつ」という意味である。

▷2　「麒麟」は鹿のようにすばやく走る中国の想像上の動物，あるいはそのように足の速い駿馬のことをいい，「麒麟児」といえば天賦の才を示す子どもという意味になる。その麒麟も，年老いると足の遅いつまらない馬（駑馬）にさえ負けてしまう。中国の古典『戦国策』の「騏驥之衰也，駑馬先之」に由来することわざ。

はよくいわれます。その理由の1つは，能力面で天才と並ぶ，天才を正しく理解できる教育者が得にくいからかもしれません。

しかし，どんな天才も決して教育無用というわけではありません。前述のエジソンは，小学校に数カ月と通わず，正規の教育経験はほとんどゼロです。義務教育の普及は19世紀後半からですので，それ以前の天才たちは，エジソンも含めて学校と無縁の人が普通です。しかし，そのエジソンも，現代風にいえば「学校不適応」のわが子を心配した母親から，本の読み聞かせによる熱心な家庭教育を受けたのです。

３ 英才児の追跡調査

アメリカの心理学者ターマン（Terman, L. M. 1877-1956）は，スタンフォード＝ビネー知能検査の開発者であり，知能指数が年齢を通じて変化しないとする「知能の恒常性」を主張しました。そのことを証明するためにターマンは，知能指数（IQ）が140以上のカリフォルニア州の英才児1,470人を長い年月にわたり追跡するフォローアップ研究を1921年頃から開始しました。この研究結果は何次にもわたって公刊され，1956年のターマンの没後も続けられました。その結果によると英才児たちは，成長後も高いIQを示し，学校の進路と成績，社会的地位と収入だけでなく，身体健康，運動能力，人格面などでも優れていることが示されました。しかし，ターマンの分析は英才児群と対照群の平均値の比較が中心であり，個々人の人生のあり方には触れていません。また，これらの結果が正しいとしても，高知能の子どもたちに特別の教育が行われたわけではなく，したがって英才教育の成果が示されたわけではありません。

４ 英才教育のかたち

特別な能力をもった英才児に特別な教育を施し，その能力をいっそう伸ばそうとする教育を英才教育（gifted education）といいます。英才教育には，早期（特に幼少期）に英才を発見して教育する才能開発（talent development），英才教育のために特別な教育プログラムを用意する指導強化（enrichment），飛び級などの制度によって早期に上級学年や上級学校に進ませることを目指す加速（acceleration）などの方法があります。

英才教育は，音楽やスポーツなど特定の分野においては成果をあげています。「鈴木メソッド」で知られる鈴木鎮一（1898-1998）の音楽教育は，世界に広く知られています。一般的に分野を限定した英才教育は有効性が高いのですが，それが子どもの人生にとって幸せなことかどうかは難しい問題です。親は特定の価値観のもとにわが子に英才教育を施すことを考えてもよいと思いますが，学校教育は広く「全人教育」を目指すものであるべきです。

（子安増生）

▷3 Cravens, H. 1992 A scientific project locked in time : The Terman genetic studies of genius, 1920s-1950s. *American Psychologist*, **47**, 183-189.

Minton, H. L. 1988 *Lewis M. Terman : Pioneer in psychological testing*. New York University Press.

参考文献

子安増生 2001 多重知能理論からみた近年の教育改革批判 京都大学大学院教育学研究科紀要, **47**, 28-50.

吉井妙子 2003 天才は親が作る 文藝春秋

II 認知発達の時期

ヘッドスタート計画：貧困の連鎖を断つ

1 ヘッドスタート計画の歴史と現状

ヘッドスタート（head start）とは，レースで「幸先のよいスタート」をきることを意味するものです。この言葉が教育の世界に導入されると，特に文化的経済的に貧困な家庭に育つ子どもたちに幼児教育をきちんと行うことによって「うまく学校教育のスタートを切らせること」を指すようになりました。

政策としてのヘッドスタート計画は，第36代アメリカ大統領リンドン・ジョンソンが1964年の年頭教書で行った「貧困との闘い」宣言の柱の1つである補償教育（compensatory education）を実現するため，経済機会法にもとづく早期の幼児教育計画プロジェクトとして1965年から本格的に開始されました。1969年からはヘッドスタート計画は厚生省（アメリカ）の管轄となり，現在は厚生省のヘッドスタート局が実施責任機関となっています。

ヘッドスタート計画の参加者名簿に登録された子どもたちの数は，1965年から2015年までで総計2,566万人を越えるとされています。連邦政府の予算規模も1965年には9,640万ドルであったのが，2015年には82億8,554万ドルとなり，この間の伸び率は実に約86倍にもなっています。これは，50年間の物価上昇分を差し引いたとしても，大変大きな伸び率であり，ヘッドスタート計画がアメリカの教育・福祉事業の大きな柱であることがよくわかります。

2014～15年度の統計では，ヘッドスタート計画に登録している子どもの数は約110万人，そのうち3歳児が36％，4歳児が44％を占めています。子どもたちの人種的背景は，白人43％，黒人29％，多人種10％，アメリカ・インディアン等4％ほかとなっています。民族的にはヒスパニック（スペイン語系）が全体の約38％を占めています。ヘッドスタート計画は，約24万人のスタッフと約101万人のボランティア（うち親が約78万人）によって運営されています。

ヘッドスタート計画の実際の教育内容は，実施主体である州ごとにちがっていますが，就学前の予備的教育が中心といえます。そのなかで最も成功しているといわれるのが幼児向けの教育番組『セサミストリート』です。

2 『セサミストリート』

ヘッドスタート計画の委託を受けて，非営利の番組制作プロダクションCTW（Children's Television Workshop）が製作したテレビ番組『セサミスト

▷1 ジョンソン（Johnson, L. B. 1908-73）
民主党の政治家ジョンソンは，1963年11月にケネディ大統領がテキサス州で暗殺されたとき，副大統領から大統領に昇格した。ジョンソン大統領は，公民権法の制定，貧困撲滅，社会保障と学校教育の拡充などを柱とする「偉大な社会」政策を打ち出したが，アメリカが介入して泥沼化したベトナム戦争の拡大を防げず，69年に退任した。

▷2 補償教育
家庭や地域の教育力が低い，文化的に剥奪された子どもたち（culturally deprived children）に対して，教育の機会均等を実質的に実現するよう，その補いとなるような教育を行うことをいう。

▷3 アメリカ厚生省（Department of Health and Human Services）ヘッドスタート局（Office of Head Start）はワシントンD.C.に置かれている。

▷4 ヘッドスタート計画の1965年から現在に至るまでの統計はhttp://eclkc.ohs.acf.hhs.gov/hslc/data/factsheetsに示されている。

リート（Sesame Street）』がアメリカで最初に放送されたのは，1969年11月のことです。その後，CTWは「セサミワークショップ（Sesame Workshop）」に名称が変更されています。これまで『セサミストリート』をテレビで放送したことのある国は世界中で150カ国以上にのぼり，7,700万人以上が『セサミストリート』の卒業生と推定されています。わが国では，『セサミストリート』はNHKによって1971年に初めて放送され，途中5年間の中断を経て，1987年に衛星放送で再開され，その後，1988年4月からはNHK教育テレビで放送されるようになりました。5

　『セサミストリート』の名称は，アラビアン・ナイトの「開けゴマ！（Open Sesame!）」に由来するとされます。日本では『セサミストリート』は子ども番組というよりも英語教育の番組として視聴者に受け止められてきたという色彩が強いと思います。しかし，その内容をよく見れば，アメリカの幼児に対して文字（アルファベット）と数字の教育，社会や理科などの問題に対して実際的関心を高めるような内容が盛り込まれていることがわかります。子ども向けの番組だからといって決して「子どもだまし」のものでないことは，アメリカで優秀なテレビ番組に与えられるエミー賞を何度も受賞していることからも証明されます。

③ 『セサミストリート』成功の秘訣

　それでは，『セサミストリート』はなぜこのように成功したのでしょうか。ヘッドスタート計画のターゲットとなる子どもたちの多くは，じっと座って話を聞いたり本を読んだりすることが苦手です。しかし，コマーシャル・フィルムの技法を多用し場面が次々に転換する『セサミストリート』は，子どもたちの注意を引きつけます。そのため，番組の教育効果が大きいのです。さらに，その教育効果の検証のために，さまざまな分野の専門家が協力して研究を行っています。

　また，前述のように，ヘッドスタート計画に参加する子どもたちの約3割が黒人，約4割がヒスパニックであるという社会的背景から，黒人系やヒスパニック系の俳優・音楽家たちが頻繁に番組に登場します。彼らは，子どもたちにとって親しみがあり，同一化しやすい対象です。とはいえ，『セサミストリート』の主人公はマペット（muppet）とよばれる人形たちです。クッキーモンスター，オスカー，エルモ，ビッグバードといったマペットのキャラクターは，アメリカをはじめ多くの国の子どもたちの間で定着しています。

　なお，NHKの幼児番組『おかあさんといっしょ』は，『セサミストリート』より10年も早い1959年10月に放送を開始しましたが，番組の内容やその開発手法の点で『セサミストリート』の大きな影響を受けて改良を重ねてきました。

　　　　　　　　　　　　　　　　　　　　　　　　　　　　　（子安増生）

▷5　NHKの『セサミストリート』放映は，1971年7月から（途中5年ほどの中断を経て）2004年4月3日まで行われた。その後，テレビ東京系列で2004年10月から2007年9月30日まで放送された。

II 認知発達の時期

児童期：思考の発達と友達関係の変化

▷1 ⇒II-67参照。なお、ピアジェの発達理論によれば、7～11歳は具体的操作期に、11、12歳は形式的操作期の始まりにあたる。

▷2 ⇒I-7参照。

▷3 ⇒II-65参照。

▷4 Younissは友達の意識について、松田は自己意識について、7歳から8, 9歳にかけての変化を指摘している。
　Youniss, J. 1980 *Parents and peers in social development.* University of Chicago Press.
　松田惺 1983 自己意識 波多野完治・依田新監修 児童心理学ハンドブック 金子書房

▷5 Damon, W. 1983 *Social and personality development : Infancy through adolescence.* New York: Norton.（山本多喜司編訳 1990 社会性と人格の発達心理学 北大路書房）

▷6 Piaget, J., & Inhelder, B. 1948 *La représentation de l'espace chez l'enfant.* Presses Universitaires de France. F. J. Langdon & J. L. Lunzer (Trans.) 1956 *The child's conception of space.* Routledge & Kegan Paul.

1 児童期の年齢区分

　児童期（6～12歳）は、小学生に対応する年齢段階です。発達心理学の分野では、おおよそ1つの発達段階として区分されてきましたが、9歳の壁の問題提起にみられるように、小学校中学年（3～4年生）に発達の質的転換期をみる立場もみられます。ここでは、小学校低学年（1～2年生），中学年（3～4年生），高学年（5～6年生）に区分して、それぞれの年齢段階の発達的特質を、認知，言語，社会性の3つの側面からみていきましょう。

2 小学校低学年

　小学校に入学する頃に、具体的な事物に関する論理的な思考が始まり、外見上の目立つ属性にとらわれずに論理で物事の質をとらえることができるようになります。ことばの面では、親しい人との間で状況を共有しながら用いていたことば（一次的ことば）に加えて、不特定多数の人に対して向けられることば（二次的ことば）が、話しことばの面でも書きことばの面でも用いられ始めます。また、社会性の面では、7歳頃には、友達について、一緒に遊んだり、物をくれたりするという行動の側面からとらえていたのが、8歳から9歳頃になると、友達や自分について、好みや性格、助け合いといった心理的側面にも着目して考えるようになります。一方、親や教師については絶対的な存在としてとらえる傾向がみられます。

　各領域の間には、論理的な思考の成立が他者に対する論理だてた話しことばの使用を支え、そのことばを通じて自他の内面についての把握も進むといった相互の関連性も想定されるでしょう。また、論理的な思考や一般他者に向けたことばの獲得は学校での集団生活を始めるための発達課題となると同時に、それらは学校での学習活動を通じて発達するとも考えられます。

3 小学校中学年

　小学校3年生頃になると、具体的な事物に関する論理的な思考の対象がさまざまな事物に広がり、遠近画法を用いた描画のように空間を構造的にとらえたり、自分の思考過程を意識化して計画的に物事に取り組んだりするようになります。ことばの面では、一般他者に向けて特定の文脈を離れて用いられる二

表11 各領域における児童期の発達的特質

	認知	言語	社会性
小学校低学年 （1〜2年生）	論理操作の始まり	一次的ことばから二次的ことばへ	自他の内面的把握の始まり
小学校中学年 （3〜4年生）	空間の構造化と思考の計画性	二次的ことばの獲得	自律意識と仲間集団の成立
小学校高学年 （5〜6年生）	形式的論理操作の始まり	言語による論理的思考の展開	友人との間の精神的共感

次的ことばが獲得されることにより，上位概念―下位概念という階層性をもつ知識が形成されたり，語彙の定義的（本質的）特徴をとらえた判断ができたりします。また，社会性の面では，自律意識が芽生えることで仲間集団が形成される時期にあたりますが，その背景には，価値や規則の共有を重視し，友達に対して忠誠や助け合いを期待するという意識の変化や，第三者の視点から自分と他者の視点を統合することで，集団内の各メンバーの視点を協調させることが可能になるという社会的視点取得の発達があると考えられます。

4 小学校高学年

小学校5年生頃になると，論理的な思考の対象が具体物の範囲を超えることで，潜在的な可能性を考慮したり，仮定にもとづく推理を行ったりするようになります。ことばを用いた論理的思考もさまざまな領域で展開し，たとえば，表面的特徴の異なる3つの対象について，それらを包括する類や共通する属性の観点から類似性を考えることができるようになります。社会性の面では，対人関係に占める仲間（友達）の比重が増加するとともに，ともに過ごしたい相手が場面によって変化するなど，対人関係の枠組みが多様化します。特に，悲しいことがあったときにいてほしい相手として友達を選ぶなど，友達に対して精神的共感を求めるようになります。また，自己を多面的に把握したり，他者の有能さを客観的に把握したりするようになりますが，その背景には客観的な論理的思考の発達がうかがえます。

5 児童期の発達構造

以上に述べた児童期の発達的特質を整理したのが，表11です。認知，言語，社会性という領域にはそれぞれ固有の発達の道すじがあることが考えられますが，これまでにみてきたように，各年齢段階での領域間のゆるやかな関連も推測されます。そのような領域間の関連をもとに発達の全体構造を見わたし，学校や家庭，社会との関わりで，各年齢段階の発達課題を明らかにしていくことが必要でしょう。

（藤村宣之）

▷7 ⇒II-67の②9，10歳の発達的特質を参照。

▷8 ⇒II-65参照。

▷9 ⇒II-61参照。

▷10 友達への意識はBigelow, B. W. 1977 Children's friendship expectations: A cognitive developmental study. *Child Development*, **48**, 246-253. を，社会的視点取得はSelman, R. L. 1981 The child as a friendship philosopher. In S. R. Asher, & J. M. Gottman (Eds.), *The development of children's friendship*. Cambridge University Press. を参照。

▷11 ⇒I-8参照。

▷12 新版K式発達検査2001では，「蛇，牛，雀」，「本，先生，新聞」などの3語類似の通過年齢（4題中3〜4題に正答）が11〜12歳となっている。

▷13 高橋恵子 1983 対人関係 波多野完治・依田新監修 児童心理学ハンドブック 金子書房

▷14 藤村宣之 1997 生徒指導の発達論的基礎――児童期の発達的特徴 天野正輝編 生徒指導・進路指導 協同出版より作成。

II 認知発達の時期

直 観 像：見たままの記憶

▷1　直観像
"eidetic"は，ギリシャ語で「形」を意味する「エイドス（eidos）」が語源とされる。

▷2　直感
「勘」とか「第六感」とも呼ばれる。第六感は，視・聴・嗅・味・触のいわゆる五感以外の感覚という意味である。

直観像とは

　直観像（eidetic imagery）は，いささか耳慣れないことばだと思います。「ちょっかん」ということばには，「説明や証明なしに感知されるもの」という意味の直感（hunch）と，哲学に由来する「判断・推理などを加えずに対象を直接にとらえるもの」という意味の直観（intuition）があります。直観像は，このいずれとも異なり，一度見たことのある対象や風景が後になって想起されたとき，まざまざと鮮やかに「見える」現象です。見たものの絵をそらで描かせると，細部のディテールまできちんと描かれた細密画（miniature）の特徴を示すので，直観像は写真記憶（photographic memory）といわれることもあります。しかし，記憶一般と同様に，見たものがそっくりそのまま保持され再現されるのではなく，「構成された記憶」であるとされます。

　それでは，直観像をもつ直観像保持者（eidetiker）であるかどうかは，どのようにして調べることができるでしょうか。直観像保持者のなかには細密画を描く人もいますが，細密画を描くことは直観像保持者であることの必要条件でも十分条件でもありません。直観像はあくまで視覚記憶能力の問題であり，細密画には描画（絵を描く）能力が関わるからです。

　直観像保持のテストの基本は，絵を見せてからしばらくして，絵の細部を思い出して答えてもらうことです。たとえばネコの絵を見せたとき，それがネコであることは誰でも言えますが，ネコのシッポの縞が何本あったかなどの細部は直観像保持者でないと答えられません。また，今見ている絵とさきほど記憶した絵とを重ね合わせるとステレオグラム（立体像）に見える課題や，その両方の絵を比較して「まちがいさがし」をする課題などが直観像保持テストとして行われています。

　直観像については，ドイツのイェンシュ（Jaensch, E. R. 1883-1940），アメリカのヘイバー（Haber, R. N.），わが国では東北大学の大脇義一らが研究を重ねてきました。その結果，直観像保持者は幼児期や児童期に多く（たとえば小学生の6～8％），成人では少ないことが示されてきました。

② 酒鬼薔薇事件から

　1997年に神戸市須磨区で連続児童殺傷事件が起き，世間を震撼させました。

3月に公園で小学生の山下彩花さんがハンマーで殴られて一週間後に死亡，同じ日に別の女児もナイフで刺されて重傷を負いました。そして，5月に知的障害のある小学6年生の土師淳くんが殺され，刃物で切り取られた首が中学校の校門にさらされ，「酒鬼薔薇聖斗」名で新聞社に犯行声明が送り付けられました。この一連の事件の犯人とされる当時中学3年の男子生徒「少年A」は，後に精神鑑定書の中で「直観像素質者であって，この顕著な特性は本件非行の成立に寄与した一因子を構成している」と指摘されました。たしかに，少年Aが母親の肖像を描いた絵は一種の細密画であり，直観像保持者であることをうかがわせます。

　上述の精神鑑定書の表現は，それだけを読むと，直観像が原因で殺人事件を起こしたかのようであり，一部には直観像をもつことそのものが危険であるかのように誤解されました。たしかに，少年Aはホラービデオが好きで，事件の半年ばかり前にレンタルビデオ店でホラービデオを万引きして補導されています。事物を視覚的にまざまざと鮮やかに記憶する能力をもった少年が，小さい頃から内臓や血の飛び散る「スプラッタービデオ」を見続けたとしたら，残虐な行為に対する感受性が麻痺したり，そのような情景に異常な興奮をおぼえたりする危険性が高いということは十分考えられます。少年Aは，連続児童殺傷事件の前に，深夜にネコを追いかけ，石をぶつけて殺し，死体を解剖し，その舌を切り取って瓶詰めにしたりしています。直観像という優れた記憶能力をもつ子どもたちに，どのような情報を与えるべきか，あるいは逆に与えるべきでないかについては，周りの大人が十分気をつけるべきことといってよいでしょう。

　しかし，直観像をもつことそのものが危険であるわけではありません。じつは，神戸市連続児童殺傷事件の被害者の淳くんもまた直観像保持者だったのです。淳くんは，幼稚園のときに言葉の発達の遅れが診断され，小学校では障害児学級に通っていました。しかし，視覚的記憶力は大変すぐれていたようです。たとえば，ジグソーパズルが好きで1,000ピースものパズルにも挑戦しましたが，「絵を見てからつくりなさい」と親から言われても聞き入れず，自分の頭の中に入っている絵と照らし合わせて，ピースとピースを組み合わせていったということです。

3　言語能力と視覚記憶能力

　言語発達の遅れと直観像保持には，近縁性が指摘されています。たとえば，「II-48 描画の発達」と「III-93 サヴァン症候群」のなかに出てくる細密画を描くサヴァンたちは，言語発達の遅れと高度な視覚記憶能力をもっています。言語能力と視覚能力の発達的関係は，さらに研究を要するテーマです。

（子安増生）

▷3　この絵と少年Aの精神鑑定書は下記にある。
「少年A」の父母 1999/2001「少年A」この子を生んで… 文藝春秋/文春文庫

▷4　淳くんについては，下記の書参照。
土師守 1998 淳 新潮社

参考文献
大脇義一 1970 直観像の心理　培風館
中田光男 1993 子ども—このすばらしきもの——直観像教育のすすめ　未來社

II 認知発達の時期

想像力：新しいイメージを生み出す

▷1 この定義にあるように，想像とは，過去の経験そのものを再生することではない。しかし，過去経験の再生を再生的想像，過去経験をある目的に沿って再構成するものを創造的想像と分けて呼ぶ場合もある。ただ一般には，創造的想像のことを想像というため，ここではそれにしたがうこととする。

▷2 想像力
想像によって生み出される心像を imagery といい，それ以外の心像（image）と区別される。

▷3 創造性
課題解決の際に独創的な解決方法を生み出す認知活動のことである。ウォリスは，創造的思考の過程として，準備期，あたため期（孵化期），啓示期，検証期の4段階をあげた。ここでも創造的思考の前提として，課題解決に関するそれまでの知識や経験を総動員する準備期の必要性が指摘されている。

▷4 ヴィゴツキー（Vygotsky, L. S. 1896-1934）は，想像力と現実の関係として以下の4つを挙げている。一つは想像力が過去経験や現実の豊富さに依存していること，二つは想像によって経験自身を拡大できること，三つは情動と経験の結合，四つは，想像は想像にとどまらず本質的に新しいものに具象化（たとえば，科学的発明による新しい道具）され，そ

1 想像力とは

既存の枠組みにとらわれずに新しい考えやイメージをもてる人のことを，「想像力豊かな人」といったりします。このように想像とは，過去の経験をある目的に沿って再構成することで，新しい考えやイメージを生み出すことであり，そういったことを行う能力を想像力（imagination）といいます。

2 想像力と経験

新しい考えやイメージを生み出すためには，過去の経験にとらわれないことが重要です。しかし，それは経験や現実世界と，想像がまったく無関係ということではありません。逆に，経験や現実世界と想像は，密接な相互依存的関係にあります。たとえば，想像の産物として科学的発見や創造性（creativity）がありますが，これはそれまでの経験や知識の積み重ねのうえで初めて可能になります。一方，想像力があることで，実際は経験していない事柄（たとえば世界の国々の暮らし）をあたかも経験したかのように実感し，現実世界の知識として蓄えることができます。これは，想像が経験を広げる1例です。こういったことは，知的な領域だけでなく，情動の領域でも生じます。絵本を読み聞かせてもらい登場人物の気持ちを想像することで，恐いとか嬉しいといった情動が現実に生じますし，逆にある情動をもつとそれに関連したことを次々想像してしまう（ホラー映画を見た後，何を見ても恐いものを想像するなど）こともあります。想像力と経験は相互に依存しているため，想像力を豊かにするためには，多くのことを豊かに経験し現実世界の知識を得ることが必要となるのです。

3 想像力の発達的基礎としての象徴能力

それでは，想像力はどのように発達するのでしょうか。想像力の萌芽として考えられるのは，2歳頃からみられる，象徴機能（symbolic function）です。たとえば，「ブッブー」といいながら積み木を床の上に滑らせている場合，その子どもは，積み木を自動車に見立てて遊んでいると考えられます。ここで，積み木は自動車を表すもの，つまり象徴（symbol）であり，自動車はそれによって表される指示対象（referent）です。指示対象とは異なるシンボルによって指示対象を代表する働きを，象徴機能と呼びます。そして，現実として直接

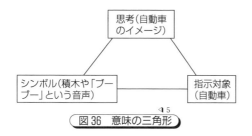
図36 意味の三角形 ◁5

には結びついていない．シンボルと指示対象を結びつけるのは，人間の精神作用によってであり，それが想像力の最初の現れと考えることができます(図36)．

4 創造とファンタジー

想像と類似した言葉に，ファンタジー(fantasy)があります．ファンタジーは，現実に対する合理的思考が弱まり，自らの願望充足などの無意識的側面が現れやすいということで，想像と区別して呼ぶ場合もあります．しかし，ファンタジーも，現実とは異なる虚構世界を想像するという意味では想像とほぼ同義であり，その境界ははっきりしていません．

虚構世界を想像することは，ごっこ遊び(make-believe play)などに端的にみられますが，4歳頃からその想像の仕方が変わります．それ以前は虚構世界と現実世界は別個のもので関連づけることはできません．しかし4歳以後，両者を関連づけて意図的に2つの世界を行き来できるようになります．ごっこ遊びでいえば，始める前に現実世界で役決めをしてから虚構世界で遊び，遊んでいる最中に現実世界に戻って注意（赤ちゃん役の子が「お母さんだから，もっとはっきりいわなきゃだめ」と言うなど）してまた遊びの虚構世界に戻ることができます．◁6

5 児童期における想像力の発達

ヴィゴツキーは，想像力の発達にふれ，児童期においてその質が変わると述べています．◁7 それまでの主観的な想像が，この時期から客観的な想像になるというのです．描画を例にあげると，人物画で，服の中の本当は見えない体の線も描くといった，知っている通りに描く知的リアリズム(intellectual realism)◁8 が，9歳の壁を超えると，服から出ている腕や脚は描いても服の中の体は描かない，見える通りに描く視覚的リアリズム(visual realism)◁9 に変わります．知的リアリズムは主観的な想像の例ですが，それが9歳の壁を超えるところでなくなっていくのです．◁10 一方，9，10歳頃は具体物に依拠しつつも，具体物からは直接的には導かれない，より一般化，概念化された思考が可能になります．小学校の社会科で，直接経験できない日本各地の地理を，その気候や風土から想像して理解する教材が5年生から入りますが，これは，この時期から客観的な想像が可能になることを示しています．

（別府 哲）

れがさらに想像を発展させること．ヴィゴツキー，L. S.（広瀬信雄訳）2002 子どもの想像力と創造 新読書社

▷5 Ogden, C. K., & Richards. I. A. 1985 *The meaning of meaning : A study of language upon thought and of the science of symbolism.* Routledge. を改変．

▷6 エリコニン，D. B.（駒林邦夫訳）1964 ソビエト・児童心理学 明治図書出版

▷7 同様のことは，本物の石（見かけ）のようにみえるスポンジ（現実）を見せてさわらせた後，「これは何に見える？」「これは本当は何？」という質問に，区別して答えられる，見かけと現実（appearance-reality）の区別や，恐い絵本を読み聞かせた際に，「恐いけれどもこれは本のお話（虚構）だから恐くない」と考えて，恐さを我慢しようとする姿にも現れる．田代康子 1991 絵本の登場人物の感情と読者の感情 山崎愛世編 遊びの発達心理学 萌文社 pp. 168-200.

▷8 ヴィゴツキー, L. S.（広瀬信雄訳）2002 子どもの想像力と創造 新読書社；ヴィゴツキー, L. S.（中村和夫訳）2002 思春期の少年の想像と創造 心理科学, **23**（2），30-47.

▷9 ⇒ II-48 参照．
▷10 ⇒ II-67 参照．

(参考文献)

麻生武 1996 ファンタジーと現実 金子書房

内田伸子 1989 新心理学ライブラリ2 幼児心理学への招待──子どもの世界づくり サイエンス社

II 認知発達の時期

素朴理論：日常経験から構成される知識

1 素朴理論とは

まず次の問題を考えてみてください。コインを上に放り投げて，そのコインがしばらくの間上がっていくとき（図37のAの位置），コインに働く力は図37の (a), (b) いずれでしょうか（空気の影響は無視すること）。

答えは (a) で，コインには重力しかかかっていません。ところが，理科系の大学生でも (b) と答え，初歩的物理学を学んでいても，運動する方向に力があると考える人が多くいるのです。

これは，私たちが物理現象に関して，科学理論とは異なる素朴な理解をしていることを示すものです。素朴理論 (naive theory) ないしは素朴概念 (naive concept) とは，体系的な教授なしに日常経験を通して獲得される知識のまとまりといえます。コイン投げ問題のように，素朴理論は科学理論に照らして誤ったものであることが多く，訂正されにくいことが指摘されてきました。

ただ一方で，素朴理論は，物理現象や心理現象などの領域ごとに相互に結合しあった知識体系をなしており，さまざまな現象を説明，理解，予測するための因果的説明の枠組みとなっていることが注目されるようになってきています。日常生活で出会う諸現象に対して，それなりに一貫した解釈と予測をしていくうえで，素朴理論は実用的な価値を有していると考えることができるのです。

2 素朴物理学と素朴心理学

子どもが世界の諸側面に関してもっている知識を素朴理論としてとらえ，各領域ごとの理論の発達的変化を明らかにしようとする研究が，1980年代よりなされています。そのうち，素朴物理学と素朴心理学は，比較的早く乳幼児期に獲得されているだろうと考えられています。

素朴物理学の場合，物体の存在や物体同士の物理的因果関係など物理的性質について，乳児が理解していることがスペルキ (Spelke, E. S.) らの馴化・脱馴化法を用いた実験で明らかになっています。また，素朴心理学に関しては，「心の理論」とも呼ばれ，数多くの研究データから，幼児期ま

▷ 1 Clement, J. 1982 Students' preconceptions in introductory mechanics. *American Journal of Physics*, **50**, 66-71.

▷ 2 同上書

▷ 3 Spelke, E. S. 1990 Principles of object perception. *Cognitive Science*, **14**, 29-56.
馴化・脱馴化法については II-42 参照。

▷ 4 心の理論
⇒ II-51 参照。

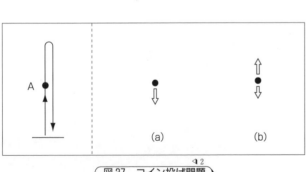

図37 コイン投げ問題

でにはほぼ獲得されているといえます。

物理的世界と心理的世界に関する知識は，自然環境のもと，かつ人同士がさまざまな関係をもちながら生きていくうえで必要不可欠なものです。その意味で，素朴物理学と素朴心理学が早くから獲得される必然性は高く，半ば生得的なものとして考えることは可能です。今後，こうした世界を認識するための「核となる知識（core knowledge）」[5]として，どのようなものが生得的にヒトに備わっているのかについて，さらに検討することが課題となっています。

③ 素朴生物学

○幼児期に素朴生物学は成立しているか

私たちの生活上，素朴物理学や素朴心理学と同様に重要なのは素朴生物学です。その獲得時期について，ケアリ（Carey, S.）は，幼児は素朴心理学と素朴生物学が未分化であり，素朴生物学が独自の領域として成立するのは10歳頃としました[6]。彼女によると，幼児は生物と無生物を区別できず，生物学的現象を心理的な理由で説明するとみなされています。

それに対して，稲垣[7]や稲垣・波多野（Inagaki & Hatano）[8]は，質問内容を工夫して一連の実験を行い，6歳までには自律した領域として素朴生物学が成立していることを示しています。たとえば，目の色など遺伝的特徴は決して修正できず，身体的特徴（例：やせている）や心理的特徴（例：忘れっぽい）は変えられる場合があると4～5歳児は考えています。しかも，身体的特徴の変化のためには食物摂取，心理的特徴の変化には意志や努力が必要と考えており[9]，生物学的現象と心理的現象を明確に区別していることがわかります。

○生気論的生物学

ただ，幼児期の素朴生物学は，私たち大人のものとは違いもあるようです。「息をして空気を吸うのはなぜか」と問われて，私たちは「肺で，酸素を取り入れ，二酸化炭素を出すため」と答えます。それに対して，幼児は「胸のところが，吸い込んだ空気から元気の出る力をとるため」といった内容の説明を選ぶことが多いのです[10]。稲垣・波多野は，こうした説明を生気論的因果による説明としています[11]。これは当人の意志といった心理的原因にもとづく説明ではなく，肺という臓器に行為主体的性格を割り当てて，臓器の機能を説明しようとしたものであることに特徴があります。

素朴生物学が科学的生物学に変化するのは学齢期以降となりますが，ここで重要なのは日常生活における経験を通して，幼児自身がこうした素朴理論を自ら構成したことです。身のまわりの生物との出会いや，自分自身の身体をめぐる経験から，幼児は生物に関するまとまりをもった理論を作りあげるのです。それは，われわれ人類が長い歴史をかけて，さまざまな領域を分化させつつ科学を築いてきた道のりに匹敵するものといえるかもしれません。（木下孝司）

▷5 Spelke, E. S. 2000 Core knowledge. *American Psychologist*, **55**, 1233-1243.

▷6 Carey, S. 1985 *Conceptual change in childhood*. Cambridge, MA: MIT Press.（小島康次・小林好和訳 1994 子どもは小さな科学者か ミネルヴァ書房）

▷7 稲垣佳世子 1995 生物概念の獲得と変化——幼児の素朴生物学をめぐって 風間書房

▷8 Inagaki, K., & Hatano, G. 1993 Young children's understanding of the mind-body distinction. *Child Development*, **64**, 1543-1549.

▷9 同上論文（▷8）

▷10 同上論文（▷8）

▷11 生気論的因果
生気論とは一般に，生命現象には物質的な原理だけでは説明できない，特有のエネルギーないしは活力が宿っているという考え方。この考えは，古くはアリストテレスのプシュケーの概念にもみられるが，近代自然科学の発展のなかで否定されていくことになる。

II 認知発達の時期

 概念発達：物事のとらえ方のちがい

概念達成と概念形成

　概念とは，個々の事物に共通する性質を抽象し，まとめあげることによって作られる内的表現のことです。その内的表現の作られ方によって，概念達成と概念形成に区分されます。アメリカの認知心理学者ブルーナー（Bruner, J. S. 1915- ）によれば，概念達成（concept attainment）とは，すでに学習された枠組みとしての手がかり次元にもとづいて新しい経験をカテゴリー化し，手がかり次元の組み合わせとして概念を構成することを指します。彼は，カードを分類する基準を発見する概念達成課題において，いくつかの理念的方略を見出しました。その１つである走査法では，概念規定条件としての仮説を一部ずつ，あるいは全仮説同時に吟味します。一方で焦点法では，事例を構成する手がかり次元が概念規定に関連するかどうかを吟味します。以上のように手がかり次元がすでにわかっている概念達成に対して，手がかりの範囲が未知であり，認知的枠組みの習得も含めて概念を構成しなければならない場合は概念形成（concept formation）と呼ばれ，両者が区別されています。以下では，概念形成に焦点をあてて，その発達プロセスをみてみることにしましょう。

2 概念の表象のされ方

　概念は心的にどのように表象されているのでしょうか。概念発達研究においても，いくつかの異なる立場があります。具体的な例として，「おじ（uncle）」という概念をもとに考えてみましょう（図38参照）。
　まず定義的特徴による表象では，辞書の定義のように，ある事例が概念を構成する事例であるかどうかを判断するための必要十分条件として表象されます。次に，確率的表象では，ちょうど百科事典の項目の説明のように，概念といくらか関連すると予想される多くの属性が表現されます。さらに理論にもとづく表象では，要素間の因果関係の表現が重視されます。以下，この３つの区分にもとづいて概念発達のプロセスについて概観しましょう。

3 概念発達のプロセス

○確率的表象

　３つのタイプの表象のうち，最も早く発達すると考えられるのが，確率的表

▷1 Siegler, R. S. 1998 *Children's thinking* (3rd ed.). Upper Saddle River, NJ: Prentice Hall.

▷2 Eimas, P. D., & Quinn, P. C. 1994 Studies on the formation of perceptually based basic-level categories in young infants. *Child Development*, **65**, 903-917.

▷3 Bomba, P. C., & Siqueland, E. R. 1983 The nature and structure of infant form categories. *Journal of Experimental Child Psychology*, **35**, 294-328.

象です。確率的表象に関する理論では，まず，対象が概念の事例であるか判断する際に，ある属性（手がかり）をもつことがどれだけ決め手になるかという意味での，手がかりの妥当性（cue validity）に着目します。たとえば，ほとんどの鳥は飛び，鳥以外のほとんどのものは飛ばないので，飛ぶことは，ある対象が鳥であると判断するための妥当性の高い手がかりであると考えます。次に，概念の階層に3つのレベル（上位，基本，下位）を設定します。基本レベル（basic-level）に対応する概念（例：椅子）は上位レベルの概念（例：家具）に比べて妥当性の高い手がかり（例：脚，背，座面）をはるかに多くもち，一方で，下位レベルの概念（例：食卓の椅子）

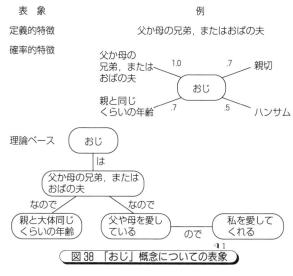

図38 「おじ」概念についての表象

になると，（他のタイプの椅子と区別できる）妥当性の高い手がかりは少なくなるため，基本レベルの概念が，最初に獲得されると想定されています。

乳児に対して馬の何枚かの写真を繰り返し見せた後に，他の馬の写真よりも（馬とは異なる基本レベル概念である）キリンの写真を見せた方が注視時間が長くなることから，基本レベルのカテゴリーが乳児でも形成可能であるとされています。また，乳児がプロトタイプ（妥当性の最も高い手がかりを有する事例）を識別することも，注視時間を指標とした研究により示されています。

〇 理論にもとづく表象

理論にもとづく表象は，発達とともに精緻化され，より広範囲の事実を説明できるようになります。そのうち早期に発達すると考えられているコア理論が，無生物，人間，生物に関する3つの素朴理論です。その3つの理論では，因果関係の推理の仕方が異なります。たとえば，ある対象がなぜ動くかを問われたとき，小石のような無生物の場合は他のものとの物理的接触が，また人間の場合は主としてその人の意図が原因となっていると考えます。一方，鳥のような生物の場合は，冬になると渡り鳥が南下する場合のように，種の維持を原因として考える場合もあるでしょう。発達的には，無生物，人間，生物に関する素朴理論は順に，乳児期から幼児期にかけてみられ始めるとされています。

〇 定義的特徴による表象

定義的特徴による表象は，主に幼児期から児童期にかけて形成されます。たとえば，ある記述が「島」を表しているかどうかを判断する際に，9歳児は5歳児に比べて，島に関連しそうな情報（常夏でヤシが自生している）よりも，島の定義的特徴（周囲を海に囲まれている）に依拠して判断する傾向がみられます。一方で，二者択一で「似ているもの」を尋ねることで，1歳児でも定義的特徴を区別できるとする研究もみられますが，少なくとも幼児が定義よりもテーマで事物を関連づけることを好む傾向はみられるでしょう。

（藤村宣之）

▷4 Wellman, H. M., & Gelman, S. A. 1998 Knowledge acquisition in foundational domains. In D. Kuhn, & R. S. Siegler (Eds.), *Handbook of child psychology* (5th ed.) Vol. 2: *Cognition, perception, and language.* New York: Wiley. pp. 523-573.

▷5 Keil, F. C., & Batterman, N. 1984 A characteristic-to-defining shift in the development of word meaning. *Journal of Verbal Learning and Verbal Behavior,* **23**, 221-236.

▷6 Bauer, P. J., & Mandler, J. M. 1989 Taxonomies and triads: Conceptual organization in 1- to 2-year-olds. *Cognitive Psychology,* **21**, 156-184.

II 認知発達の時期

 因果的推論：原因と結果の関係を見出す

 因果的推論とは

　2つの事柄の間に原因と結果の関係を見出すことを因果的推論（causal inference）といいます。ある事柄の原因を推測したり，逆にある事柄の結果を予測したりすることも因果的推論には含まれます。たとえば，子どもがおもちゃを分解して，動く仕組みを調べようとしたりすることも，「どうして犬は吠えるの？」のように「なぜ」についての質問を投げかけたりすることも，因果的推論の表れと考えられるでしょう。

　イギリスの哲学者ヒューム（Hume, D. 1711-1776）は，2つの事象が因果的に関連していると人間が推論するときには次のような3つの特徴があると考えました。第1は，2つの事象が時間的にも空間的にも近いところで生ずること（近接性）です。第2は，原因と考える事象が結果と考える事象よりも先に生ずること（先行性）です。第3は，その2つの事象がともに生ずることが以前から一貫してみられること（共変性）です。

　子どもは，いつ頃からこれらの特徴にもとづいて因果関係を推測するようになるのでしょうか。乳幼児を対象とした研究からみてみましょう。

2 乳幼児の因果的推論

　まず，1歳頃までに，時間的・空間的近接性にもとづいて因果関係を推論することが可能になります。生後6カ月から10カ月の乳児に対して，動いている物体が止まっている物体に衝突し，止まっていた物体が動き出すという映像を繰り返し見せました。その後で，止まっていた物体が衝突より前に動き出す映像（空間的近接性からの逸脱）や，止まっていた物体が衝突後，しばらくしてから動き出す映像（時間的近接性からの逸脱）を見せたところ，それらの映像に対する乳児の注視時間が長くなりました。そうした逸脱が乳児を驚かせたことから，乳児は時間的・空間的近接関係にもとづいて因果関係を推論していると考えられています。

　次に，5歳頃までに，事象の順序性にもとづいて因果関係を推論できるようになります。3～5歳の幼児に対して，びっくり箱のような装置を使って，一方の穴にビー玉を入れる→ある場所から人形が飛び出す→他方の穴にビー玉を入れるという出来事を示しました。そこで，どうして人形が飛び出したのかを

▷1　Leslie, A. M.　1982　The perception of causality in infants. *Perception*, **11**, 173-186.

尋ねたところ，3歳では人形が飛び出した後にビー玉を入れたことに言及する場合もありましたが，4, 5歳ではほぼ確実に，人形が飛び出す前にビー玉を入れたことを指摘しました。このことから，時間的に先行する事象を後続の事象の原因として推測することが5歳頃までに可能になると考えられています。

最後に，8歳頃になると，事象の共変性にもとづいて因果関係を推論できるようになります。緑とオレンジに色分けされた箱に1つずつ穴があいており，緑色の方の穴にビー玉を落とすと5秒後に隣接した別の箱のベルが鳴ります。オレンジ色の方の穴にビー玉を落としてもベルは鳴りません。このような状況を観察させたうえで，緑色の穴にビー玉を落とした5秒後にオレンジ色の穴にビー玉を落とすと直後にベルが鳴るという場面を示し，どうしてベルが鳴ったのかを尋ねました。その結果，7歳頃までの子どもは時間的に近接している，オレンジ色の穴にビー玉を入れたことを指摘しました（箱どうしがゴム管でつながれているという，時間的遅れをもたらす物理的手がかりが示されている場合には，緑色の穴にビー玉を入れたことを指摘できました）。それに対して，8歳児や大人は，そのような手がかりがなくても，共変関係に着目して，5秒前に緑色の穴にビー玉を入れたことが原因であることを指摘できました。このように，他の要因と拮抗する関係にある場合でも，共変性にもとづいて因果的推論ができるようになるのは児童期に入ってからだと考えられています。

3 因果的推論と素朴理論

子どもの言葉による反応を重視した研究，たとえばピアジェによる発達研究では，因果性は具体的操作期という児童期の思考の特質としてとらえられ，それ以前の思考は，アニミズム的思考のように前因果として考えられてきました。その後の，乳幼児に対する実験・観察方法の開発により，②で示したように，因果的推論は乳児期の早期から可能であることがわかってきています。そこで指摘されている「推論」と言葉を用いた「推論」とを区別する必要はありますが，少なくとも因果に関する適切な思考の枠組みが乳幼児期を通じて形成されてきていることは重要でしょう。

また，因果的推論は，各領域における素朴理論（naive theory）の研究においても，その中核をなす思考の枠組みとして発達的検討がなされてきています。たとえば，素朴生物学の場合には，幼児期から児童期にかけて，意図的因果説明（息をして空気を吸い込むのは，さっぱりしたいい気持ちになりたいから）から，生気論的因果説明（胸のところが空気から元気の出る力をとりいれるから）を経て，機械論的因果説明（肺で酸素といらなくなった炭酸ガスをとりかえるため）へと変化していくことが指摘されています。素朴理論では因果的推論は領域固有とされていますが，領域間での共通性を探ることで，より広範な認知発達のメカニズムが明らかになると思われます。

（藤村宣之）

▷2 Bullock, M., & Gelman, R. 1979 Preschool children's assumptions about cause and effect : Temporal ordering. *Child Development*, **50**, 89-96.

▷3 Mendelson, R., & Shultz, T. R. 1976 Covariation and temporal contiguity as principles of causal inference in young children. *Journal of Experimental Child Psychology*, **22**, 408-412.

▷4 ⇒ I-7 参照。

▷5 ⇒ II-60 参照。

▷6 Inagaki, K., & Hatano, G. 1993 Young children's understanding of the mind-body distinction. *Child Development*, **64**, 1534-1549.

II 認知発達の時期

63 方　略：問題解決のプランとスキル

1 方略とは

　ある特定の目標を達成するためのさまざまな手続きを，方略（strategy）といいます。心理学の領域で方略という言葉を最初に用いたのは，アメリカの認知心理学者ブルーナー（Bruner, J.S. 1915- ）です。彼は，カードを分類する基準を発見する概念達成課題において，呈示された事例から概念を規定する条件に関する情報を収集する仕方について，方略と名づけました。

▷1　概念達成については，II-61 参照。

2 アルゴリズムとヒューリスティックス

　問題解決のための方略は，アルゴリズムとヒューリスティックスに大きく区分されます。アルゴリズム（algorism）とは，たとえば割り算の筆算のように，正しく適用されると時間はかかっても最終的には正解に到達することのできる一連の手続きを指します。これに対してヒューリスティックス（heuristics）とは，たとえば幾何の証明問題で頂点を結ぶ補助線を引いてみるように，必ずしも正解に到達するとは限らないが，うまくいった場合には短い時間で問題が解決される方針や手続きを指し，発見的方法とも呼ばれています。

　たとえば，"htye" という4つの文字を組み合わせて単語を作るアナグラム課題に対する方略で両者の違いをみてみましょう（答えは they になります）。4文字の順列（4！＝24通り）を1つひとつ調べる方略は時間がかかりますが，そのなかに答えは必ず見つかります。これがアルゴリズムです。一方，「h が最初にくるときに次にくるのは母音の e だろう」，「th を固定して考えよう」のように英単語にみられる一定の規則性にもとづいた方略で考えることも多いでしょう。これがヒューリスティックスです。

　ヒューリスティックスには，アナグラム課題のような特定の課題にのみ適用可能な方略（領域固有の方略）と，目標状態から出発し，その状態が成り立つ条件を調べていく方略（後ろ向きの解決）や，現在の状態と目標状態を比べて，その差異が最も小さくなる手段を選択する方略（手段―目的分析）のように，さまざまな領域の問題解決に用いられる方略（領域一般の方略）があります。

3 方略の発達

　子どもは自分自身でどのような方略を用いるのでしょうか。アメリカの認知

表12 各学年で用いられた足し算方略の割合（％）

学年	方略				
	検索	最小(min)	分解	1からの計数	推測や無答
幼稚園児	16	30	2	22	30
小学1年生	44	38	9	1	8
小学2年生	45	40	11	0	5
全体	35	36	7	8	14

心理学者シーグラー（Siegler, R. S.）は，幼児園児，小学1，2年生に対して，6＋9のような足し算の問題を与え，その方略を分析しました[2]。表12は足し算に対するさまざまな方略が用いられた割合を示しています。検索とは，計算結果が長期記憶に保存されている場合にそれを答えとして引き出すことです。最小（min）とは，たとえば6＋9を9＋6と逆転させ，9から順に10，11，12，13，14，15と6回数える効率的な方法を指します。分解とは，6＋9を「6＋10＝16，9は10より1小さいので16－1＝15」とするように，計算を単純な過程に分ける方法です。1からの計数（count all）とは，6＋9を1，2，…，6，7，…，15とすべて数えて答えを出す方法です。そして推測とは当て推量に答えを言う場合を指します。表12から，幼稚園児から小学2年生にかけて検索と分解が大きく増加する一方で，1からの計数と推測・無答が急速に減少し，最小方略は徐々に増加することがわかります。また，同じ学年でも子どもによって多様な方略が用いられるだけではなく，1人の子どもが易しい問題には検索を，難しい問題では他の方略を用いるなど難易度に応じて多様な方略を使い分けていること（方略の多様性と適応的選択）も報告されています[3]。

❹ 方略の発見

子どもは新たな方略をどのように発見するのでしょうか。足し算に関する最小方略の発見過程を検討するために，4，5歳児8名に対して1週間に3回，11週間にわたって足し算の課題が与えられ，その解決過程が分析されました[4]。このように方略の発見が予測される一定期間，集中的に課題を与えて観察を行う方法はマイクロジェネティック・アプローチと呼ばれています。分析の結果，最小方略の発見は，1からの計数など既有の方略で正答できている場合にも起こること，最小方略が発見された後でも，以前から用いていた効率的でない方略が依然として用いられることなどが明らかになっています。

子ども自身が構成する方略には，手続きに関する知識のほかに，概念に関する理解，それらに対するメタ認知なども反映されます。子どもの方略を詳細に観察することで，手続き的知識，概念的理解，メタ認知などを評価することができると同時に，学校教育などの場面で子どもの方略に働きかけることで，それらの心理的要素を改善していくことも可能でしょう。

（藤村宣之）

[2] Siegler, R. S. 1987 The perils of averaging data over strategies : An example from children's addition. *Journal of Experimental Psychology: General,* **116**, 250-264.

[3] Siegler, R. S. 1996 *Emerging minds : The processes of change in children's thinking.* New York: Oxford University Press.

[4] Siegler, R. S., & Jenkins, E. 1989 *How children discover new strategies.* Hillsdale, NJ: Lawrence Erlbaum Associates.

II 認知発達の時期

プラニング：目標に向かって

▷1 ハノイの塔
梵天の塔ともいい、インドの仏話に由来している。

▷2 ハノイの塔の問題はこのように考えると、n枚の円盤の場合に（2^n-1）回で移すことができる。5枚の場合は、31回が最少の移動回数となる。

▷3 ハノイの塔を具体的操作期の8〜11歳の児童に試行した場合、円盤が2枚の場合はほとんど正答したが、3枚の円盤になると解決が困難になることが示されている。Byrnes, M. M., & Spitz, H. H. 1977 Performance of retarded adolescents and non-retarded children on the Tower of Hanoi Problem. *American Journal of Mental Deficiency,* **81**(6), 561-569.

1 ハノイの塔

ハノイの塔[▷1]という問題があります。図39にあるように、3本の棒があって、その左端の棒に下にいくほど大きくなっている円盤が5枚載っているものを見せます。そして、その5枚の円盤すべてを中央の棒に移し替えさせるという課題です。しかしそれを行う際には2つの条件があります。1つは、1回に1枚の円盤しか動かせないこと、2つは小さい円盤の上に大きい円盤を載せてはいけないということです。みなさんは、どのようにこの問題を解決するでしょうか。

このように、目標をもっているが、その目標への到達がすぐにわからない場面で、目標に到達する手段や方法を見出すことを、問題解決（problem solving）といいます。そして、問題解決のために、目標を達成するために行う大まかな操作の順序を立て制御することを、プラニング（planning）と呼びます。ハノイの塔は、初期状態（左端の棒に5枚円盤が載っている）と目標状態（中央の棒に5枚円盤が載っている）、そして、初期状態を目標状態へ変化させる手段（操作子）とその適用条件（1回に1枚の円盤しか動かせない、小さい円盤の上に大きい円盤を載せない）がすべて明確になっています。日常生活では、このような、よく定義された（well-defined）問題ばかりではありません。医学のように豊かな知識を前提として必要とする問題もあれば、解決のための知識が問題中に含まれていないものもたくさんあります。しかし、ハノイの塔のようなよく定義された問題は、プラニングの内容や発達を知る際には多くのことを教えてくれるのです。

2 プラニングの内容

では、ハノイの塔をみなさんはどのように解きますか？ 問題解決の有力な手段が見つからない場合は、とりあえず条件にもとづいて手探りでやってみる試行錯誤（trial and error）もあるでしょう。しかしそれは、プラニングではありません。プラニングとしては、大きく分けて2つの種類があることが知られています。一つは、初期状態から行う可能な状態をすべて出し（最小の円盤を真ん中の棒に移すか右端の棒に移す）、その各々から次に

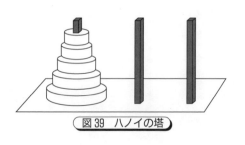

図39 ハノイの塔

行いうる可能な状態をすべて出し（最小の円盤を右端に移した場合でいえば，最小の円盤を真ん中に移す，左端に移す，2番目に小さい円盤を真ん中に移す，左端に移す，の4通り）……ということを順に行うものです。これは，手順に従えば必ず問題解決にたどり着ける方法であり，そういった手続きをアルゴリズム（algorism）といいます。しかしそれでは膨大な手続きと時間を必要としてしまいます。

それに対しもう1つは，目標に必ず到達できるとは限らないが，効果的に問題を解決する可能性の高い方法から用いるものです。こういった方法を，ヒューリスティックス（heuristics）といいます。たとえば，目標状態に直接たどり着く方法はわからないので，その下位目標を考えます。小さい円盤の上に大きい円盤を載せられない条件なので，目標状態の手前では，1番大きい円盤が中央の棒に載っている状態を作ることが，1つの下位目標になります。そうすると，1番大きい円盤の上に載っている4枚の円盤が邪魔になるので，それを中央の棒以外に移動させなければいけません。そのためにはまず2番目に大きい円盤を左端以外の棒に移さなければいけない……。このように，下位目標を設定することで，そこに近づける手段（操作子）を見つけていくやり方を，手段―目的分析（means-ends analysis）と呼びます。日常生活では，限られた時間と労力のなかで効果的に問題解決を行う必要があり，その意味ではこの方法をプラニングとして用いる方が多いと考えられます。

3 プラニングの発達と障害

それでは，プラニングはどういった能力をもとにいつ頃から獲得されていくのでしょうか。さまざまなプラニングを想定した場合，一般には，ピアジェのいう形式的操作期で可能になると考えられます。なぜならこれは，具体物に拠らない仮説演繹的な論理的思考を必要とするからです。しかし，ハノイの塔の課題も，円盤の枚数を減らすとより低年齢の子どもでも解決できることが知られています。これは，問題解決の筋道をたてようとするプラニングが，具体的操作期に獲得する，時間や空間を基準にもとづいて順序だてる系列化（seriation）や，プランにもとづいて行動を調整する際の手段となる内言の形成などの獲得によって，より単純な形では成立することを示しているのです。

一方，行動のプラニングをしたうえで，そのプランに照らして不適切な反応を抑制しつつ行動をコントロールし，課題を遂行する認知機能は，近年，実行機能（executive functioning）として取り上げられてきました。この実行機能の障害は，大脳の前頭前野の損傷による高次脳機能障害や，自閉スペクトラム症，AD/HDなどにおいてよくみられ，プラニングの障害を示すものとして注目されてきています。

（別府 哲）

▷4 系列化
ピアジェが，具体的操作期の指標の一つとしたものが，この系列化である。具体的には，10本の長さの異なる棒をばらばらにして与え，それを長さの順に並べさせる課題を行う。3～4歳の子どもは，大小の対をいくつか作ったりすることしかできないが，5～6歳になると試行錯誤しながら長さの順に並べられるようになる。しかしそこで11本目の棒を渡し，出来上がった10本の系列の中に挿入するようにいうと，それはできない。これができるためには，11本目の棒（これをBとする）が適切に入る場所の直前の短い棒（A）よりは長いが，その直後の長い棒（C）よりは短いという，二重の関係（B＞A，かつB＜C）を理解する必要があるからである。この挿入もできるようになるのは具体的操作期になってからなのである。

【参考文献】
近藤文里 1989 プランする子ども 青木書店
道又爾・北崎充晃・大久保街亜・今井久登・山川恵子・黒沢学 2003 認知心理学――知のアーキテクチャを探る 有斐閣

II　認知発達の時期

リテラシー：読み書きする能力

1　リテラシー

　リテラシーとは，狭い意味では文字を読み書きする能力を指しますが，一般には，意味をともなった語，文，文章を含めて読み書きする能力を指します。さらに広く，計算能力や各種メディアを利用する技能（コンピュータリテラシー，メディアリテラシーなど）を含める場合もありますが，ここでは，読み書きに限定して，その発達のプロセスや世界におけるリテラシー（識字）の現状をみてみましょう。

2　ひらがなの読み書きの発達

　ひらがなの読み書きは，小学校に入学する前の幼児期から一定の発達がみられます。幼児を対象にした調査では，ひらがなの清音・撥音・濁音・半濁音71字の読字率は4歳から5歳にかけて上昇し，小学校の入学前の5歳10カ月には，平均して90％以上の文字が読めています。一方で，71字のうちで字形と筆順を正しく書いた字の割合は5歳9カ月になると50％を超えます。幼児期の読み書きの個人差は大きいですが，少なくとも一字ずつのひらがなの読みについては，就学前にほぼ成立しているようです。また，このような，ひらがなの読みの習得の基礎には，かな単語を音節に分ける音節分解や，単語のなかの音節を取り出して言う音韻抽出といった音韻的意識の発達があることが指摘されています。
　ひらがなの読みに比べると幼児期での発達が限定的であった，ひらがなの書きは，小学校入学とともにどのように進むのでしょうか。幼稚園年長児から小学校1年生にかけての詩の一部の視写過程を縦断的に検討した研究では，小学校入学とともに急速に書字速度が速まり，幼児期に女児が男児に先行する形でみられた性差も1年生の9月にはみられなくなります。また書字の能力が発達するにつれて，「字が読める（書ける）といいことがあるか」という質問に対して，「字がたくさん書いてある本が読めるからいい」のように，文字の道具的価値を答えるようになります。小学校入学後の体系的な国語学習は，かな文字の習得を急速に進め，文字に対する意識を変化させるようです。

3　一次的ことばと二次的ことば

　幼児期から児童期にかけてのことばの変化は，小学校で読み書きの組織的な指導が行われることから，従来，話しことばから書きことばへの変化ととらえ

▷1　計算や数に関する能力については，II-66参照。

▷2　島村直己・三神廣子　1994　幼児のひらがなの習得——国立国語研究所の1967年の調査との比較を通して　教育心理学研究，**42**，70-76.

▷3　天野清　1986　子どものかな文字の習得過程　秋山書店

▷4　内田伸子　1989　物語ることから文字作文へ——読み書き能力の発達と文字作文の成立過程　読書科学，**33**，10-24.

られてきました。これに対して，岡本は，具体的な事柄について，状況の文脈に頼りながら，1対1の直接会話の形で展開される一次的ことばと，現実場面を離れたところで，ことばだけの文脈に頼って，不特定多数の聞き手に対して伝達される二次的ことばとを区別し，幼児期から児童期にかけて前者から後者への移行がみられるととらえています（図40参照）。

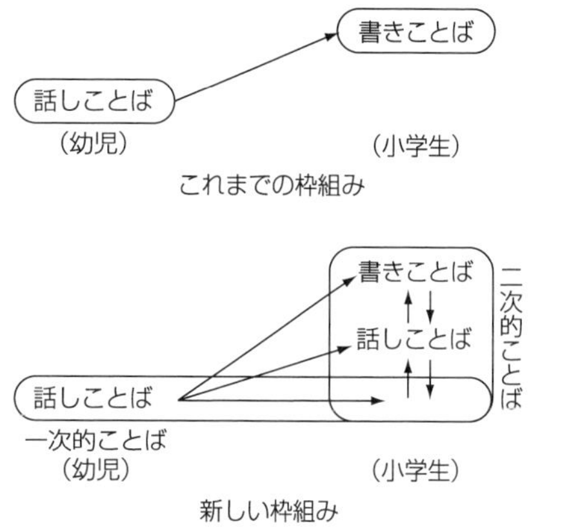

図40　幼児期から児童期にかけてのことばの展開

一次的ことばは話しことばであるのに対して，二次的ことばには話しことばと書きことばが含まれます。また，一次的ことばは二次的ことばへの移行によって消失するのではなく，二次的ことばの影響を受けて一次的ことば自体が深まりをみせます。このように児童期に入ると，単に表記としての書きことばが獲得され始めるだけではなく，一次的ことばとしての話しことば，新たに獲得される二次的ことばとしての話しことばと書きことばの三者が相互に関わりあいながら，重層的に展開していくと考えられます。このような重層的構造を考慮した場合，小学校低学年の発達を支援する際には，書きことばの正確さのみを求めるのではなく，一次的ことばで話される生活経験の充実，二次的ことばとしての話しことばを用いたクラスでの意見の発表や，交流にも配慮することが大切でしょう。

児童期中期（小学校中学年）になると，一般に二次的ことばが獲得されます。たとえば，語が文脈を離れて語彙として独立することで，「鳥」という語を上位概念（動物や生物）と関連づけたり，身体器官に言及したりしながら説明することができるようになります。一方で，二次的ことばの獲得には個人差も大きく，先述の重層的展開にも考慮しながら発達を支援していく必要があります。

❹ 世界の識字状況

読み書きの発達に関して，日本における全般的な傾向を示してきましたが，その傾向が他の国にも同様にみられるわけではありません。ユネスコでは「日常生活で用いられる簡単で短い文章を理解して読み書きできること」を，識字（literacy）の定義としていますが，2015年の推計で全世界に約7億8,000万人の成人の非識字者がいることが報告されています。そのうちの約3分の2が，インド，中国，バングラデシュ，パキスタン，インドネシアといったアジア・太平洋地域に暮らしており，たとえばインドの場合，2000～2006年の成人の識字率（literacy rate）は，男性76％，女性53％にとどまっています。成人（特に成人女性）の識字率の低さは，社会的・経済的な不利益だけでなく，子どもの就学率の低さなどとも関連しています。子どもの識字状況の改善だけでなく，親の世代の識字率の向上が発達環境の改善の観点からも求められます。

（藤村宣之）

▷5　岡本夏木　1985　ことばと発達　岩波書店

▷6　国立国語研究所　1982　幼児・児童の概念形成と言語　東京書籍

▷7　⇒ II-67 参照。

▷8　世界の識字状況については，以下のサイトを参照。
http://www.unesco.or.jp/terakoya/issue/

▷9　アジア・太平洋地域の識字の状況と問題点については，以下のサイトを参照。
http://www.accu.or.jp/shikiji/

II 認知発達の時期

ニュメラシー：基礎的な計算能力

1 ニュメラシー

ニュメラシー（numeracy）とは，基礎的な計算能力のことです。読み書き計算（3R's）のうち，読み書きの部分はリテラシーと呼ばれるのに対し，計算の部分は，ニュメラシー，または数学的リテラシーと呼ばれています。ここでは，認知発達や教育との関わりでニュメラシーの内容についてみてみましょう。

2 カウンティングと数概念

数に関する基礎的な能力の1つに，数を数えるというカウンティング（計数）があります。カウンティングは学校教育を経験する以前から，日常経験をもとに発達し，以下の5つの発達段階があるとされています。第1段階は，数と数を区別せず，数の系列を機械的に記憶している段階です。第2段階になると，1対1対応がわかり，1，2，3と上昇方向に数を唱えることができます。さらに第3段階になると，1からある指定した数まで上昇方向に数を唱えることができます。そして第4段階では，ある数から別の数までの上昇方向の数唱や，下降方向への数唱が可能になります。最後の第5段階では，数えた個数を短期記憶にとどめることで，自由に数を扱えるようになります。

このようなカウンティングの発達は簡単な加減法の基礎をなすものであり，幼児期から児童期にかけて，足し算や引き算に関するさまざまな方略の発達がみられます。また，このようなカウンティングに関する枠組み（スキーマ）と，2つの量を比較する枠組み（スキーマ）は，4歳頃までにそれぞれ獲得されますが両者は関連づけられておらず，6歳頃になると，この2つの枠組みが統合されて一つの心的数直線が構成されると考えられています。この内的な数直線を利用することで，「7と9ではどちらが大きいですか」といった簡単な整数を比較する質問に答えられるようになります。以上のように，幼児期の日常経験を通じてカウンティングや数の基礎的概念は内的に成立してきており，学校教育で体系的に数を導入する準備状況が整ってきているといえます。

3 桁数の多い計算

桁数の多い足し算や引き算（たとえば，207−128）には繰り上がりや繰り下がりが含まれる場合が多く，誤りも多くみられます。引き算のバグ（bug）に

▷1 リテラシー（literacy）については，II-65 参照。

▷2 Fuson, K. C. 1988 *Children's counting and concepts of number.* Springer Verlag.

▷3 足し算に関する方略については，II-63 参照。

▷4 Case, R., Okamoto, Y., Griffin, S., McKeough, A., Bleiker, C., Henderson, B., & Stephenson, K. M. 1996 The role of central conceptual structures in the development of children's thought. *Monographs of the Society for Research in Child Development,* **61** (Serial No. 246).

▷5 バグ
コンピュータプログラムに巣くう，欠陥を起こさせる「虫」という意味が語源で，計算の誤りを引き起こすものをいう。

▷6 Brown, J. S., & Burton, R. R. 1978 Diagnostic models for procedural bugs in basic mathematical skills. *Cognitive Science,* **2**, 155-192.

ついての研究では，計算手続きに関する多くのバグの存在が示されており，その生成プロセスが，以下に示すような間に合わせ理論（repair theory）によって説明されています。

一般に，2桁以上の引き算の筆算には，①1つの縦の列の中で引き算をする，②引けないときは左隣の列から1借りてくる。③左隣の列の上段が0のときはさらにその左隣の列から1借りてくるという下位手続きが含まれます。たとえば，425－283の計算で②の手続きを忘れた場合には，十の位で行き詰まります。そこで，「次の位にとぶ」という間に合わせヒューリスティックス（repair heuristics）を用いた場合には，22という誤答が生まれ，また，「（十の位の）数を入れかえる」という間に合わせヒューリスティックスを用いた場合には，262という誤答が生まれます。このように認知発達の観点からみると，計算の誤りには，子どもなりの自生的なルールが含まれていることが多いといえます。

▷7 Brown, J. S., & VanLehn, K. 1980 Repair theory: A generative theory of bugs in procedural skills. *Cognitive Science*, **4**, 379-426.

▷8 ヒューリスティックス（発見的方法）については，⇒II-63参照。

❹ ニュメラシーの国際比較

ニュメラシーに関連して，算数に関する基本的な知識やスキルの国際比較を行った調査では，日本を含む東アジアの国々の成績が高いことが報告されてきています。たとえば，2011年に50の国または地域の小学校4年生を対象に実施された，国際数学・理科教育動向調査（TIMSS：Trends in International Mathematics and Science Study）では，日本の児童の算数の順位は，シンガポール，韓国，香港，台湾についで5位であり，国際平均を有意に上回っています。しかしながら，1つひとつの課題とその正答率をみてみると，日本の児童のニュメラシーが必ずしも全般的には高くないことがうかがえます。たとえば，多肢選択で計算スキルを問う課題として，午前8時45分に駅を出発した列車が2時間18分後に目的地に着いたときの列車の到着時刻を（①午前11時15分，②午前11時13分，③午前11時03分，④午前10時53分）から選ばせる課題があります（正答は③）。この課題に対する日本の児童の正答率は69％で，国際平均正答率（52％）を有意に上回っていました。一方，概念的理解を自由記述で問う課題として，直角三角形と二等辺三角形を図示し，二つの図形の同じところを記述させる課題（正答は，「両方とも三角形である」「どちらも辺が3つある」など）があります（TIMSS2007年調査）。この課題に対する日本の児童の正答率は49％で，国際平均正答率（49％）との間に統計的に有意な差はみられませんでした。

以上のように，日本の児童のニュメラシーや数学的リテラシーの特質として，計算や典型的な文章題のように，手続き的知識・スキルを適用して定型的問題（routine problem）を解決する力（「できる学力」）は国際的に高い水準にありますが，多様な知識を関連づけて思考し，概念的理解を要する非定型的問題（non-routine problem）を解決する力（「わかる学力」）は国際的にみてそれほど高い水準にはないことがうかがえます。

（藤村宣之）

▷9 国立教育政策研究所編 2013 算数・数学教育の国際比較（国際数学・理科教育動向調査の2011年調査報告書：TIMSS2011）明石書店

▷10 国立教育政策研究所編 2008 TIMSS2007 算数・数学教育の国際比較──国際数学・理科教育動向調査の2007年調査報告書

▷11 藤村宣之 2012 数学的・科学的リテラシーの心理学──子どもの学力はどう高まるか 有斐閣

II 認知発達の時期

9歳の壁：小学校中学年の発達と教育

1 9歳の壁とは

小学校の教育では，学年の進行とともに授業についていけない子どもの数が増加することが報告されています[▷1]。特に小学校中学年（9，10歳）頃に学力の個人差が拡大し，その学年に期待される学力を身につけていない子ども（学習遅滞児）の数が増加する現象は，教育現場で9歳の壁と呼ばれてきました。

○「9歳の壁」が提起された経緯

「9歳の壁」に関する指摘がはじめてなされたのは，聴覚障害児に対する教育の分野です。1960年代の半ばに，知的能力の面では障害をもたない聴覚障害児が小学校中学年以上の教材に対して困難を示すことが「9歳レベルの峠」として表現され，その困難を克服させる指導の必要性が主張されました。小学校中学年以上の教材には言葉による抽象的思考を要する内容が多く含まれることから，聴覚に障害をもつ子どもに学習上のつまずきが顕著に生ずると考えられたのです。1970年代後半になると，障害をもたない小学生の場合でも中学年でつまずきが増加することが教育現場で指摘され，広く子どもの学力全般の問題を指して「9歳の壁」という用語が用いられるようになりました。

図41は，国立教育研究所（現，国立教育政策研究所）が1982年に小学校1～6年生約5,000名を対象として実施した国語・算数の学力調査のうち，各学年における算数の学習遅滞児の割合を示しています。この調査では，各学年で期待される国語・算数学力にもとづいて作成されたテストが全対象児に対して実施され，ある学年のある児童の得た得点が1学年下の児童の平均得点を下回ったときに1年遅滞した状態，2学年下の児童の平均得点を下回ったときに2年遅滞した状態とされました。特に3年生（9歳）から4年生（10歳）にかけて学習遅滞児の増加が顕著ですが，これは3年生の平均得点を下回る4年生が多いことを示しており，3年生での学習内容が定着していない場合が多いことがうかがえます[▷2]。

○「9歳の壁」をめぐる立場

「9歳の壁」をめぐっては，聴覚障害児に対する教育上の問題として提起されたという経緯を重視し，主に教育内容・方法上の問題としてとらえる立場があります[▷3]。小学校中学年以降の教科内容をみると，国語の場合には，ことばの内容や意味を別のことばで説明するような「ことばのことば化」が，算数の場合には，分数や比例のように2つの記号（数）の間の関係を別の記号（数）と

▷1 担任教諭に学力の遅れの程度を尋ねた研究として，次のようなものがある。
黒田直美・香川京子 1992 学習障害児と学業不振児 香川大学教育学部研究報告II，**42**，19-45．

▷2 国語，算数ともに2，3年生では遅滞児の割合はまだ低いが，学年の進行とともにその割合は増加し，6年生では国語で24.8％，算数で16.9％が1年以上の遅滞を示している。詳細については以下の文献を参照。
天野清・黒須俊夫 1992 小学生の国語・算数の学力 秋山書店

▷3 岡本夏木 1987 9歳の峠 東洋他編 教育の方法2――学ぶことと子どもの発達 岩波書店

して表現するような「記号の記号化」が含まれており，それらの抽象化の内容を明確にしたうえで低学年の教科内容とのつなぎを確実にする必要性が主張されています。一方で，「9歳の壁」を認知発達や人格発達の問題として，発達論の枠組みのなかでとらえる立場もみられます。発達論の立場をとる研究のうち，とりわけ小学校中学年を発達の質的転換期とみる研究を中心に，9，10歳という時期の発達的特質を次に考えてみましょう。

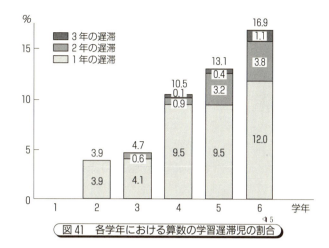

図41 各学年における算数の学習遅滞児の割合

2 9，10歳の発達的特質

「9歳の壁」に関して，長島と寺田は，10歳頃に発達の質的転換期があることを提起しました（児童期を中心とした年齢段階では，10歳以外に，7歳，13歳に発達の質的転換期があることが提起されています）。そこで主に根拠とされたのは鈴木ビネー検査の結果に対する潜在クラスの分析（検査の下位項目のデータについて潜在構造分析を行い，その結果から知的発達において異なる特徴をもつ複数の項目群（クラス）を見出す分析）ですが，ピアジェによる保存の研究（特に10歳頃に成立する重さの保存）や，描画表現の発達研究（見たとおりに描くという視覚的写実性が9歳頃を境に出現すること）の知見も考慮されています。

10歳の転換期で子どもが獲得するのは，「具体的事物，事象に関連しながら，しかも具体物からは直接的には導かれない，より高いレベルでの一般化，概念化された思考」です。たとえば，鈴木ビネー検査における図形記憶課題で，複雑な図形を「2つの四角を線でつないでいる」のように一般化，法則化して記憶することや，玉探し課題（草の生えた広い運動場を連想させ，そこに落としたボールを探す方法を考える課題）で，計画性をもった探し方ができるようになります。異なる視点からの見えを関連づけたり，遠近画法を用いて描いたりすることに代表されるような空間の構造化も，この質的転換期に関わっているといえるでしょう。

ピアジェの発達段階論によれば，9，10歳は具体的操作期の第2段階として，具体物に関する論理的思考が各領域で最大限に展開される時期であり，長島と寺田が10歳の質的転換期の特徴とする具体的事象の概念化も，それに関連しています。「9歳の壁」を単なる教育内容・方法上の問題として，また自生的な発達の問題としてのみとらえるのではなく，9，10歳の発達的特質である具体的事象の概念化を豊かに展開させ，次の段階への移行を導いていく1つの契機として小学校中学年の教育内容・方法のあり方を考えるといった，発達と教育に関する相互作用的なアプローチが必要でしょう。

（藤村宣之）

▷4 加藤直樹・川崎広和・森原都 1978 9，10歳頃の発達と教育に関する研究 障害者問題研究，**14**，22-32．

▷5 天野・黒須 前掲書より。

▷6 長島瑞穂・寺田ひろ子 1977 子どもの発達段階 秋葉英則他 小・中学生の発達と教育 創元社

▷7 詳細については以下の文献を参照。
生沢雅夫 1976 知能発達の基本構造 風間書房

▷8 2002年3月に標準化された発達検査（新版K式発達検査2001）では，図形記憶（2課題中1課題に正答）の通過年齢（通過率が50％に達する年齢）は8～9歳，「玉さがし」に類似した「財布探し」の通過年齢は9～10歳となっている。

▷9 具体的操作期の特徴については，Ⅰ-7 参照。

II 認知発達の時期

68 コンピュータ教育：新しい表現のツール

1 管理の道具から表現のツールへ

コンピュータのようなすぐれた汎用情報処理機器を教育や発達支援の分野に応用することは，現在では誰でも考えることでしょう。しかし，コンピュータ開発利用の歴史を振り返るとき，このことは決して自明ではありませんでした。コンピュータは，最初「国家による管理」の道具として作られましたが，その後の60年の間に，個人の思想表現のメディアへと大きく変貌してきたのです。

○コンピュータ前史

コンピュータの前身は，1890年のアメリカ合衆国の国勢調査のときにホレリス（Hollerith, H. 1860-1929）というエンジニアが実用化したパンチカード式作表機（tabulating machine）であるといわれています。ホレリスの会社は，後にアメリカを代表するコンピュータ・メーカーのIBM社に吸収されました。

現在のコンピュータ技術は，第二次世界大戦中に軍事目的のために開発されました。1つは，イギリスがドイツ軍の通信に用いられていた暗号解読のために1943年頃に開発したコロッサス（Colossus），もう1つはアメリカ陸軍弾道研究所とペンシルヴァニア大学が大砲の弾道計算のために開発し1946年に完成させたエニアック（ENIAC）です。

戦後，コンピュータは，国・企業・大学などの機関でさまざまな用途に用いられはじめました。しかし，当時のコンピュータは，大きな部屋をまるまる占領するほど大がかりで，個人が気楽に利用するものとは程遠かったのです。

○ダイナブック

そんな大型コンピュータ全盛の1970年代に，ゼロックス社のパロアルト研究所に勤務するアラン・ケイ（Kay, A. 1940- ）というコンピュータ技術者がダイナブック（Dynabook）構想を打ち出しました。

ダイナブックとは，①子どもが使える，②スタンドアローン（単体）で動く，③片手で持てる，④お絵描き・ゲーム・通信機能を有する，⑤500ドル以下のコンピュータというコンセプトです。

その後のパーソナル・コンピュータの歴史は，まさにアラン・ケイが予言したとおりに進んだのです。携帯電話をコンピュータと思う人は少ないかもしれませんが，じつはパーソナル・コンピュータと同じ半導体技術に支えられており，それもダイナブックの一形態といえるかもしれません。

▷1 コロッサス
ドイツの暗号エニグマ（Enigma）を解読するため，イギリスの数学者チューリング（Turing, A. M. 1912-54）が中心となって開発。

▷2 エニアック
ENIAC (Electronic Numerical Integrator and Computer) は，モークリー（Mauchly, J. W. 1907-1980）およびエッカート（Eckert, J. P., Jr. 1914-1995）により開発された真空管式汎用コンピュータ。

◯マック登場

1984年1月,アップルコンピュータ社がマッキントッシュ(Mac)を発売するための大々的テレビ・コマーシャルを,全米最大のイヴェント「スーパーボウル」の時間帯に放映しました。その内容は,コンピュータが国家の管理の道具でなく,個人の思想の表現であることの宣言として語り継がれています。

◯コンピュータ教育元年

翌1985年は,文部省(現,文部科学省)が本格的にコンピュータ教育導入に取り組みはじめ,わが国では「コンピュータ教育元年」と呼ばれています。しかし,コンピュータが学校に導入され,それが教育のツールとして普及するには時間がかかり,「コンピュータ大国なのに,コンピュータ教育小国」といわれた状況はあまり改善されていないといわざるをえません。

❷ コンピュータの教育利用の諸相

コンピュータを教育や発達支援に使う場面として,次の5種があげられます。

(1) コンピュータが教える:コンピュータが生徒の学習を支援する,いわゆるCAI (Computer Assisted Instruction)です。これには,①ドリル・演習型,②シミュレーション型,③教育ゲーム型(edutainment)などのタイプがあります。ティーチング・マシン(teaching machine)は幾分古い呼び名です。

(2) コンピュータに教える:LOGOのようなプログラム言語を用いて,コンピュータに指示を与えることにより,図形を描いたり,機器を操作したりして,自分のアイデアを実現するものです。

(3) コンピュータをツールとして使う:コンピュータ本来の主要な用途である,①ワードプロセッサー,②データベース,③表計算,④画像情報処理などのスキルを習得し,実用レヴェルで習熟することをいいます。

(4) コンピュータで管理する:生徒ではなく教師にとってのコンピュータ利用であり,CMI (Computer Managed Instruction)と呼ばれます。具体的には,①教材作成,②テスト問題作成,③成績処理・管理,④教育情報管理などの作業を,コンピュータを駆使して行うことです。

(5) コンピュータで発達を支援する:最新のコンピュータ技術を活用し,発達障害とそれにともなう社会的ハンディキャップの状態を解消あるいは緩和するような利用法をいいます。たとえば,次のようなものがあります。

視線入力:麻痺など身体機能に不自由がある人に,視線の動きだけでキーボードなどと同等の文字入力を可能にし,ツールとしてのコンピュータを利用できるようにします。これによって自宅で仕事をすることも可能になります。

音声読み上げ:コンピュータ上の文書を読み上げるシステムです。

自動点字翻訳:点訳規則を知らなくても,文章を点字翻訳するシステムで,視覚障害者のための点字文書作成が可能になります。　　　　　(子安増生)

▷3 ジョージ・オーウェルがSF『1984年』で描いたような近未来社会を舞台とするこのCFでは,国民を管理するテレスクリーンを女性がハンマーで破壊し,「アップルコンピュータはマッキントッシュを発売する。1984年が『1984年』にならないことがやがてわかるだろう」というメッセージが示された。

▷4 パパート(奥村貴世子訳)1982 マインドストーム 未来社 (Papert, S. 1980 *Mindstorms*. Basic Books.)

▷5 たとえば,厚生労働省ホームページ(http://www.mhlw.go.jp/)に実例がある。

参考文献

ケイ, A. (浜野保樹監修) 1992 アラン・ケイ アスキー出版局

子安増生・山田冨美雄編 1994 ニューメディア時代の子どもたち 有斐閣

浅野史郎編 1990 障害者の可能性を拡げるコンピュータ 中央法規出版

II 認知発達の時期

 秘　密：私とあなたを分けるもの

1 自他の境界と秘密

「親に隠し事をしてはいけない」とか，「内緒話は水くさい」などというように，人に対して隠し事をしたり秘密をもつことはネガティブなこととして考えられることがあります。秘密（secret）は人にある情報を隠して伝えないことですが，一方で陰でこそこそ悪事を企てているイメージがつきまとっているため，秘密は良くないことだと思われているのでしょう。

しかしながら，私たちは自分の心のなかにあるものを，すべて他者に伝えていません。そもそも自己と他者はまったく別の身体をもつ存在ですから，心の内をまるまる知らせ合うことは原理的になしえないのです。そして，自分には自分しか知らないものがあるという感覚は，他者から区別される自我を保持するために不可欠なものといえます。secret の語源であるラテン語 secernere は，「引き離す」という意味であり，まさに秘密は自他を分ける役割をしていると考えられます。

他方，秘密は保持されず他者に漏らされていくものでもあります。フランスの心理学者ワロン1は，独自の自我形成論を展開するなかで，秘密の役割にもふれ，秘密をめぐる逆説的な2つの欲求に言及しています。それは，私たちは秘密にしたいという欲求をもつと同時に，それをうち明けたいという欲求もいだくということです。秘密をうち明け共有することは，それを知っている「私たち」とそうでない外部者を隔て，よりいっそう親密な関係を形成することになります。

一方で自分の心を隠したいと思い，他方で他者と通じ合いたいと思う。こうした逆説的な心の動きが秘密にはともない，自我形成や自他関係の発達を考えていくうえで，秘密は有益な手がかりを与えてくれます。▷2

2 秘密の始まり

秘密の発達を直接扱った研究はあまりないのですが，まずは次の観察エピソードをご覧ください。

【エピソード】Rが3歳2カ月での出来事。兄が幼稚園に行っている間，兄には内緒で母親とアイスクリームを食べたとのこと。それをその日の夜，父親にこっそり教えに来る。その際，父の耳元に口を近づけ，ささやき声で伝え，「ナイ

▷1 ワロン（Wallon, H. 1879-1962）
ワロンは，医学と心理学の両側面から障害児の治療に携わり，姿勢・情動機能を軸にした発達論を展開し，表象や自我の発生に関する独自の理論を発表している。ピアジェとならぶフランス語圏における発達研究者。
　ワロン，H. 浜田寿美男訳編　1983　身体・自我・社会　ミネルヴァ書房

▷2 小此木は，下記の著作でフロイト派精神分析の立場から，秘密の心理学的問題を取り上げている。この本でも，秘密の保持と排出（漏洩）という逆説的な側面に注目し，自他の境界などの観点から分析している。
　小此木啓吾　1986　秘密の心理　講談社現代新書

ショだよ」とも言う。その様子を見た兄が、「あーっ、なになに？」と近づいて聞いてくるや否や、Rは「アイスたべたもんね」と自慢ぽく、また兄を挑発するかのように言うのであった。

父親に向けた行動は、耳元でささやくという、秘密のための形式要件は十分備えています。こうした「ナイショ」のための行動形式は、2、3歳児からみられます。ところが、肝心の秘密にすべき内容はいとも簡単に兄に漏らしています。秘密にしたいことが伝えたいことにもなっているという、上述の秘密をめぐる逆説的な心の働きを、3歳児において認めることができます。

3 私的自己の発達と秘密

さて、こうした心の揺れ動きをともないながら、ある程度、秘密を保持することができるようになるのはいつ頃からなのでしょうか。

アメリカの認知心理学者ナイサー（Neisser, U. 1928- ）は、自己の発達を検討するにあたって、自分について何をどのように知っているのかということに着目して、次の5種類の自己知識を区別しています。(A)生態学的自己（ecological self）、(B)対人的自己（interpersonal self）、(C)概念的自己（conceptual self）、(D)時間的拡張自己（temporally extended self）、(E)私的自己（private self）。このうち、私的自己は、主観的経験は他者と直接共有できない、すなわち、自分にしかわからない内的経験があるということを自覚して出現する自己です。私的自己というのは、その定義からも、秘密の保持が可能な自己であり、ナイサーはこうした自己の理解と「心の理論」の発達が密接に結びついていることを示唆しています。

認知発達的な視点からいえば、自分と他者の視点や心的状態が異なることを理解することが、秘密をもつための前提条件となります。たとえば、AさんとBさんが、Cさんの見ていないところで、身ぶりで何かを教え合っています。Cさんはその2人の取り交わした情報、つまり2人だけの秘密を知らないでいます。そのことを、Cさんの視点にたって理解できるのは4歳以降であり、4歳未満ではCさんもすべてお見通しのようにとらえているようです。また、秘密は、心の中で自分だけの考えをもつことであるので、そのため内言の発達も重要な要素となるでしょう。

このように成立する秘密は、児童期以降、自我形成においてさらに大きな役割を果たすことになります。仲間とともに"秘密基地"を作ったり、秘密の場所に一緒に宝物を埋めたりすることは、児童期中頃からみられる仲間関係の変化の1つです。秘密が「仲間の秘密になり、そこに連帯感が生じ、ひとりひとりが自分の自我が仲間全体の自我にまで拡大したように感じる」ひとときを、子どもたちは味わっているのでしょう。こうした自我の拡大は新たな自我形成の第一歩となるのです。

（木下孝司）

▷3 木下孝司 1996 子どもが〈心〉の存在に気づくとき 発達, 66, 27-35.

▷4 Neisser, U. 1988 Five kinds of self-knowledge. *Philosophical Psychology,* **1**, 35-59.

▷5 Mossler, D. G., Marvin, R. S., & Greenberg, M. T. 1976 Conceptual perspective taking in 2- to 6-year-old children. *Developmental Psychology,* **12**, 85-86.

この研究は、1970年代の視点取得（perspective taking）研究の文脈で行われたものである。その後、同様のテーマは、「心の理論」研究のもとで、「ある情報を見たり聞いたりした人はそれについての知識をもっている」という、知識獲得過程に関する理解の問題として扱われている。

▷6 ⇒II-45参照。

▷7 ワロン 前掲書 p. 41.

II 認知発達の時期

道徳性：善悪を判断する

1 ピアジェの道徳性発達理論

ピアジェ（Piaget, J. 1896-1980）は，次のような例話を提示してどちらの子が悪いかをたずね，道徳性（morality）の発達を調べました。◁1

A．太郎君は，ドアの後ろにコップがあるのを知らないまま，ドアを開けてコップを15個壊してしまった。

B．次郎君は，戸棚のお菓子をこっそりつまみ食いしようと，戸棚によじ登ったひょうしにコップを1個壊してしまった。

その結果，7歳頃は，物質的損失の大きい太郎君の方が悪いという判断が多く，9歳頃には次郎君の方が盗み食いをしようとしたので悪いという判断が多くなる傾向がありました。こうした変化は，結果論的な判断から動機論的判断への発達とみなせます。そして，道徳性の発達は，他律的に大人によって制御される段階から，自律的な段階へと向かうものだと，ピアジェは想定しています。

ピアジェの仮説について，その後，実証的な検討が進められ，場面状況によっては結果論的判断が後の時期まで出現するなど，認知発達的要因だけでなく，さまざまな社会環境的要因も関与することが指摘されています。◁2 その意味で，ピアジェの道徳性の発達理論には，さまざまな検討課題があります。しかしながら，一方的に大人の価値観を押しつけるだけでは道徳性は育たず，対等な立場での相互尊重の社会的関係があってはじめて，道徳性は発達するとする彼の立場は，道徳教育を考えるうえで重要なものといえるでしょう。

2 コールバーグ道徳性発達理論

コールバーグ（Kohlberg, L. 1927-1987）は，ピアジェの認知発達的なアプローチを発展させて，独自の道徳性の発達理論を構築しました。◁3 コールバーグにとって，道徳性とは，道徳的な問題を理解し解釈するための役割取得に関する面と，それによって認知された道徳的葛藤を解決する原則からなる，ある種の認知的な枠組みです。

彼は，モラル・ジレンマを例話として与え，ある道徳的な判断をさせるという方法をとっています。◁4 その際，特徴的なのは，判断の結論ではなく，その判断を導いた理由にもとづいて，表13にあるような3水準6段階の発達段階を特

▷1 ピアジェ，J.（大伴茂訳）1957 児童道徳判断の発達 同文書院

▷2 1970年代におけるピアジェの道徳性発達に関する追試的実験などの動向について，以下の文献を参照のこと。
内藤俊史 1982 道徳性 無藤隆編 ピアジェ派心理学の発展I——言語・社会・文化 国土社 pp.99-136.

▷3 Kohlberg, L. 1971 From is to ought: How to commit the naturalistic fallacy and get away with it in the study of moral development. In T. Mischel (Ed.), *Cognitive development and epistemology.* Academic Press.（永野重史編 1985 道徳性の発達と教育——コールバーグ理論の発展 新曜社）

▷4 使用された例話として有名なのは「ハインツのジレンマ」。「ある女性が特殊なガンで死にかけている。その特効薬は薬屋で製造コストの十倍という値が付けられている。患者の夫ハインツは金の工面をするが，半分しか集まらず，薬屋に値引きや後払いを願い出るが断られる。思い詰めたハインツは特効薬を盗みに薬屋に押し入る」といった内容。ハインツはそうすべきだったかどうかと，その判断の理由をたずねる。

徴づけていることです。

第Ⅰ水準から第Ⅲ水準は，それぞれピアジェの前操作期，具体的操作期，形式的操作期に相当します。この発達段階を概略的に説明すると，まず第一に，行動の物理的結果に方向づけられ，罰を避けて報酬を得ることを良いこととみなす慣習的水準以前から，他者からの期待や慣習的な決めごとに従う慣習的水準へと変化します。そして，自らが定義した道徳的価値によって判断しようとする慣習的水準以降へと，発達していくということになります。

表13　コールバーグによる道徳性の発達段階

	Ⅰ　慣習的水準以前
第1段階	罰と服従への指向：物理的な結果によって行為の善悪を判断する。誉められれば良い行為で，罰せられれば悪い行為と考える。
第2段階	道具主義的な相対主義指向：正しい行為とは，自分の欲求や場合によっては他者の欲求を満たすための手段と考える。
	Ⅱ　慣習的水準
第3段階	対人的同調，「良い子」指向：他者の意図を考慮し，他者を喜ばせたり助けたりすることが良い行為と判断する。
第4段階	「法と秩序」指向：社会的秩序を維持したり，自分の義務を遂行することを良いことだと考える。
	Ⅲ　慣習的水準以降
第5段階	社会契約的な法律指向：正しい行為とは，社会全体によって吟味され一致された規準によって定められる。一方で，法律は絶対的なものではなく，合理的考察によって変更できると考える。
第6段階	普遍的な倫理的原理の指向：正しさは，論理的包括性，普遍性，一貫性にもとづいて自分自身で選択した「倫理的原則」に従う良心によって定められる。

彼の理論は道徳教育実践に影響を及ぼし，日本においても，子どもたちが遭遇しそうなジレンマ場面を用いた授業が展開されています。特に授業という集団場面は，段階の異なる子どもがそれぞれの視点からジレンマに対する解決方法を議論するという点で，道徳性の発達を促すメリットがあるでしょう。

3　コールバーグ理論への批判と発展

さて，コールバーグの理論は多くの比較文化的研究や追試がなされ，彼の想定している「正義」はきわめてアメリカ的な価値観を反映しており，普遍的ではないことが指摘されています。さらにギリガン（Gilligan, C.）は，コールバーグの理論では男性の価値としての正義が重視されており，人間関係，気配り，共感を大切にする「配慮と責任の道徳性」を考慮すべきであると批判しています。コールバーグも，最終的には道徳性発達の多元性を一部認める理論に修正しています。

その後，コールバーグの理論を発展させたり補完していく研究も登場しています。たとえば，チュリエル（Turiel, E.）は他者の権利や福祉に関する道徳と，対人関係を円滑にし，社会秩序を維持する慣習を概念的に区別すべきだと主張します。そして，ある行為を「みんながそうしているから（そうした決まりだから）」と慣習的にしていたのから，「なぜそうすべきなのか」と反省的まなざしを行為に向けるとき，道徳は慣習とは区別されるものとして自覚されるようになることを示しています。このように道徳と慣習を区別することは，道徳教育を論じる際，徳目の教え込みに陥らないためにも重要です。

（木下孝司）

▷5　荒木紀幸編　1988　道徳教育はこうすればおもしろい――コールバーグ理論とその実践　北大路書房

▷6　Gilligan, C. 1982 *In a different voice : Psychological theory and women's development*. Harvard University Press.（岩男寿美子監訳　1986　もうひとつの声――男女の道徳観のちがいと女性のアイデンティティ　川島書店）

▷7　チュリエルは道徳と慣習を，一般可能性，規則随伴性，文脈性，変更可能性，権威依存性の5点で区別している。道徳がどの社会集団にも適用され，普遍的で変更できないものである一方，慣習は特定集団だけに適用される，社会的文脈によって変更されうるものといえる。また，慣習は権威者の強制力が強く働くことになる。

Turiel, E. 1983 *The development of social knowledge: Morality and convention*. Cambridge University Press.

II 認知発達の時期

リーダーシップ：集団を方向づける役割

 集団のなかでの発達

ふつう人は，家族という集団に，ある国民の一員として生まれ，保育所，幼稚園，学校，地域社会などの集団のなかで育ち，職場や団体などさまざまな集団のなかで生活します。

ここで集団（group）とは，(1) メンバーが明確に決まっている，(2) メンバー同士の日常的，相互作用的関係がある，(3) メンバーに期待されている行動の原則（集団規範）が共有されている，(4) メンバー同士の仲間意識や集団への帰属意識がある，(5) その内部に地位や役割などの関係が存在する，などの特徴を備えた「人の集まり」をいいます。

たとえば，スクールバスで通園する子どもたちの集まりは，上の「集団」の定義をかなりの部分満たします。しかし，たまたま乗り合わせたバスの乗客の集まりを「集団」と呼ぶことはできません。後者のように，不特定多数の人が一時的にある場所に集まっている状態を，専門用語では「群集（crowd）」と呼んで区別します。

人は，家族，学校，職場などの集団のなかで，愛情と憎悪，理解と誤解，協力と競争，命令と服従など，さまざまな社会関係や対人的葛藤を経験します。このような社会的環境のなかで，子どもは「心の理論」（⇒II-51 参照）のような他者の意図を理解する能力を発達させ，人間として成長していくのです。

② リーダーシップ

上記の集団の定義の一つとして，「その内部に地位や役割などの関係が存在する」ということをあげました。たとえば，家族のなかの親—子，学校のなかの教師—生徒，職場のなかの上司—部下といった関係です。その集団が目標志向的である場合，すなわち集団活動に一定の目標があり，その目標がメンバーの間で共有され，メンバーが共通の目標に向かって活動する場合，集団を目標やその下位の目標へと導くリーダー（指導者）が登場します。

たとえば，野球のチームでは，そのシーズンの優勝（目標）に向かって，「試合に勝つ」という下位目標，その前提となる「得点をあげる」，「相手の得点を阻む」などのさらなる下位目標を達成するために，集団の導き手としての監督やコーチという役割が重要となります。

リーダーシップ (leadership) は，「指導性」「統率力」などと訳され，集団を一定の方向に導くリーダー（指導者）としての資質や，リーダーが発揮する力のことをいいます。「～シップ」は，英語では「船」を意味する言葉と同じ綴りですが，ものごとの状態，性質，地位，資格などを表す接尾語です。たとえば，「スポーツマンシップ」というときの「シップ」と同じ用法です。

3　リーダーシップの二大機能

リーダーシップは，政治学，経営学，社会学，社会心理学などの分野において中心的な概念の1つといえます[1]。リーダーシップの研究は，リーダーシップには，集団の目標を達成するための機能と，集団のメンバーがばらばらにならないように維持する機能という2つの重要な役割があることを明らかにしてきました。

三隅二不二の PM 理論は，その代表的な考え方です[2]。三隅は，リーダーシップの機能を課題達成機能（performance function：P機能）と集団維持機能（maintenance function：M機能）に分けました。三隅の初期の研究では，銀行や炭鉱などの職場が研究対象とされ，部下からみた上司のリーダーシップの評定を行わせ，上司のリーダーシップを課題達成と集団維持の両機能を有するPM型，課題達成機能のみが強いP型，集団維持機能のみが強いM型，どちらも弱いpm型の4類型に分けました。そして，その上司の下での労働生産性はPM型＞P型＞M型＞pm型の順に，部下の労働意欲や満足度はPM型＞M型＞P型＞pm型の順になることが示されました。その後，PM理論は学級集団における教師のリーダーシップの研究にも応用され，同様の結果が得られています。

4　リーダーシップの教育

子どもの発達過程のなかでリーダーシップが問題になるのは，普通は仲間集団（peer group）が形成される小学校の中学年頃からです。かつては，小学校中学年頃に，子どもたちが閉鎖性の強い徒党集団を形成して遊ぶことが多く，そのためにこの時期はギャング・エイジ（gang age）と呼ばれました。しかし，都市化の進行とともに，空き地や原っぱなどの遊び空間が消え，塾通いなどのために自由な遊び時間も減り，その影響で子どもたちは緊密な遊び集団を形成しなくなったといわれます。

他方，わが国では家庭教育においても学校教育においても，リーダーシップの教育や訓練はほとんど行われていません。学校は，個人の能力や適性を伸ばす場所であると同時に集団生活の体験の場であり，リーダーシップの教育は重要な課題の1つです。

（子安増生）

▷1　知性と教養の豊かな哲人が国家のリーダーたるべきことを主張した古代ギリシアの哲学者プラトンの『国家』以来，初期のリーダーシップ研究では，偉大なリーダーにふさわしい資質とは何かの検討が行われた。これを偉人説（great man theory）という。しかし，あらゆる集団に共通するリーダーの資質や特性は発見されず，むしろ集団が置かれた状況との関わりでリーダーの役割を検討する状況説（situational theory）の研究へと進んでいった。

▷2　三隅二不二（みすみ じゅうじ：1924-2002）
九州帝国大学法文学部卒。九州大学教育学部教授，大阪大学人間科学部教授，筑紫女学園大学・短期大学長を歴任。主著に，『リーダーシップ行動の科学』（1978，改訂版 1984，有斐閣）。

参考文献

佐藤静一・篠原弘章　1976　学級担任教師のPM式指導類型が学級意識及び学級雰囲気に及ぼす効果――数量化理論第Ⅱ類による検討　教育心理学研究，**24**，235-246

三隅二不二　1984　リーダーシップ行動の科学（改訂版）　有斐閣

II 認知発達の時期

72 青年期：子どもでもなく大人でもない

1 青年期とは

　青年期とは，身体，性，対人関係，社会的役割等のさまざまな領域で子どもから大人への変化が生じる移行期・境界期であり，もう子どもではないけれど，まだ大人としての構造が完成しない不安定な時期です。しかし，青年期はさまざまな試行錯誤が許される時期でもあり，社会的な適応的基準からずれることも青年期らしさとして許容されます。現在では青年期は発達加速現象により始まりが早まるとともに青年期延長により終わりは遅くなっています。一般的には中学生から30歳前後までを含むため，下位段階に分けることが必要だと考えられています。ただし，青年期やその下位段階が何歳から何歳までかを決めることは難しく，一致した見解はありません。一例として，表14のような区分が考えられます。

2 青年期の成立

　「青年期」という時期は，いつの時代やどんな社会にも必ず存在するわけではありません。たとえば，ヨーロッパの社会でも近代以前には，青年期という言葉は見られません。青年期は，一見，個人の発達と無関係と思われる産業革命や中産階級の誕生などによってもたらされた近代化の産物として成立したのです。

　17世紀以前のヨーロッパでは，多くの子どもが成長途上で亡くなりました。そのため，親が個々の子どもに特別の愛情や関心を注ぐことは少なく，経済的理由もあって，7～8歳になれば，他所に奉公へやるのが一般的でした。

　18世紀末，痩せた土地でも比較的良く育つジャガイモがアメリカからヨーロッパに持ち込まれ，広く栽培されるようになりました。その結果，食糧事情が好転し，幼いうちに死ぬ子どもが減少したといわれています。しかし，多くの子どもが死なずに成人するようになると，彼ら全部が親の土地や財産を継承することができなくなりました。ちょうどその

▷1 青年期は不安定で，人生のうちで最も心理障害が生じる危険性が高い時期である。しかし，発達段階の途上で起こる適応基準や価値的基準からの一過性の逸脱（異常）は正常なもので，病理的な異常との区別が難しい。

▷2 発達加速現象
⇒I-1 参照。

▷3 青年期延長
⇒II-74 参照。

▷4 下山晴彦　1998　教育心理学II──発達と臨床援助の心理学　東京大学出版会
　下山の表T3.1 (p.182)をTOPIC 3 (p.181)を参考に改変。

表14　青年期の下位段階と各段階のテーマ

児童期	前青年期 (Preadolescence)　10～11歳	青年期への基礎固めがテーマ
思春期	青年期前期 (Early Adolescence)　11～14歳	児童期からの離脱がテーマ
	青年期中期 (Middle Adolescence)　14～18歳	青年期固有の問題がテーマ
青年期	青年期後期 (Late Adolescence)　18～22歳	成人期への移行に向けての準備がテーマ
	若い成人期 (Young Adult) もしくは後青年期 (Postadolescence)　22～30歳	青年期に形成された社会的役割を社会で実現していくことがテーマ

頃,「産業革命」が起こり,工場が次々と建てられ,土地・財産分与からあぶれた若者が工場周辺に集まったのです(都市化の進行)。産業革命により社会全体の生産力が高まり,個人が食べていく以上のゆとり,すなわち,働く能力をもちながらしばらく働かない人,青年期の人々を養う余力を社会がもちました。

そして,20世紀後半から,大学や専門学校といった高等教育機関をはじめとした社会制度が確立し,職業や家庭での社会的役割を形成する時期である青年期後期が発生しました。1970年代以降には,高学歴化とともに青年期の延長が一般的となり,青年期のあり方も多様なものとなってきています。

3 人生の二大選択(職業と配偶者)

近代化とは,生まれた土地や職業に縛られていた時代の終わりでもありました。こうした時代背景のなかで社会的現象として成立してきた青年期は自らがどんな地位や役割を獲得していくのかを模索する時期としても定義されます。模索のなかでも特に重要なものに職業選択と配偶者選択があげられます。

◯ 職業選択

職業には収入を得るためだけでなく,自分にあった仕事を選択し,自己実現をはかり,何らかの社会的役割を果たすという側面もあります。理想的な職業選択過程は,思春期に自分に合うと思う職業への希望を形成し,見通しをもつことで進路を決定し,青年期には希望の職業に向けての訓練や教育を受けた後,職業が決定することです。しかし,日本では,キャリア発達の観点が希薄で,発達早期からの進学指導はありますが,本人の適性を考慮した進路指導や職業カウンセリングは十分になされていません。これまで日本の企業では終身雇用と年功序列の労働慣行がありましたが,現在では崩れつつあるようです。そして,期間限定で,比較的短期間の雇用形態である非正規雇用が増えていますが,多くの場合,職業上の知識やスキルを身につけるチャンスがなくキャリア発達につながらないという問題があります。

◯ 結 婚

青年期のもう1つの大きな発達課題は人間関係における親密性の形成です。特に,結婚(配偶者選択)は親密性の形成を示す指標の1つです。しかし,現在,30代前半の男性の2人に1人,女性も3人に1人が独身で,男性の5人に1人は一生に一度も結婚せず(女性は10人に1人),男性の生涯未婚率は過去30年で8倍になっています。親密性の形成が単純に結婚へとは結びつかなくなっている背景には価値観や社会・経済構造の変化があります。1つには若年世代の所得の減少が指摘されています。また,女性の生き方の多様化があげられる一方で,子どもを預けられる保育所の不足といった社会的条件の未整備や女性自身の中に「家庭」か「キャリア」かの葛藤が存在し,選びかねる状況があるとも指摘されています。

(郷式 徹)

▷5 遠藤由美 2000 青年の心理——ゆれ動く時代を生きる サイエンス社 参照。ジャガイモ栽培の影響による人口増加の一方,ジャガイモの不作による飢饉(アイルランドのジャガイモ飢饉;1843年から47年)を原因とした人口の減少も生じている。

▷6 一般的に青年期はアイデンティティを確立する——自分が何者であるかの解答をみつける——時期と説明されている。⇒ II-73, II-74 参照。

▷7 キャリア発達
生涯における社会的諸活動や社会的役割を含んだ職業的発達よりも拡大された概念(柳井修 2001 キャリア発達論——青年期のキャリア形成と進路指導の展開 ナカニシヤ出版)。

▷8 村上龍・はまのゆか 2003 13歳のハローワーク 幻冬舎

▷9 内閣府編 2015 少子化社会対策白書[平成27年版] 日経印刷

▷10 同上書

▷11 遠藤 前掲書 参照

II 認知発達の時期

73 アイデンティティ：自分は自分である

1 アイデンティティとは

「自分は何者なのか」「何のために生まれてきたのか」「この世界で自分の存在する意味は何か」に対する解答がアイデンティティ（同一性，自我同一性）であり，その解答は人によってさまざまであるかもしれませんが，一般的には「自分は自分である」という感覚だと思われます。エリクソン（Erikson, E. H., 1902-1994）は彼の人格発達理論において，青年期の心理社会的危機を示す用語としてアイデンティティを用いました。自らのアイデンティティを見つけることは，青年期の中心的な課題であり，この課題を達成できるかどうかはその後の人生のさまざまな段階に大きく影響するとされています。確かに，自らのアイデンティティが確立しなければ，どんな職業につくのか（職業選択），また誰とともに生きていくのか（配偶者選択）も定まりません。

2 アイデンティティの危機

エリクソンは青年期の発達課題として，アイデンティティの危機をあげています。アイデンティティの危機とは，自らのアイデンティティを確立する段階に立たされている状態で，さまざまな選択肢を前に選び取ることができないで迷っている時期のことです。この危機を乗り越えれば，自らの生きる道を自らの意志で選び取ったアイデンティティ達成の状態へと至ります。また，青年のアイデンティティの状態として，アイデンティティ達成に加えて，モラトリアム，早期完了，アイデンティティ拡散の計4つの状態が想定されています（表15）。この4つの状態はアイデンティティ・ステイタス面接という方法により，「職業」「政治」「価値観」という心理・社会的領域それぞれに

▷1 アイデンティティの感覚は，「時間的な自己の同一と連続性の認識」と「他者が自己の同一と連続性を認知していることの認識」という2つの認識が得られることで成立する（下山晴彦 1998 青年期の発達（第7章）下山晴彦編 教育心理学II——発達と臨床援助の心理学 東京大学出版 pp. 183-208.）

▷2 人格発達理論
⇒ I-10 参照。

▷3 ⇒ II-72 参照。

表15 アイデンティティ・ステイタスの分類と概略

ステイタス	危機	傾倒	概略
アイデンティティ達成（identity achievement）	経験した	している	幼児期からのあり方について確信がなくなり，いくつかの可能性について本気で考えた末，自分自身の解決に達して，それにもとづいて行動している。
モラトリアム（moratorium）	その最中	しようとしている	いくつかの選択肢について迷っているところで，その不確かさを克服しようと一生懸命努力している。
早期完了（foreclosure）	経験していない	している	自分の目標と親の目標の間に不協和がない。どんな体験も，幼児期以来の信念を補強するだけになっている。硬さ（融通のきかなさ）が特徴的。
アイデンティティ拡散（identity diffusion）	経験していない	していない	危機前（pre-crisis）：今まで本当に何者であった経験がないので，何者かである自分を想像することは不可能。
	経験した	していない	危機後（post-crisis）：すべてが可能だし可能なままにしておかなければならない。

おいて，危機（crisis）——自らの意見や態度を決定するための葛藤を経験しているか——と傾倒（commitment）——その領域への積極的な関与がみられるか——の2点を基準に分類されます。

表16 アイデンティティ拡散の感覚[8]

アイデンティティ拡散の感覚	内　容
時間の混乱	現実的な時間に対する感覚の麻痺
自意識過剰	自己への確信がないために，つねに自己をまさぐる
否定的役割固着	社会に認められない「悪」とするもの＝自分
無気力	働く，学ぶことの感覚の麻痺
両性的混乱	男－女の性別が拡散
権威の混乱	権威の存在が拡散
価値の混乱	あるべき理念・理想の拡散

③ アイデンティティの拡散と早期完了

青年のアイデンティティの状態のうち，特にアイデンティティ拡散とは，アイデンティティの危機を認識しておらず，さまざまな選択肢を考えることもないか，一度は危機を認識したが，アイデンティティの確立を回避し，選択をあきらめた状態を指します。アイデンティティ拡散の状態にある人の感覚としては，時間的展望の喪失や自意識過剰があげられます（表16）。

従来，青年期はアイデンティティが混乱する「疾風怒涛の時代」，「心理的危機の時代」とされてきました。アイデンティティ拡散の状態は，まさにこうした青年期の特徴を示しています。しかし，一方，自分と親の目標の間に不協和がない，例えば，親は子どもに医者になって欲しいと望んでおり，子ども自身も医者になりたいと望んでいる場合もあります。このように心理的混乱がないまま幼児期以来の信念を達成してきた「早期完了（権威受容）」と呼ばれるタイプも3分の1近くみられます。すなわち，青年期には危機に直面する人もいれば，平穏なままに青年期の発達課題を達成していく人もいるという多様な状態がみられると考えられます。

④ 成人期のアイデンティティの形成

かつては，アイデンティティの形成は青年期の課題であり，成人期以降は安定したアイデンティティが保たれると考えられていました。これまでの社会では，多くの場合，青年期にアイデンティティを確立し，特定の職業経験を積み重ねていく——最初は上の世代から仕事（技術や知識）を習い，ひとりで仕事をこなせるようになり，さらに次の世代に仕事を教えていく——というサイクルが存在しました。しかし，技術の進歩や社会の変化の加速とともに，職業経験の豊かさ（長さ）が一概に職業的な技術や知識の豊かさと一致するとはいえなくなってきました（たとえば，パソコンに関する操作技術を思い浮かべてください）。そのため，現在では，青年期だけではなく，その後も，たびたびアイデンティティの危機（自分の存在する意味は何か？　自分は何をやってきたのか？）に直面し，アイデンティティの再確立が生涯を通じてなされると考えられるようになってきています。したがって，成人期以降においてもアイデンティティの形成を検討していく必要があると考えられ始めています。　　（郷式　徹）

▷4　無藤清子　1979　自我同一性地位面接の検討と大学生の自我同一性　教育心理学研究，27，178-187.

▷5　モラトリアム
⇒ II-74 参照。

▷6　Marcia, J. E. 1966 Development and validation of ego identity status. *Journal of Personality and Social Psychology*, 3, 551-558.

▷7　同上論文では「職業」「宗教」「政治（イデオロギー）」の各領域が設定されているが，日本でアイデンティティ・ステイタス面接を実施するに当たり無藤が「職業」「政治」「価値観」に変更した（無藤　前掲論文）。

▷8　下山　前掲書の表7.2（p. 187）を改変。

II　認知発達の時期

 モラトリアム：大人になるための猶予期間

1　青年期の特徴としてのモラトリアム

エリクソン（Erikson, E. H., 1902-1994）は，子どもから大人になるために与えられた猶予期間を心理社会的モラトリアム（psychosocial moratorium）と呼び，青年期を特徴づけました。モラトリアムはほぼ日常用語として定着した感がありますが，もともとは経済学用語で，災害や恐慌などの非常事態において債務の支払いを猶予すること，ないしは猶予期間を指します。

青年期は近代化によってもたらされた人生の時期区分です。産業革命以後の19世紀前半のイギリスにおいて，工場で子どもたちが働き始めた年齢は7歳頃といわれています。なかには4歳前後という例もあり，きわめて非人間的な児童労働の実態があったといえます。日本の場合，ヨーロッパに100年遅れて産業革命の時代に入りますが，10～14歳の子どもの労働はごく普通のことだったのです。1872年の学制公布以降，79年の教育令を経て86年の学校令によって，小学校ならびに中等教育や高等教育の機関は整備されますが，義務教育は小学校に限られ，中等教育以上の教育を受けられたのはかなり富裕な階層のものに限られていました。

当時の多くの子どもたちは，職業選択の自由はなく，すぐさま「一人前」の労働者として大人になることが求められていたのです。また女性の場合，早婚多産であり，家事労働の負担が早くからかかっていました。その点において，今日のような意味での青年期は経験されていなかったといえるでしょう。

20世紀後半になり，より生産力が向上するとともに，生産力を支える技術の高度化が進むなかで，習得すべき知識や技術は飛躍的に増大します。また，職業選択の自由度は増し，価値観は多様化していくことにもなります。それだけ，社会において自立して生活するのに，心理的ないしは社会的に成長し，さまざまな能力を獲得する必要が出てきたのです。その結果，こうした能力の発達や価値観の選択の途上にある青年に対して，社会的な責任や義務は一定期間，猶予されることになったのです。

2　青年期の延長

エリクソンがモラトリアム概念を提唱したのは1950年代ですが，その後，青年期をめぐる状況は大きく変化しています。その1つが，モラトリアム期間が

▷1　Erikson, E. H. 1959 Identity and life cycle. *Psychological issues monograph*, **1**. International Universities.（小此木啓吾訳　1973　自我同一性　誠信書房）

▷2　⇒II-72参照。

しだいに長くなってきているということです。

青年期の開始は、通常、第2の発育スパートや第2次性徴など身体的変化が指標となりますが、発育加速現象により、着実にそれらの変化はより早期になっています。一方、青年期の終わりは、就職や結婚などのライフイベントが1つの基準とされてきましたが、高学歴化や晩婚化が進むことで、青年期の終期は遅延化しています。その結果、青年期は延長されてきており、モラトリアム期間は以前にも増して長くなっているといえます。

３ モラトリアムの質的な変化

さらに、モラトリアムは期間の量的延長だけでなく、質的に大きく変化しています。小此木が1977年に上梓した『モラトリアム人間の時代』[3]は、新たな青年期像を特徴づけるものとして注目を浴びました。エリクソンが提起した古典的モラトリアム心理にはおさまらない、新たなモラトリアム心理を70年代の青年たちの姿から析出した点に、小此木の独自性があります。

古典的モラトリアム期にある青年は、上の世代をモデルにして自らを直視して自立を希求しつつも、それが果たせず半人前意識を感じ、禁欲的な生活感覚をもっていたとされます。それに対して、新しいモラトリアム期の青年は、ある意味、モラトリアム状態にあることを謳歌して、社会に主体的に参加することを避け、局在者の立場に身を置くといったイメージでとらえられることになります（表17参照）。こうした変化の背景には、高度経済成長によってますます就学年数が長期化したことや、日本が消費社会になっていくなかで、商品の消費者として青年の価値が高くなったことなどがあります。

新しいモラトリアム心理は、1970年代の主に大学生を念頭に置いて述べられたものですが、その後、日本の青年に広くみられる問題となってきています。それは今日、フリーターの増加やパラサイト・シングル[4]の出現などとして指摘されている問題でもあります。

ただ、1970～80年代と今日とでは社会状況が大きく変動しています。80年代までは、終身雇用など日本型雇用形態がそれなりに機能しており、青年が一応社会から「一人前」とみなされる一定の社会システムがまだ存在していたといえます。ところが、1991年のバブル経済崩壊後、雇用形態は流動化の方向で再構築され始め、不安定雇用が常態化しつつあります。

そうしたなかで、単に青年の未熟さを非難するだけでは抜本的な対応ができなくなっています。今日の青年がおかれている社会システムそのものを射程に入れた検討が求められています。そのうえで、彼らの発達を支援するという観点から、キャリア形成など社会的サポートを制度化していくことが急務となっています。[5]

（木下孝司）

▷３　小此木啓吾　1977　モラトリアム人間の時代　中央公論社

▷４　パラサイト・シングル
社会学者の山田が提唱した造語で、親と同居し続ける未婚者をいう。
山田昌弘　1999　パラサイト・シングルの時代　中公新書

▷５　青年の自立問題は、これまで心理的レベルだけで扱われ、自己選択・自己責任が強調されることが多かった。宮本は社会が青年の自立に責任を負う仕組みを構築する必要性を説いているが、90年代以降の青年の発達保障を検討するうえで不可欠な観点であろう。
宮本みち子　2002　若者が《社会的弱者》に転落する　洋泉社

▷６　同上書より引用。

表17　モラトリアム心理の変化[6]

古典的モラトリアム		新しいモラトリアム
1．半人前意識	→	全能感
2．禁欲	→	解放
3．修行感覚	→	遊び感覚
4．上の世代への同一化（継承者）	→	隔たり（局在者）
5．自己直視	→	自己分裂
6．自立への渇望	→	無意欲・しらけ

II　認知発達の時期

イニシエーション：おとなになる儀式

1　通過儀礼とその心理的意義

　人の一生には，誕生，成人，結婚，死など節目といえる時期があり，身体的，心理的，社会的状態のさまざまな変化を経験します。世界中の多くの民族において，そうした節目となる時期に儀礼的な営みがなされており，文化人類学者のファン・ヘネップ（van Gennep, A. 1873-1957）は通過儀礼（rite of passage）と呼びました。

　通過儀礼はそれぞれの文化によって種類や内容は異なりますが，ファン・ヘネップによると，個人を特定の状態やステータスから，別の状態やステータスに通過ないしは移行させるという点で共通しています。また一般に，通過儀礼は3つの儀礼が段階的に行われるとされています。最初に分離の儀礼が，従来の状態やステータスからの分離を象徴する形でなされます。他の家屋に隔離したり，死を象徴する行為を行わせるといったことが実施されます。第2段階の過渡（移行）の儀礼では，それまでの状態でも新たな状態でもない境界的な状況に置かれ，新たに始まる生活に対処できるよう修業的行為が行われます。そして，最後に統合の儀礼においては，分離と過渡の状態を経た個人が，新たな状態やステータスを手に入れて社会にむかえ入れられることになります。

　通過儀礼を通して，当事者が新たに期待されている社会的役割に向けた準備を行い，それ以外の共同体メンバーもそれを承認していくことが実現されます。危機的状態に陥りやすい人生の移行期において，個人と社会の関係を再構築し，個人の心理的発達を支える働きを通過儀礼は果たしているといえるでしょう。

　人生の節目となる出来事はいずれも，今日の社会において，個人にさまざまな困難や危機を与える契機となりうるものです。人生の危機的時期に際して通過儀礼が果たしてきた働きを，現代社会においてどのような形で担っていくのかは重要な課題となるでしょう。

2　イニシエーション

　通過儀礼のなかでも特に注目されてきたのが，イニシエーション（initiation）です。イニシエーションとは，特定の社会（ないしは宗教）集団に加入する際や，ある共同体や組織で新しい地位や権利を獲得する際に行われる儀礼を総称したものです。イニシエーションを通して，個人の地位や所属の変更を社

▷1　van Gennep, A. 1909 *Les Rites de Passage*. Émile Nourry.（綾部恒雄・綾部裕子訳　1977　通過儀礼　弘文堂）

　van Gennepはフランス国籍であるので「ヴァン・ジュネップ」と表記されることもある。ただ，父親の母国であるオランダ語風に「ファン・ヘネップ」と呼ばれることも多く，ここではそれにならった。

▷2　広義には，人生上の儀礼だけでなく，ある場所から他の場所への空間移動に際して行われる儀礼も通過儀礼である。

▷3　イニシエーション
「加入礼」または「入社式」と訳されることもある。ただ，入社式という言葉は，企業が新入社員向けに行う行事を指して使われるのが一般的であることから，「イニシエーション」とカタカナ表記が多く用いられる。

会に認知させるという意味合いもあります。

◯特定の集団加入でのイニシエーション

秘密結社や宗教団体など特定の集団に加入する際に行われるイニシエーションは，難行苦行のたぐいに耐えさせたり，秘伝の伝授があったりと秘技的な儀礼が行われます。こうしたイニシエーションを通して，集団への帰属意識は高まり，集団内の凝集性が増して，その集団は排他性を強めていくことになります。軍隊入隊時のいじめやしごきも，同様の機能を有しているといえます。

◯成年式・成人式

一方，子どもから大人に社会的地位が変化する際の，成年式ないしは成人式もイニシエーションです。民族や文化によっては，一人前の成人男子となる条件として，一定期間，分離された場所で肉体的な苦痛をともなった訓練がなされたり，抜歯や割礼（circumcision）がなされたりする場合もあります。具体的な様式は多様ですが，子どもから大人になるプロセスを，死と再生というテーマで象徴する内容になっているものが多いようです。新たな大人として生まれ変わるという観念は，日本の成年式において，幼名から名前を変更したり，服装や髪型を変えるといった習俗にもみることができます。

かつて日本では，男子は15歳頃，女子は13歳頃，労働や婚姻ないしは戦闘の能力をもった者として扱われ，各社会階層に応じたイニシエーションがなされていました。年齢での基準は絶対的なものではなく，職人にあっては修業年数，農民の場合だと労働力によって「一人前」かどうかが判断されていました。物を一度にどれくらい背負えるのか，田植えは一日にどれだけできるのかといったことが，大人になるうえでの重要な基準となっていたのでした。

◯イニシエーション不在の現代社会

現在は20歳になると，誰もが成人として法的には扱われます。各自治体で成人式は行われていますが，ここで述べたイニシエーションとしての意味はまったくありません。現代社会において，青年から成人へのイニシエーションは存在しなくなって久しいといっていいでしょう。これは，工業社会化の進行と飛躍的な技術革新のなかで，青年期の延長が進んできたことと関連しています。また，目まぐるしい勢いで技術が進歩し，社会の価値が変動している現在，「成人」とされる人たち自身が成人であるための基準を示しにくくなっていることも，イニシエーションが成立しにくい理由だと思います。

最近，イニシエーション不在を，青年の自立を阻む原因であるかのように短絡的にとらえる向きがあります。なかには，軍隊経験や奉仕活動を社会的に強制することを，ある種のイニシエーションとするという意見さえ聞こえてくることがあります。社会─歴史的な視点を忘れず，今の時代，「成人になる」とはどういうことなのか，発達的観点から考えていきたいものです。

（木下孝司）

▷4　成年式
女子の場合，成人になった儀礼は成女式と呼ばれ，初潮を迎えた際に行われることが多かった。

▷5　割礼
男女の性器の一部を切除または切開する儀礼。古くから世界各地で行われ，現代でもイスラム教徒やユダヤ教徒，アフリカやオーストラリアの原住民でみられる。実施される年齢は生後7カ月頃から20歳と幅広く，生殖ないしは性的成熟との関係は特にないと考えられている。

▷6　青年期の延長
⇒ II-74 参照。

II　認知発達の時期

 時間的展望：将来に対する見通し

時間的展望とは

　カードで買い物をするときに，口座からの引き落としのことを考えず，自分の欲しいものを次々に買い込んでしまって，破産してしまう人がいる一方で，老後まで支払い計画の完備した住宅ローンを組んでいる人や，孫子の代までの資産形成を考えている人もいます。また，将来の大学受験のことを考えて，高校入学時点から着々と準備を進める人もいれば，受験直前になって慌てて対策本に頼る人もいます。このような，将来に対して見通しのある人とない人の違いを心理学的に説明しようとする概念が時間的展望（time perspective）です。

　時間的展望とは，レヴィン（Lewin, K. 1890-1947）によれば，「ある与えられた時に存在する個人の心理学的未来及び心理学的過去の見解の総体」を指します[1]。より広い意味では，現時点での状況や行動を過去や未来の事柄と関連づけたり，意味づけたりする意識的な働きを指します。

　時間的展望は，意識による行動の調整や動機づけ，また人格形成にもつながります。つまり，時間的展望をもつことによって，将来の予測や目標に照らして現在の行動を調整したり，動機づけたりすることができるようになります。また，時間的展望をもつことは，人生という限られた時間のなかで自分は何をなすべきかを考え，自分の人生のあり方を内省することにもつながるでしょう。

時間的展望の発達

○時間的展望の質的変化

　時間的展望は，児童期から青年期にかけて質的な変化を遂げます[2]。たとえば，自分の目標を実現するにはどうしたらよいかを尋ねると，小学校高学年の児童に比べて，中学生や高校生は，目標を実現するための手段を2段階以上にわたっていえるようになります。また小学生は現在とは切り離された「あこがれ」のような未来志向を示すのに対して，中学生や高校生は現在の自分を考慮し，未来と現在との結びつきを考えるという点で現在志向を示します。このように，児童期から青年期にかけて，時間的展望が，現在と未来とのつながりを考えた精緻なものとなります。また，青年期から成人期にかけての発達課題の系列が形成されて，計画的な行動を動機づけるようになります。

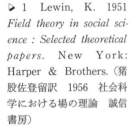

▷1　Lewin, K. 1951 *Field theory in social science : Selected theoretical papers.* New York: Harper & Brothers.（猪股佐登留訳　1956　社会科学における場の理論　誠信書房）

▷2　白井利明　1985　児童期から青年期にかけての未来展望の発達　大阪教育大学紀要（第IV部門），**34**(1), 61-70.

○時間的展望と他領域の発達

そのような時間的展望の発達は，認知面での発達に支えられています。ピアジェ（Piaget, J. 1896-1980）の発達理論によれば，11, 12歳以降の形式的操作期になると可能性のなかの1つとして現実をとらえることができるようになりますが，そのことが，自分自身の将来の可能性をよりリアリティをもってとらえられることと関連すると考えられます。また，行動に対して見通しをもつ際に重要となるプランニングや，行動の制御を行う際のモニタリングといったメタ認知能力の発達も時間的展望の発達を支えるものでしょう。

時間的展望の発達は，特に青年期において，人格面での発達とも深く関連します。エリクソン（Erikson, E. H. 1902-94）の発達理論では，自我同一性の確立のためには，自分が歴史的にどのように育ってきたか，また現在の自分が過去に根ざしていることに確信がもてるかという感覚，すなわち自己の連続性や一貫性が必要であるとされています[3]。また，将来における人生の目標はそのような確信のうえに，具体的で現実的なものになります。このように，過去から現在を経て未来に至る一貫した時間的展望の意識は，自我同一性の達成という青年期の発達課題に対しても重要な意味をもっています。

一方で，時間的展望の発達には社会文化的な要因も影響します。たとえば，不況による就職状況の悪化は，青年の将来に対する見通しをもちにくくします。そのような状況のもとで時間的展望の発達を支援するには，1人ひとりの青年と視点や問題意識を共有し，自我同一性の達成との関わりで，自分の過去，現在，未来を対象化してとらえられるように援助していくことが必要でしょう。

3 展望的記憶

時間的展望と将来的な見通しをもつという点で関連をもつ概念に，展望的記憶（prospective memory）があります。展望的記憶とは未来に行うことを意図している行為についての記憶のことで，以前に行ったことを思い出す回想的記憶（retrospective memory）と対比されます。たとえば，「来週の日曜日にコンサートに出かける」といった自分に関する予定や，「明日の12時に友達と待ち合わせをする」といった他人との約束などが展望的記憶の例です。時間的展望が対象とする時間の幅に対して，比較的，短期的な内容が扱われています。

高齢者の場合，回想的記憶はその量が膨大であるにもかかわらず，ときには鮮明に多くの内容が想起されることがあります。その回想的記憶の遂行の高さに比べて，自分の未来の予定について忘れずに実行するといった展望的記憶の成績は必ずしも高くありません。展望的記憶は，日常生活を円滑に営んでいくうえで重要な役割を担っており，記憶の低下を補うには，メモをとって定期的にチェックする，身近な信頼できる人に予定を伝えておくといった記憶補助（外部の記憶）の利用も有効でしょう。

（藤村宣之）

▶3 Erikson, E. H. 1959 Identity and the life cycle. *Psychological Issues*, **1**, 1-171.（小此木啓吾訳 1973 自我同一性 誠信書房）

II 認知発達の時期

 # 成人期：生産的な活動と次世代の育成

1 成人期の年齢区分

　青年期が終了してから老年期が始まるまでの時期を成人期といいます。青年期が延長されているということも指摘されており，青年期の終了時期には諸説がありますが，社会的には職業生活の開始などの点で20代半ば以降に成人期の始まりが求められています。一般的には，成人期のうち，20代後半から30代後半にかけての時期は成人前期（young adulthood），40代から60代前半にかけての時期は中年期（middle adulthood）と呼ばれています。

2 成人期の発達課題

　成人前期，中年期には，社会との関わりでそれぞれの時期に求められる課題があります。生涯発達の観点に立った，ハヴィガースト（Havighurst, R. J. 1900-91）とエリクソン（Erikson, E. H. 1902-94）の理論をもとに，各時期の発達課題についてみてみましょう。

　成人前期の発達課題としては，職業を選んだり，配偶者を選択したりすることがあげられています。エリクソンの発達理論では，成人前期には「親密さ 対 孤立」の心理社会的危機に直面します。配偶者との結婚生活など，特定の他者に対して，ときに犠牲や妥協を求められるような関係を形成することが求められ，そのような親密な関係を形成すること，すなわち親密性（intimacy）の獲得に失敗した場合には，深い孤立感をもつことになります。

　中年期の発達課題としては，生活面での経済的安定，子どもの教育など次世代の育成，職業上の地位の確立，市民としての社会的責任の達成，親や自分自身の老化への適応などがあげられています。エリクソンの発達理論によれば，中年期には「生殖性 対 停滞」の心理社会的危機に直面します。自分の仕事や家庭生活において自分ができうることに意味を見出して生産的に活動すること，また，子どもや孫，仕事上の後輩など，次世代を育てていくこと，すなわち生殖性（generativity）が求められます。それに失敗すると内的に不活発な停滞状態に陥り，他者を拒絶することになります。

3 キャリア発達

　以上のように，成人期の発達においては，家族の問題や職業の問題が大きな

▷1 Havighurst, R. J. 1972 *Developmental tasks and education* (3rd ed.). David Mckay.

▷2 Erikson, E. H. 1959 Identity and the life cycle. *Psychological Issues*, **1**, 1-171.

▷3 Havighurst 同上

▷4 Havighurst 同上

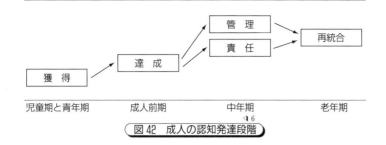

図42 成人の認知発達段階

位置を占めます。職業に関わって，個人が生涯にわたって歩んでゆく職業や職務の軌跡や経歴はキャリアと呼ばれます。そして，キャリア発達という言葉は，雇用者の側が必要な人材を育成するという意味でも，また労働者の側が職業を選択し適応していく職業的発達（vocational development）の意味でも用いられています。古典的な職業的発達の理論では，自分のことや職業について知る成長段階（0～14歳），職業の希望を形成し実現していく探索段階（15～24歳），職業を確定し，そこでの地位を築く確立段階（25～44歳），その地位を保持する維持段階（45～64歳），諸活動から退き退職する下降段階（65歳）という5段階が区別されています。職業に対する意識が多様化し，転職の機会などが増加している現在においては，年齢との対応でも，また段階区分や方向性の面でも，より多様な発達プロセスが想定されるでしょう。

▷ 5 Super, D. E. 1957 *The psychology of careers.* New York : Harper & Row.

❹ 成人の認知発達段階

成人の知能発達に関する研究をもとに，アメリカの心理学者シャイエ（Schaie, K. W.）は，4段階からなる認知発達モデルを提案しました（図42）。

知識や問題解決スキルなどを獲得することが目標となる児童期・青年期に対して，成人前期になると，キャリアや家族生活の開始にともなって，それらの知識や問題解決スキルを適用して自分自身の目標を達成することに中心が移ります（達成段階）。さらに中年期になると，個としての独立が達成され，家族との関係でも，また職場においても，他者に対する責任を負わなければならなくなります。そこで問題を解決していく際には，自分の家族に注意を向けたり，組織をまとめていったりすることが求められます（責任・管理段階）。そして老年期になると，自分にとって意味のある人生の側面に注意が焦点化され，「何を知るべきか」「知っていることをどう使うべきか」を問うていた段階から，「なぜ知るべきか」を問う段階へと移ることになります（再統合段階）。

▷ 6 Schaie, K. W. 1977-78 Toward a stage theory of adult cognitive development. *International Journal of Aging and Human Development,* 8, 129-138.

成人期以後の認知発達の段階は，単に何を知っているか，何ができるかについての違いを示すものではなく，社会との関わりで何が求められているか，自分の生き方との関わりで何を求めるかによって認知活動の質が変化することを示しているといえるでしょう。

（藤村宣之）

II 認知発達の時期

老年期：主観的な老いと客観的な老い

1 老化と老年期

人間は，性的に成熟した後，精神・身体機能のピークに達し，やがて年齢とともにその機能の衰えが不可逆的に（元に戻らないかたちで）進行します。このことを老化または加齢といい，英語ではエイジング（aging）という言葉で表します。老化が進行した人のことを老人（お年寄）と呼び，老人の域に達した後の時期を老年期（senescence, old age）といいますが，何歳から老人と呼ぶべきかには難しい問題が含まれます。[1]

学術的には，60歳頃からを初老（elderly），65歳以上を老人（aged）といいます。[2] 行政的にも，「身体上または精神上著しい障害があるために常時介護を必要とし，在宅での生活が困難となった老人」のための特別養護老人ホームの入所可能年齢は「65歳以上」と規定されています（「老人福祉法」第10条および第11条）。しかし，老化は年齢や体力検査などで測定される客観的な老いだけで判断することはできません。自分自身を老人と思うかどうかや，老人と思い込む結果としての意欲の低下がみられるかどうかといった主観的な老いもまた，老化を考えるうえで不可欠な要素となります。[3]

2 老化にともなう変化

次に，老化にともない個人の能力がどのように変化するかをみてみましょう。

まず，身体運動能力が低下します。身体運動を活発に行うためには，肺から酸素をいっぱい取り入れ，血管（赤血球）を通じてからだの隅々まで酸素を送る必要がありますが，加齢とともに肺活量が低下し，酸素消費能力が衰えます。酸素を送る血管自体も年齢とともに血管壁の硬化が進行し，動脈硬化，高血圧症，狭心症，不整脈などの循環系の老化が顕著になると，身体運動能力に悪影響を与えます。また，筋力とバランス能力の老化は，直接に身体運動能力の低下につながります。閉経後の女性に多いとされる骨質の減少は，背中や腰の痛みや，骨折しやすい状態などを引き起こす骨粗鬆症の原因となります。

第2に，知覚能力の低下です。人間には，視覚，聴覚，味覚，嗅覚，触覚の五感がありますが，知覚能力の老化が最初に顕著に現れるのは視覚からです。いわゆる老眼が40代からはじまり，老化とともに夜間視力，動体視力（動きのあるものを視覚的にとらえる力）の低下も生じます。老眼は，近くのものを見る

▷1 老人福祉法（1963年制定）という法律があり，その目的として「第1条 この法律は，老人の福祉に関する原理を明らかにするとともに，老人に対し，その心身の健康の保持及び生活の安定のために必要な措置を講じ，もつて老人の福祉を図ることを目的とする。」とあるが，肝心の老人の年齢の定義は老人福祉法の総則にも書かれていない。

▷2 老年期を研究する主な学術団体には，以下のものがある。

日本老年学会は，1959年に発足。現在は社団法人日本老年医学会，日本老年社会科学会，日本基礎老化学会，日本老年歯科医学会，日本老年精神医学会，日本ケアマネジメント学会，日本老年看護学会から構成される連合体となっている。会員6,370人。http://www.jpn-geriat-soc.or.jp/

日本老年医学会は，成人病，老年病の医療・研究の従事者，専門家からなる学会。1959年発足，会員6,238人。http://www.jpn-geriat-soc.or.jp/

日本老年社会科学会は，経済学，社会学，社会福祉学，心理学，建築学，保健学，看護学，精神医学等から老化と老人問題を研究。1959年発足，会員1,330人。http://www.rounensha-kai.org/

ときにレンズの役目をする水晶体をふくらませて調節する機能が衰えることにより生じ、新聞や辞書などの細かな文字が見にくくなります。「耳が遠くなる」こと、すなわち難聴も老化とともに生ずる知覚能力の低下であり、老人性の難聴は高い音から始まる（高音部難聴）とされます。このように、遠いところからの情報を知覚する能力が早くから老化するのに対し、近いところからの情報の知覚である味覚・嗅覚・触覚の老化の進行は、比較的遅いことが一般的です。この意味から、「老人は接近戦に強い」とも評され、味覚・嗅覚・触覚の老化進行の緩やかさが、老人の旺盛な食欲を支えています。

　第3に、認知能力の低下です。自動車の運転の場合を例にとって考えてみましょう。自動車教習所で習うように、安全運転のためには「認知・判断・操作」の連携が大切とされます。高齢のドライヴァーは、動作そのものの緩慢さのほかに、信号や歩行者・自転車の認知が遅れたり、注意の切り替えや注意の分割を行ってさまざまな情報を取り入れる能力が低下したり、「危ない」と思ってから実際にブレーキを踏むまでの反応時間の遅れが生じたり、などの理由で安全運転能力に問題が生じるとされます。このことは、ワーキングメモリーの老化という観点からみることも可能です。老人は、過去のことはくわしく覚えていたり、昔の話を何度も繰り返してしゃべったりしますが、新しいことを覚えることは苦手とされます。言い換えると、長期記憶は老化しにくいのですが、短期記憶は老化しやすいということです。

③ 認知能力の障害と円熟

　認知能力の低下が脳の萎縮の進行による老人性認知症（senile dementia）にもとづく場合もあります。その典型例であるアルツハイマー型老年認知症（senile dementia of the Alzheimer type）が進行すると、つい最近の出来事も忘れてしまう極度の記憶障害、現在の時間や場所がわからなくなる失見当識、最後には親しい家族の顔さえわからなくなる認知障害などがみられます。

　なお、厚生労働省は、2004年12月に痴呆症を「認知症」に名称変更することを提案しました。日本心理学会ほか心理学関連4団体は、名称を変更するなら、概念がより明確な「認知失調症」とすべきという意見書を提出しましたが、受け容れられませんでした。

　いずれにしても、老化が認知能力の障害を必ず引き起こすわけではありません。Ⅰ-13 で詳しく論じられているように、結晶性知能の発達が「老いてますます壮ん」な状態を生み出し、作家や画家によくみられるように、老年期の円熟（mellow）や熟年（vintage year）の境地を示す人もあります。年代もののワインを意味する「ヴィンテージ」は、「老人の知恵」が一杯詰まった芳醇な認知能力をも意味します。

（子安増生）

▷3　主観的な老いを表す英語のことわざに、次のようなものがある。
　"A man's as old as he feels, and he stops feeling—he's old."
　この意味は、「老人かどうかはその人自身の感じ方によるが、感じることをやめたとき、人は老人となる」ということである。意欲とともに感受性が老化防止にとって重要である。

▷4　⇒ Ⅲ-90 参照。

参考文献
下仲順子編　2012　老年心理学〔改訂版〕培風館

II　認知発達の時期

　不　安：なんとなくこわい

▷1　時間的展望
レヴィン（Lewin,K. 1890-1947）は，時間的展望を，「ある時点における個人の心理的過去および心理的未来についての見解の総体」と定義した。すなわち，時間的展望とは，自分の将来のことを考えたり過去を思い出すことで，現在の自分の行動に影響を与える働きのことである。

レヴィン，K.（末永俊郎訳）1954　社会的葛藤の解決——グループ・ダイナミックス論文集　東京創元社

白井利明　2002　希望の心理学　講談社現代新書

▷2　リビドー
もともと，欲望を意味するラテン語。フロイトは，精神的エネルギーとしての性欲動を，リビドーと考えた。なお，ユング（Jung, C. G. 1875-1961）の場合は，同じリビドーという用語ではあるが，性欲動ではなく，活動源としての一般的な心的エネルギーを意味するものとして用いた。

▷3　抑圧
フロイトが考えた，防衛機制（defense mechanisms）の代表的な一つ。防衛規制は，不安や不快な感情の体験を低減，あるいは回避するために行う，心的作用のことである。

1　不安とは

不安（anxiety）とは，発汗，めまい，不眠などの生理的現象をともなう，対象のはっきりしない漠然とした恐れのことをいいます。対象がはっきりしている場合を不安とわけて，恐怖（fear）と呼んだりもしますが，後でふれる行動理論のように，両者を区別しないとらえ方もあります。

私たちは，「不安を感じる」ということをネガティブにとらえがちですが，決してそうではありません。不安は，たとえば「明日何か悪いことが起きる気がする」というように，漠然としてはいますが起こりうる将来を予期することによってもたらされます。つまり，不安は，予期するという認知機能をもつからこそ生まれる情動でもあるのです。また，予期することは，自分の将来を考えるという意味で時間的展望（time perspective）◁1をもつこととつながります。こういった点からみると，不安は，未来志向的な情動ともいえます。不安の程度が強く日常生活に支障が出るほどの場合は対処を必要とする問題ですが，それ以下の不安は，以上に述べたポジティブな面ももっているのです。

2　不安についての理論

不安については，大きく3つの理論があります。1つは，フロイト（Freud, S. 1856-1939）による，精神分析学的なとらえ方です。フロイトは，実際にその対象をともなう現実不安と，神経症的不安を区別しました。神経症的不安とは，心的活動に必要な精神的エネルギーであるリビドー（libido）◁2が，自己の存在に不都合であると知覚した場合に生じる不安です。しかもリビドーは，無意識の世界に抑圧（repression）◁3されているため，不安の原因は，周囲や本人もわかりにくいものとなります。たとえば，家族に対する憎しみというリビドーがあった場合，子どもがそれを家族のなかで出すことは，自分の生存に不都合ですので抑圧されます。しかしそれが，意識の世界へ出ようとすると，その危険を子ども自身が察知し，それが不安となるのです。

2つは，行動理論よるとらえ方です。そこでは，不安は，苦痛をある場面で経験したことによって，その場面に含まれるさまざまな刺激が，その後の苦痛を予期するものになることで生じる予期反応（anticipation response）◁4と考えます。たとえば，犬に嚙まれる経験をした後，嚙まれた場所やそこに住んでいる

人を思い浮かべたりするだけで，その恐怖や不安が生じます。つまり，不安は条件づけ（conditioning）によって形成される反応ととらえます。

3つは，認知論によるもので，ラザラス（Lazarus, R. S. 1922- ）の認知的評価理論があげられます。そこでは，事態をどう認知するかによって，不安を強く感じたり感じなかったりすると考えます。ラザラスは，事態が脅威かどうかとそれが自分に関連した事柄かどうかを認知する1次的評価（primary appraisal）と，脅威事態が制御可能かどうかを認知する2次的評価（secondary appraisal）を想定します。事態が自分に関連する脅威であり，しかも制御不可能だと認知することで，より強い不安が引き起こされると考えるのです。

3 不安のアセスメント

行動理論により，不安が条件づけによって形成されるものととらえることにより，学習実験における不安の影響などが研究対象となってきました。そのため，不安のアセスメントが必要となりました。そこで開発されたアセスメント尺度の代表的なものに，状態―特性不安尺度（state-trait anxiety inventory: STAI）があります。これは，それまでの不安を1次元的にとらえる問題点を指摘し，多次元的に不安をとらえたものです。具体的には，それまで中心的にとらえられてきた，比較的安定した個人の反応傾向としての特性不安（trait anxiety）と区別し，個人がそのときおかれた条件により一時的に感じる状態不安（state anxiety）を考えました。そのため，状態―特性不安尺度は，特性不安尺度と状態不安尺度の2つの尺度からなる質問紙となっています。状態不安尺度では，特定時点での自己の状態について回答を求めるのに対し，特性不安尺度では，一般的な自己の状態について回答してもらうものです。

4 不安と対処行動

それでは，私たちは，不安をどうやって弱めようとするのでしょうか。ラザラスは，認知的評価理論において，ストレス反応を低めるための認知的あるいは行動的努力を，対処行動（coping behavior）と呼びました。ストレス反応の1つが，強い不安を感じることであるとすれば，これは不安に対する対応とも考えられます。ラザラスは対処行動のなかに，情動焦点型対処行動（emotion-focused coping）と，問題焦点型対処行動（problem-focused coping）の2種類の存在を明らかにしました。情動焦点型対処行動とは，問題を解決することではなく，気晴らしをしたり，ストレスを与える事態を考えないようにすることです。それに対し，問題焦点型対処行動は，問題がどこにあるかを明確化し，情報を集めて解決策を考えたり実行することを指します。実際にはこの2つの対処行動は，どちらか一方だけ行われるということはなく，両者が同時，あるいは継時的に行われ，相互に影響し合う場合が多いと考えられます。（別府　哲）

▷4　予期反応
ある事柄を予測し，その事柄に備えた行動をしたり，事柄の発生後に行うべき反応を先にしてしまうこと。

▷5　ラザラス, R. S.・フォルクマン, S.（本明寛・春木豊・織田正美監訳）1991　ストレスの心理学　実務教育出版

▷6　Spielberger, C. D., Gorsuch, R. L., & Lushene, R. E. 1970 *STAI Manual for the State-Trait Anxiety Inventory*. Palo Alto, CA: Consulting Psychologist Press.

▷7　不安のアセスメントとしてはほかに，1953年にテーラー（Taylor, J.）が作成した，顕在性不安尺度（manifest anxiety scale）がある。これも含め，状態―特性不安尺度が作成される前は，人格特性としての不安のみが想定され，それにあったアセスメントが作られていた。実際，顕在性不安尺度は，人格テストであるミネソタ他面人格目録（Minnesota Multiphasic Personality Inventory: MMPI）の項目から抜き出したものをもとに作成されている。

【参考文献】
上里一郎監修　2001　心理学アセスメントハンドブック第2版　西村書店

II 認知発達の時期

 死：人生の永遠の問い

生物としての死

　人を含めた生物は，すべて老化と死をまぬがれることはできません。なぜ人は老い，死を迎えなければならないのでしょうか。老化と死の生物学的説明として，プログラム説と非プログラム説があります。

○プログラム説

　動物の発生・成熟が遺伝子のプログラムにしたがって一定の順序で起こるのと同じように，「老化と死もあらかじめ遺伝情報として遺伝子に組み込まれている」とする説です。その論拠の1つとして，動物の種によって細胞分裂回数と寿命が定まっており，しかも両者には相関があることが示されています[2]。

　それでは，なぜ老化と死はプログラムされていなければならないのでしょうか。イギリスの動物学者リチャード・ドーキンズ[3]は，「遺伝子は，自己自身の複製を作りだすためにはあらゆる手段をつくす利己的な存在であり，生物個体は遺伝子の乗り物にすぎない」とする利己的遺伝子説を提唱しました。この説を敷衍すれば，生殖を終えた個体が長生きすると，食物をはじめ子どもの生息環境は悪化するので，遺伝子が親の排除をプログラムしているというのです。生まれた川にさかのぼって産卵直後に死んでしまう鮭の一生は，この説にうまく合致します。一面の真理をついているかもしれませんが，何とも寒々とした説ですし，何よりも老化の意味の説明は不十分です。

○非プログラム説

　老化と死がプログラムされていると仮定しない説明もたくさんあります。たとえば，DNA損傷説というものがあります。これは，生命の維持に必要な細胞の自己増殖を支配するDNA（遺伝物質としてのデオキシリボ核酸）に対し，放射線などがその鎖の損傷を生じさせ，最初は有効な修復機構も徐々にきかなくなり，正常な細胞機能が失われていくという説明です。

　それ以外にも，本来有用なはずの活性酸素が体内の脂質，蛋白質，酵素，DNAを酸化し損傷を与えることが原因とする活性酸素説など，多くの説が提唱されています。非プログラム説の個々の説は，老化の具体的な現象をうまく説明しますが，老化全体や死の意味に対してはまだまだ説明力が弱いように思われます。

▷1　三羽信比古　1992　プログラムされた死　岩波書店

▷2　たとえば，マウスの寿命は3.5歳，その細胞分裂回数14～28回，人の寿命は110歳，その細胞分裂回数40～60回，「鶴は千年，亀は万年」のカメの寿命は175歳，細胞分裂回数90～125回である（同上書）。

▷3　ドーキンズ（Dawkins, R. 1941- ）
ナイロビ生まれ。1962年オックスフォード大学卒。オックスフォード大学動物学教授。

▷4　身を挺して外敵からヒナを守る親鳥も，姉妹関係にある女王蜂を助ける生殖能力のない働き蜂も，生物の「利他的行動」は，遺伝子が残る確率を高くする行動と解釈される。

2 死に至る過程

アメリカの精神科医エリザベス・キューブラー＝ロス（図43）は，末期のがん患者に対するインタヴューの結果をまとめ，死の受容の5段階を提唱し，『死ぬ瞬間』という本にまとめました。この本は1969年に出版されるや全米のベストセラーになり，1979年にはボブ・フォッシー監督，ロイ・シャイダー主演の映画『オール・ザット・ジャズ』でもこの「死の受容の5段階」説が取り入れられて，話題となったものです。その死の受容の5段階とは，以下のような経過をたどります。

第1段階（否認と孤立）：自分ががんにかかったという予想しなかった衝撃的な報告を聞かされたとき，その事実を直視できず，「そんなはずはない」という否認の感情が起こります。

第2段階（怒り）：しかし，がんが進行して死ぬかもしれないという現実を認めざるえなくなると，今度は「なぜ自分だけこんな目に会うのか」と，自分以外の人や神に対して怒りや恨みをぶつけます。

第3段階（取り引き）：次に，神に対して，「もう地位も名誉も財産もいらないから，命だけは助けてください」と延命のための取り引きを行います。

第4段階（抑鬱）：そのようなことがすべて無駄であることを知って，抑鬱状態におちいります。病気が進行し，衰弱が進むと，無力感が深刻になります。

第5段階（受容）：最期の時が近づくのを静観する受容の段階に入ります。それは，「長い旅路の前の最後の休息」のときが訪れたかのように見えます。

もちろん，がんのような比較的進行の緩やかな病気の場合でさえ，すべての人がこの5段階をたどって，死を迎えるわけではありません。まして，死因には事故による突然死もあり，死に至る過程は人さまざまです。死は，すべての人に平等に訪れますが，乳幼児期の早すぎる夭折もあれば，天寿を全うした老衰死もあり，死に至るまでの人の生は多様です。健康なときには，死のことは考えませんし，考えたくもありません。凡人には，不治の病にかかってはじめて生と死の実相がみえるというのは避けがたいことかもしれません。

3 永遠の問い

ラテン語に「メメント・モリ（memento mori）」という言葉があります。16～17世紀の絵画，特にオランダ絵画は，宗教画でなく富裕な市民が求める商品であり，教訓を盛り込んだ寓意画が多数描かれました。なかでも，死の警告としての頭蓋骨は，メメント・モリが図像化されたものとして好まれたようです。

最後になりますが，人が生まれ，成長し，やがては年老い，死んでいくことの意味はいったい何でしょうか。これは，答のない問い，永遠の問い，問うこと自体に意味のある問いというべきものです。

（子安増生）

図43　キューブラー＝ロス
撮影：Ken Ross

▷5　キューブラー＝ロス（Kübler‐Ross, E. 1926-2004）
チューリヒ生まれ。1957年，チューリヒ大学医学部卒。結婚後，1958年にアメリカに渡り，『死ぬ瞬間』がベストセラーになる。

参考文献

ドーキンズ（日高敏隆他訳）2006　利己的な遺伝子〈増補新装版〉　紀伊國屋書店（Dawkins, R. 1976 *The selfish gene.* Oxford University Press.）

三羽信比古　1992　プログラムされた死　岩波書店

エリザベス・キューブラー＝ロス（鈴木晶訳）2001　死ぬ瞬間——死とその過程について　中公文庫（Kübler‐Ross, E. 1969 *On death and dying.* MacMillan.）

Ⅲ　認知発達の障害とその支援

 障　害：変化する障害像

ICIDH1980年度版の障害モデル

今日さまざまな障害について，その原因と症状，治療法が医学によって明らかにされてきています。ただ，個々の障害の違いを超えて「障害とは何か」という点については一般に誤解や混乱があります。たとえば，障害は生物学的要因によってのみもたらされるものであり，何らかの疾患が治らず固定した状態とする見方は古くからあります。障害は何らかの疾患に由来するものであることは事実ですが，そうした障害理解では，同一の障害であっても，その個人の発達や環境要因によって障害像が変化しうることを説明できません。また，障害をもちつつ生きている人たちに対して，現状を変えていく具体的でかつ実効性のある支援が弱くなります。

　ＷＨＯ（世界保健機関）は障害概念についての検討を重ね，1980年版の国際障害分類（International Classification of Impairments, Disabilities, and Handicaps: ICIDH）で図44のような障害モデルを提起しました。

　障害はまず何らかの疾患をもつことによって発生し，脳，感覚器官や身体において機能や形態の異常となって現れます。これは生物学的レベルでの障害であり，機能・形態障害（impairments）と呼ばれます。運動障害，視覚や聴覚の障害などが該当します。

　さらに，機能・形態障害によってもたらされるのが，「人間にとって正常とみなされる方法ないし範囲で，活動を遂行する能力の制限ないし欠如」である能力障害（disabilities）です。歩行する能力，言葉を話す能力，文字を読み書きする能力などを獲得することに制約がある状態を指しています。ここで注意が必要なのは，能力障害の程度が機能・形態障害の程度によって一義的に決まるものではないということです。たとえば，視覚障害という機能・形態障害をもっていても，点字を使い適切な教育を行えば，能力障害の程度をかなり減らすことができます。

　社会的不利（handicaps）は，機能・形態障害および能力障害の結果，就学，就労など基本的人権として認められる生活や活動，通常，誰もが行いうる社会的活動が制約されている状態を指しています。社会的活動への参加を積極的にとらえている点に，このモデルの特徴があります。

▷1　障害を社会的文脈で理解していく発想は，ノーマライゼイション（normalization）の思想とも重なる。ノーマライゼイションは1940年代後半のデンマークから生まれ，障害をもつ人々が障害に対する特別なケアを受けるとともに，個人生活でも社会生活でも通常の仕方で能力を発揮し，社会参加する機会を保障することを提唱した思想である。

▷2　1947年の学校教育法制定後30年あまり，養護学校の設置義務が課せられなかったため養護学校が増設されなかった。そのため，中度・重度の障害児の多くが就学猶予，就学免除の措置がとられ，学習の場に参加できないという事態が続いた。その結果，発達の停滞・退行を示した事例，健康を害し死亡する事例などが後を絶たなかった。その詳細は，次の文献も参照のこと。
　茂木俊彦　1990　障害児と教育　岩波書店
　藤本文朗　1983　障害者の発達と教育的環境　青木書店

▷3　二次的障害
適切な医学的，教育的対応がなされないため，心理的不適応を起こすなどして生じる障害。

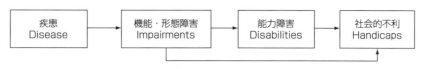

図44　ICIDH 1980年度版の障害モデル

2 国際生活機能分類における障害モデル

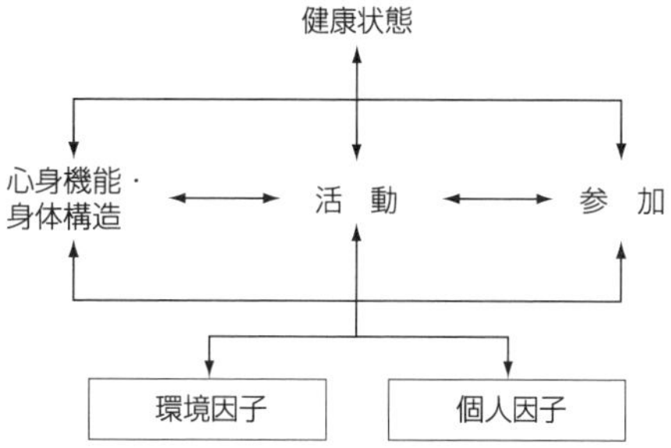

ICIDH の障害モデルには当初より，さまざまな批判もありました。その1つに，機能・形態障害ないし能力障害が社会的不利をもたらすという，一方向でしか因果関係をとらえられていないということがあります。それに対して，社会的不利の状態に置かれ続けることによって，能力障害がより深刻なものになることにも注目する必要があります。学習や労働といった活動の場に参加できないことが，能力発達の機会を奪い，場合によっては二次的障害を招くことさえあるのです。

ICIDH が疾患から出発する「医学モデル」であるのに対して，障害をもつ人を社会参加の主体または生活の活動主体としてとらえていく方向で，障害モデルの改訂が進められてきました。その結果，WHO によって図45のモデルに基づいた，国際生活機能分類（International Classification of Functioning, Disability and Health: ICF）が新たに出されました。これは ICIDH のモデルに比べ，人間の生活にかかわる問題を，重層的かつ総合的にとらえるものとなっています。

図45　ICF における生活機能構造モデル

このモデルでは，生活機能とその障害は，健康状態と背景因子（個人因子と環境因子）からの影響を受けている，3つの構成要素（心身機能・身体構造 [body function, body structure]，活動 [activity] および参加 [participation]）の相互作用によって規定されると考えられています。心身機能・身体構造における障害は機能障害に相当します。活動や参加における障害は，活動制限ならびに参加制約という概念で説明されます。

この3つの次元は，環境因子による作用を受けつつ，相互に影響し合うものである点に特徴があります。たとえば，脳性まひによる運動障害は機能障害として歩行活動を制約することになります。それが社会参加の制約を起こす可能性もありますが，バリアフリーの街やヘルパー制度の充実など環境因子の改善によって，社会参加の制約は減じ，さらにその個人の活動性が向上することも期待されます。障害は固定的なものではなく，障害をもつ人が人間らしく生きるための方法は，多面的に考えられるのです。

（木下孝司）

▷4　厚生労働省のホームページに，「国際生活機能分類——国際障害分類　改訂版」（日本語版）が掲載されている。アドレスは下記の通り。
http://www.mhlw.go.jp/houdou/2002/08/h0805-1.html

▷5　ICF は障害の分類のため，その構成要素を整理したものであり，生活機能や障害がいかに形成されるのかという「過程」をモデル化したものではない。このモデルをさらに発展させるためには，発達というモメントをモデルに組み込む必要があろう。すなわち，ある生物学的制約をもちながらも，環境因子から一定の影響を受けつつ，個人が活動を通して自らを変化させていく（発達する）なかで，障害の状態や意味がどのように変わっていくのかについて，さらに検討を要する。

III 認知発達の障害とその支援

診　断：発達障害の発見

1 診断とその目的

　発達臨床における診断とは，発達障害に関する適切な分類枠組み――代表的なものとしてはDSM-5，ICD-10等――にしたがって，対象となっている子どもの問題（障害）を明確にすることです。ただし，診断は子どもに障害名のレッテルをはったり，その子どものもっている能力や発達の可能性から目をそらすものであってはなりません。診断を行う目的は，その子どもの抱えている困難と能力を正確にとらえることにより，その子どもが自ら発達していくための効果的な支援を計画し，実行するための手がかりを得ることです。

2 乳幼児健診と就学時健診

　発達障害はできる限り早期に発見し，障害のある子どもを中心とした医療と教育の連携による意図的・系統的な働きかけとして療育などの発達支援を行うことで，障害のある子どもも発達が促進され，二次的障害の発生を予防することができます。障害の早期発見に大きな役割を果たしているのが，乳幼児健康診査です。
　「幼児期において身体発達および精神発達の面から最も重要な時期である3歳児のすべてに対して，医師・歯科医などによる総合的健康診査を実施して，その結果にもとづき適当な指導および処置を行う（母子保健法第12条）」ことを目標に1961年に3歳児健康診査（以下，3歳児健診と記す）が全国で始まりました。その結果，身体的な障害や重度の知的障害の可能性のある子どもの把握，治療の必要な病気の発見はほぼ確実になされるようになりました。その実績をふまえ，77年には1歳6カ月児健康診査（以下，1歳半健診と記す）が始まりました。これ以降，乳幼児健診は身体発達の問題や病気の発見だけでなく，心身障害をはじめとした子どもの発達保障を目的とする段階へ進んできました。97年には地域保健法施行により，県（保健所）から市町村へ健診の実施主体が移管されました。これにより子どもの発達をみる専門職をスタッフに加えるなどきめ細かな対応を行う自治体が増えた一方，障害を発見してもその後の対応が未整備な自治体もあるなど地域格差が進んでいます。
　現在の課題の1つは，障害をもつもしくはハイリスクの子どもを発見した後のフォロー（継続的な発達相談や療育，保護者の障害受容の促進・虐待防止など

▷1　診断
医師法第17条において「医師でなければ，医業をなしてはならない」と規定されている。医業を広義にとらえると，あらゆる診断は医師のみに許された行為となるが，発達診断や心理査定などが診断にあたるのかをはじめ，医業の範囲には議論がある。

▷2　⇒III-83参照。

▷3　船越知行　1996　I　施設の役割とは？　船越知行編著　障害児早期療育ハンドブック　学苑社　pp. 1-58.

▷4　1歳6カ月児健康診査
厚生省（現厚生労働省）からの「1歳6カ月児健診の実施について」の通達により全国で実施されている。

▷5　小枝達也編著　2002　ADHD, LD, HFPDD, 軽度MR児保健指導マニュアル――ちょっと気になる子どもたちへの贈りもの　診断と治療社　参照。

の体制の整備です。障害の発見や診断はあくまで発達支援を実施するために行うのであり、障害をもつ子どもの発達を支援する専門機関や療育の場、それを行える専門家の存在が前提となります。また、他の課題として、乳幼児期での（軽度）発達障害の発見とフォローがあげられます。（軽度）発達障害については、現在の乳幼児健診では、発達的な視点が取り入れられている場合でも、全般的な知的発達に大きな問題がなければ指摘されずに過ぎることも少なくありません。

また、毎年秋頃、翌春小学校へ入学予定の子どもに行われる就学時健康診断（以下、就学時健診と記す）があります。就学時健診の目的として、学校生活を送るうえでの健康面の観察と就学児童のなかから障害があるといった理由で特別な支援が必要な子どもを発見し、教育委員会が特別支援学級または特別支援学校への就学を指導する（適正就学指導）ことが考えられます。一般的に、就学時健診で何らかの障害があると認められたとき、学校長から教育相談を受けるように勧められます。教育相談は教育委員会を中心に行われます。通常、短時間の検査や面接が実施され、多くの場合、特別支援学級等への就学が指導されます。しかし、就学時健診や適正就学指導に関しては、十分なアセスメントが行われない、その後の発達支援の内容が十分説明されず、単に普通学級かそれ以外かの振り分けに過ぎないといった批判があります。

③ 非侵襲的機能画像法

診断カテゴリーは、症状のまとまりや行動パターンに関する記述を体系化することから始まります。そして、症状や行動の根底にある生理学的プロセスや原因が明らかになってくると、そうした生理学的もしくは病因的なものにもとづく診断がされるようになります。今までの発達臨床における診断は記述的なものでした。というのは、生理学的なデータが得にくかったためです。多くの発達障害と脳の器質的問題の関連は予想されていましたが、生きている人間の脳や脳の機能を観察する方法がなかったのです。しかし、90年代以降、次々と新たな非侵襲的脳機能画像法が登場してきました。fMRI（functional Magnetic Resonance Imaging：機能的磁気共鳴画像）やPET（Positoron Emission Tomography：陽電子放射断層撮影法）などです（図46）。こうした測定方法の進歩により、これからの発達臨床における診断には生理学的な知見が反映されるようになってくるとともに、脳の器質的障害や機能についての理解にもとづいた療育方法が開発されるかもしれません。　　　（郷式　徹）

▷6　かつて、重度障害の子どもたちに対し、就学免除とか猶予という形で就学機会を奪っているケースが多く存在した。1979年以降、養護学校義務制がしかれ、すべての子どもが教育の機会を得た。一方で、障害があっても子どもを（特別支援学校ではなく）地域の学校に入れたいという保護者と教育委員会とのトラブルもある。なお、入学する学校の選択権は子ども自身（実際にはその保護者）にある。

▷7　fMRI、PET、NIRS（Near Infrared Spectroscopy：近赤外光脳内血流計測）は、血流の増大を測定することで、脳のどの部分が活発に働いているかを調べることができる。また、MEG（Magnetoencephalography：脳磁気図記録法）は脳細胞が活動したときに発する磁気を測定することができる。

▷8　スーザン・グリーンフィールド　新井康允訳　2001　脳の探求　無名舎　p. 24の図を引用。

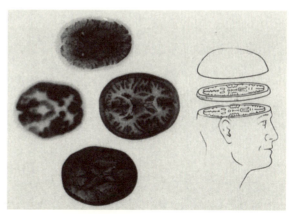

脳の断面画像4つのテクニック。上はコンピュータ断層撮影（CT）、中央左は陽電子放射撮影（PET）、中央右は標準（T1強調）の核磁気共鳴画像法（MRI）、下は白質を強調した（T2）MRI画像。

図46　各種の非侵襲的機能画像

III　認知発達の障害とその支援

83 ICD-10/DSM-5：精神障害の診断基準

1 精神障害の統一した診断基準

「あの子は自閉症をもつ子どもだ」とか「AD/HDと診断されている」ということがあります。この自閉症とかAD/HDという精神障害（mental disorders）の診断は何にもとづいて行われているのでしょうか。以前は診断基準が明確ではなく、診断する医者によって違う主観的基準をもっていたこともあります。しかし、対象となる障害の基準自体が違えば、同じ障害の治療を議論してもすれ違いになってしまいます。そういった問題を改善するため、統一した診断基準の必要性がさけばれてきました。そのなかで作成され、現在広く用いられているのが、WHO（World Health Organization：世界保健機関）が作成する国際疾病分類（International Statistical Classification of Diseases and Related Health Problem：ICDと略す）と、APA（American Psychiatric Association：アメリカ精神医学会）が作成する精神障害の診断・統計マニュアル（Diagnostic and Statistical Manual of Mental Disorders：DSMと略す）です。現在までそれぞれ数回の改訂を経て、ICD-10とDSM-5が最新版になっています。

2 診断基準が生まれた歴史的背景

世界保健機関は、国際連合の専門機関の1つとして1948年に創設されました。そして、世界のすべての人々に最高水準の健康を維持できることを目的に、伝染病対策、保健の調査研究、教育訓練、広報などの保健衛生問題に取り組んでいます。その1つに、「国際疾病分類」ICDの改訂と普及が含まれます。これは、死因などを分析し健康増進の戦略を立てるために、そして現在行っている対策の有効性を検証するために必要不可欠なものです。そのため、ICDでは、精神障害だけでなくすべての身体疾患を対象とした分類となっています。

これに対し、DSMは第1版（DSM-Ⅰ）が1952年に出版された当初より、精神障害の診断基準として作成されました。ただし当初は、障害の診断基準を客観的で明確なものとするうえでは弱点をいくつかかかえており、普及するには至りませんでした。それが前項の理由により、第3版であるDSM-Ⅲから、後でふれる操作的な診断基準を導入し、当時のICD-9と提携することで診断基準の客観化が図られるようになったのです。

▷1　精神障害
精神病を含む病的な精神状態を幅広くさす用語である。定義は曖昧だが、精神疾患や精神病の概念よりは広いもので、ICD-10の「精神および行動の障害」（表18参照）やDSM-5での精神障害の基準がそれに該当するという考えが一般的である。

表18　ICD-10の「精神および行動の障害」の診断カテゴリー（一部抜粋）

- F0．症状性を含む器質性精神障害（アルツハイマー性認知症など）
- F1．精神作用物質使用による精神および行動の障害（アルコール使用によるものなど）
- F2．統合失調症，分裂病型障害および妄想性障害
- F3．気分（感情）障害（双極性感情障害など）
- F4．神経症性障害，ストレス関連障害および身体表現性障害（不安障害，強迫性障害など）
- F5．生理的障害および身体的要因に関連した行動症候群（摂食障害など）
- F7．精神遅滞
- F8．心理的発達の障害（自閉スペクトラム症，学習能力の特異的発達障害など）
- F90-F98．小児期および青年期に通常発症する行動および情緒の障害（AD/HDなど）

3 ICD-10，DSM-5の特徴

　DSM-5を例に，その特徴を述べます。第1に，障害の診断を客観的なものとするため，病因による分類ではなく，操作的な診断基準を採用したことです。観察可能な徴候（sign）と本人の主観的報告による症状（symptom）によって判断できる複数の項目のうち，一定数以上が当てはまることを，診断の重要な基準とするのです。たとえばAD/HDの場合，不注意を示す具体的項目9個のうち6個以上か，多動性─衝動性を示す項目9個のうち6個以上のいずれかがその子どもの状態に該当することが必要です（17歳以上では5個以上）。病因や原因ではなく，徴候と症状を基準とする点が，操作的であり客観的なのです。第2は，カテゴリカルな診断基準だということです。すなわち，できるだけ障害が互いに重複しないように，除外基準を明確にしています。さきほどのAD/HDでいえば，「統合失調症，または他の精神病性障害の経過中にのみ起こるものではない」ことも基準に含まれます。第3は，多元的診断（dimension diagnosis）の導入です。先に述べたカテゴリカルな診断は，その精神障害があるかないかを明確に判定する趣旨があります。一方，同じ精神障害であっても，そのレベルは多様であり，変動することも多々あります。それを勘案するため，多元的なスペクトラム（連続体）を想定したのです。たとえば自閉スペクトラム症であっても，その重症度により，レベル3（きわめて強力な支援を要する）からレベル2（多くの支援を要する），レベル1（支援を要する）に区分されます。それによって同じ自閉スペクトラム症でも，教育や支援の焦点をどこに向けるべきかは変化することになります。

　ICD-10は，DSM-5の特徴で指摘した第1と第2の点は同じですが，第3の多元的診断は採用していません。それは，前項で述べたそれぞれの歴史によるものであり，ICDは精神的なものも身体的なものも含めた疾病分類を目指していることによります。ただいずれも，精神障害のカテゴリカルな診断基準としてはほぼ統一されており，それによって治療者相互間の比較が一挙に可能となっており，精神科診断学の一層の発展をもたらしています。

（別府　哲）

▷2　DSM-5
2013年に英語で出され，日本語訳は2015年に『DSM-5　精神疾患の診断・統計マニュアル』として出版された。DSM-Ⅳ-TRと比較し，本文中の第1，第2の特徴は変わりないが，DSM-Ⅳ-TRで採用されていた多軸診断が廃止され，本文中の第3の特徴である多元的診断が採用された。

▷3　統合失調症（schizophrenia）
現実世界と空想世界の境界が曖昧になり，幻覚や妄想など多様な症状がみられるものです。思春期から青年期が好発期で，薬物療法，精神療法，社会復帰療法などを組み合わせて治療することが重要といわれている。症状と治療を丁寧に論じたものとして，笠原嘉　1998　精神病　岩波書店がある。

参考文献

森則夫・杉山登志郎・岩田康秀　2014　臨床家のためのDSM-5虎の巻　日本評論社

高橋三郎・大野裕・染谷俊幸・神庭重信訳　2014　DSM-5　精神疾患の診断・統計マニュアル　医学書院

融道男・中根允文・小宮山実　1993　ICD-10　精神および行動の障害──臨床記述と診断ガイドライン　医学書院

Ⅲ　認知発達の障害とその支援

視覚障害：視力と視野の制約

 視覚障害とは

　視覚障害（visual impairment）とは，視力や視野などに障害があり，日常生活に不自由がある状態をいいますが，以下に述べるように，視覚障害者の処遇の場面ごとに，行政上の細かな規定が法律によって定められています。

◯学校教育法

　児童生徒の教育場面では，「学校教育法施行令」第22条の3において，盲学校（特別支援学校）に就学させるべき盲者（強度の弱視者を含む）を「両眼の視力がおおむね0.3未満のもの又は視力以外の視機能障害が高度のもののうち，拡大鏡等の使用によっても通常の文字，図形等の視覚による認識が不可能又は著しく困難な程度のもの」と規定しています。さらに，視力の低下により，教育的配慮を要する状態を，次の3つの段階に区分しています。

(1) 盲　　視力0.02未満。
(2) 準盲　視力0.02以上0.04未満。
(3) 弱視　視力0.04以上0.3未満。

◯身体障害者福祉法

　「身体障害者福祉法」第4条では，「別表に掲げる身体上の障害がある18歳以上の者であつて，都道府県知事から身体障害者手帳の交付を受けたものをいう」と規定しており，その別表では「次に掲げる視覚障害で，永続するもの」として以下のものがあげられています。

(1) 両眼の視力（万国式試視力表によって測ったものをいい，屈折異常がある者については，矯正視力について測ったものをいう。以下同じ）がそれぞれ0.1以下のもの。
(2) 一眼の視力が0.02以下，他眼の視力が0.6以下のもの。
(3) 両眼の視野がそれぞれ10度以内のもの。
(4) 両眼による視野の2分の1以上が欠けているもの。

◯労働者災害補償保険法

　いわゆる労災保険を取り扱う「労働者災害補償保険法」では，業務上あるいは通勤による負傷や疾病が治っても身体に障害が残った場合，障害補償給付を支給するための障害の程度を障害等級表で定めています。視覚障害については，

(1) 光覚弁（明暗弁）：暗室にて眼前で照明を点滅させ明暗を弁別できる視力

(2) 手動弁：検者の手掌を眼前で上下左右に動かし動きの方向を弁別できる視力
(3) 指数弁：検者の指の数を答えさせそれを正答できる最長距離を測定する視力

を区別し，眼球を亡失（摘出）したもの，明暗を弁別できないもの，光覚弁・手動弁を含む明暗の弁別が困難なものを「失明」と規定しています。

厚生労働省の調査（平成25年障害者白書[1]）によると特別支援学校の在籍者数は，幼稚部227人，小学部1,760人，中学部1,114人，高等部2,793人でした。

❷ 視覚障害への支援

外界から得られる情報のうち，視覚情報の占める割合はきわめて高いといわれています。そのような視覚からの情報に制約があることは，日常生活のうえでも，学校教育を受けるうえでも，大きなハンディキャップであることはいうまでもありません。それに対する支援の手立てとして，次のようなものがあります。

○点　字

点字は，3行2列の点（突起）の有無で文字を区別するものでフランスの盲人ルイ・ブライユ（Braille, L. 1809-1852）らが考案したとされます。彼の姓の「ブライユ」（英語では「ブレイル」）がそのまま「点字」を意味します。視覚障害というと点字を連想しますが，全盲でなければ文字の拡大（レンズなどによる）の方が重要なことが多いですし，点字を早く読み書きするには相当の訓練が必要です。

○つえと盲導犬

視覚障害者が公道を歩く場合，「道路交通法」と「道路交通法施行令」による保護規定を受けます[2]。そのかわり，つえか盲導犬によって歩行することが求められます。盲導犬（guide dog）にはハーネス（犬の胴輪部と手に持つハンドル部から成る）が取り付けられ，視覚障害者はハーネスを通して伝わる動きから，歩行中の障害物や段差などを把握することができ，安全に歩行・回避・停止することができるのです。このように，視覚障害者は法律によって保護されているはずなのに，現実の道路は歩きやすいものでないという状態を改善しなければなりません。

○ソニックガイド

頭部に装着し（眼鏡状のものもあります），超音波を発信して歩行時の障害物を感知し，音で知らせる歩行補助具のことをソニックガイド（Sonicguide; binaural sensory aid），同様につえに発信装置を仕込んだものは，レーザーケイン（Laser Cane）と言います[3]。

（子安増生）

▷1 『障害者白書』平成25年度版は，下記ウェッブページから閲覧可能である。http://www8.cao.go.jp/shougai/whitepaper/h25hakusho/gaiyou/h1_01.html

▷2 「道路交通法」第14条では，視覚障害者の通行の仕方について「目が見えない者（目が見えない者に準ずる者を含む。以下同じ。）は，道路を通行するときは，政令で定めるつえを携え，又は政令で定める盲導犬を連れていなければならない」と規定している。さらに，「道路交通法施行令」第8条でつえや盲導犬の用具は白色または黄色と定められている。また，盲導犬は，国家公安委員会が指定する社会福祉法人で必要な訓練を受けたものでなければならない。

▷3 "Sonicguide" ならびに "Laser Cane" は商品名であり，"binaural sensory aid" が一般名称。

参考文献
佐藤泰正編著 1988 視覚障害心理学 学芸図書出版

Ⅲ 認知発達の障害とその支援

85 色覚異常：十人十色，見えない色

1 色覚異常とは

　色覚異常とは，緑や赤などある特定の色が見えない色盲（color-blindness）と，そのような色が見えにくい色弱（color-weakness）のことをあわせていいます。色覚異常が起こる仕組みは，およそ次のようなものです。

　目に入った光は，眼球の奥の網膜（カメラのフィルムにあたる厚さ0.1mmの膜）を通して，その情報が大脳に伝わります。その網膜には，明暗を感じる桿体と，色を感じる錐体という2種類の視細胞があります。錐体には，赤受容物質，緑受容物質，青受容物質という3つの視物質（visual substance）が含まれていて，それぞれ対応する色に反応します。この赤・青・緑の三原色の視物質があれば，その組み合わせにより，フルカラーで物を見ることができます。しかし，遺伝的変異により，視物質を欠く（色盲）か，視物質の働きが弱い（色弱）のが色覚異常です。その際，赤の視物質の遺伝的変異を「第一色盲（色弱）」，緑の視物質の遺伝的変異を「第二色盲（色弱）」，青の視物質の遺伝的変異を「第三色盲（色弱）」といいます。

　実際には，青の視物質の遺伝的変異はごくまれ（数万人に1人）であり，色覚異常は主に赤と緑の知覚で生じます。赤の色覚異常と緑の色覚異常をあわせると，日本人では男性の約5％，女性の約0.2％が色覚異常であるといわれます。この数字からわかるように，色覚異常の人は男性に多く，伴性遺伝によりそのようになることがわかっています。

2 色覚異常に対する教育的配慮

　色が見えにくいと，日用品や服を買うときや使うときに間違えたり，肉の焼けぐあいがわかりにくかったり，信号の色が区別しにくかったりして，何かと不便なものです。この問題は，当然ながら，学校生活のなかでも生じます。

　1989年に文部省（当時）は，『色覚問題に関する指導の手引き』を作成しました。そのなかで，色覚異常の児童生徒たちに対して教育上配慮すべきこととして，たとえば緑色の黒板への板書に当たって，次のような点に留意することが示されています。

(1) 赤や青色のチョークでなく，白や黄色を用いる。
(2) 赤チョークを使用する場合，別な色で下線や囲みをつける。

▷1　色が見えにくいことを表す用語については，「色盲」より「色覚異常」を使う方が良いとする立場，単に色が見えないだけで「異常」ではないのだから「色盲」の方が良いとする立場，「色覚特性」「色覚少数派」などの表現を提唱する立場などさまざまである。なお，英語の"color-blindness"には，「肌の色を気にかけない，人種的偏見のない」という良い意味もある。

(3) 色チョークを使用する場合，色名をはっきり告げる。
(4) 文字，図，絵等はできるかぎり大きくはっきりと書く。
(5) 図の色分けをする場合には，文字や記号を併記する。
(6) 黒板の表面にチョークの粉が残って他の色と混じることのないようにする。

また，答案やレポートなどの採点・添削に赤い文字を使う場合には太字にすること，観察・実験・実習の指導，絵の表現の指導，校内の安全管理，体育のユニフォームの色の指示などに際して十分配慮することなどが示されました。

わが国では，色覚異常があるかどうかを調べるために，学校で児童生徒の色覚検査が義務づけられ，石原式色覚検査というものが長い間用いられてきました。しかし，検査によって色覚異常を発見することができたとしても，現在の医学では先天性の色覚異常を治療する方法はありません。検査によって自分の色覚異常が周りの人に知られる苦痛，進学や就職などで不利益を受ける色覚差別の問題，検査よりも見やすい教材を工夫した適切な教育方法を考えるべきとする主張，欧米の学校では色覚検査を実施していないという実態などの理由により，色覚検査を学校で行うべきでないという議論が眼科医，色覚異常をもつ人の間で起こりました。

これを受けて文部科学省は，2002年に学校保健法施行規則を改正し，小学4年ほかの時期に健康診断の一環として行われてきた色覚検査を平成15年度から廃止したのです。

❸ 色覚のバリアフリー

色覚異常は長い間，大学進学に際して，医学部，薬学部やその他の理科系学部では入学制限条項とされてきました。しかし，現在では，この入学制限条項は妥当ではないとして取りやめた大学が増えています。じつは，理科系の学部で教育を受けたり研究したりするうえで色覚異常があっても問題がないことは，原子論や圧力の法則で化学の発展に多大の貢献をしたイギリスの化学者ジョン・ドルトン（Dolton, J. 1766-1844）が色覚異常であったことからも明らかです。ドルトンは，自身と弟が色覚異常であったことから，色覚の実験研究も行いました。

初等中等教育だけでなく，大学の教育および研究においても，プロジェクターを用いてスクリーンに教材や研究内容を投影する場合など，「色覚のバリアフリー」に配慮する必要があります。たとえば，緑の背景に赤い文字で書かれた文書は，多くの人にとっては色の対比が強調されて見やすいものだとしても，逆にその組合せが最も見えにくいという人もいるということを，教育に携わる人は知っておくべきなのです。

（子安増生）

▷2 これらの注意は，色覚検査が義務づけられ，児童生徒の色覚異常が学校側にわかっていることを前提としたものであるが，本文中に述べたように2003年以後はこの前提が成り立たなくなった。

▷3 **石原式色覚検査**
東京帝国大学教授・石原忍（1879-1963）が考案した色覚異常の検査。色の斑点を数字の形に配列し，その余地をさまざまな形・大きさ・色の斑点の数字などで埋めたもの。

▷4 たとえば，「色盲の人にもわかるバリアフリープレゼンテーション法」のウェブサイト（https://www.nig.ac.jp/color/）を参照。

（参考文献）
深見嘉一郎 1995 色覚異常――色盲に対する誤解をなくすために．〔改訂第3版〕金原出版
髙柳泰世・金子隆芳 1998 色覚異常に配慮した色づかいの手引き――色彩バリアフリーマニュアル ぱすてる書房

Ⅲ 認知発達の障害とその支援

  聴覚障害：音の聞こえとコミュニケーション

1 聴覚障害の定義測定

　聴覚障害とは，音の聞こえが不自由である難聴（hard of hearing），および，音がまったく聞こえないか，それに近い状態である聾（deaf）のことをいいます。学校教育法施行令の第22条では，聴覚障害者について，「両耳の聴力レベルがおおむね60デシベル以上のもののうち，補聴器等の使用によっても通常の話声を解することが不可能又は著しく困難な程度のもの」という定義が行われています。

　「60デシベル」がどの程度の音かといいますと，環境基本法の第16条で人の健康上維持されることが望ましい騒音基準として，都市部で最も騒音の大きい商工業地域で「昼間60デシベル以下，夜間50デシベル以下」と定義されていることから，およその想像がつくのではないかと思います。

　ここで音の大きさ（音圧）を表すデシベル（dB）の定義は，

　　デシベル ＝ $20 \times \log_{10}$（難聴者が聞こえる音圧／健聴者が聞こえる音圧）

となります。この式によると，60デシベルとは，健聴者がようやく聞こえる音圧を1とした場合，難聴者は何とその1,000倍の音圧でないと聞こえない，という意味になります。こういうと，難聴者の大変さがよくわかると思います。

　聴力の測定は，日本工業規格（JIS）が定めるオージオメータによって行われます。オージオメータは，さまざまな高さの音をさまざまな音圧レベルで聞かせて，その聞こえ方を記録するための装置です。そのとき，気導検査といってヘッドホンまたはイヤホンをつけて空気の振動として音を聞かせるものと，骨導検査といって耳の後ろの骨のところに音源をおいて，頭蓋骨の振動を通して与えた音の内耳での聞こえ方を調べるものがあります。

2 難聴のタイプ

　耳の構造は，外耳，中耳，内耳に分かれていますが，内耳と聴神経は正常なのにそこに音がとどくまでに障害があるものを伝音性難聴といいます。この場合，気導検査では聞こえが悪いのですが，骨導検査では聞こえているという結果が出ます。しかし，内耳や聴神経の機能が低下しますと，気導検査だけでなく骨導検査でも聞こえが悪くなり，感音性難聴ということになります。伝音性難聴では音をある程度大きくしたり，補聴器を使用したりすることの効果がみ

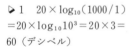

◁1　$20 \times \log_{10}(1000/1)$
$= 20 \times \log_{10}10^3 = 20 \times 3 =$
60（デシベル）

られますが，感音性難聴では補聴器が有効な場合はごく限られています。

③ 聴覚障害の原因

子どもが聾や難聴になる主な原因には，遺伝，胎児期の母体への悪影響（風疹，睡眠薬など），周産期の障害（仮死分娩，新生児黄疸など），生後の感染症（はしか，流行性耳下腺炎，髄膜炎など），ストレプトマイシンなど抗生物質の副作用などがあります。

他方，青年期以後に，けが（頭部外傷など），薬物中毒，聴神経腫瘍，ウイルス・細菌感染，神経疾患などが原因となって生ずる聴覚障害もあります。また，加齢にともない老年期に耳が遠くなる老人性難聴はよく知られています。

④ 聴覚障害の理解と支援

聴覚障害を理解するうえで重要となるのは，いつからその障害が生じたかです。生まれたときから聴きとりに困難のある先天的聴覚障害者と，幼少期に言語を獲得してから聴覚障害が現れた中途失聴者・難聴者とでは，コミュニケーションのあり方をはじめとして，多くの違いがあります。中途失聴者・難聴者は，健聴者が思い込みやすい「聴覚障害者は手話でコミュニケーションを行う」というステレオタイプに悩まされるといいます。聾教育・聾文化の中心となる手話（sign language）は，中途失聴者・難聴者が簡単に習得できるものではなく，むしろ紙に文字を書いて示す筆談や，健聴者がそばについて聞いた話の内容をまとめて記す要約筆記が重要なコミュニケーションの手段となるのです。また，話し手の顔や唇の動きから話された言葉を理解する読話・読唇，および残存聴力を活用した聴きとりを重視する口話法（oral method）も聾教育では重視されますが，中途失聴者・難聴者にはその学習はかんたんではありません。

このように，いつから聴覚障害が生じたかは，コミュニケーションの手段に影響するだけでなく，生活するコミュニティや文化の違いを生じさせるものです。自身が中途失聴者である心理学者の山口は，聴覚障害者の分類はむずかしいとしながらも，聴覚障害者を次の3タイプに分けています。

聾者：言語獲得以前に重度の聴覚障害を負い，主に聾学校で教育を受け，手話が第一言語，日本語は第二言語になっている人。

中途失聴者：思春期以後に聴覚障害を負い，音声で話し筆談を活用するという点で，日本語が重要なコミュニケーションの手段となっている人。

難聴者：言語獲得以後に聴覚障害を負い，日本語が重要なコミュニケーションの手段となっている人のすべて（幅広い年代にわたる）。

しかし，いずれも健聴者の理解と支援を必要とする人たちです。

（子安増生）

▷2　風疹
急性伝染病で，発疹ができて2～3日で消えるところから「三日はしか」ともいう。子どもでは症状が軽いが，妊婦がかかると胎児に悪影響を与え，難聴を引き起こしやすい。1965年から数年間，沖縄などで風疹による難聴児の出生が問題となった。

▷3　ストレプトマイシン
第二次世界大戦後，結核の特効薬として威力を発揮したが，長期に投与すると難聴の副作用が生じ，「ストマイつんぼ」といわれて問題になった。作家の大原富枝は自身の体験をもとに同名の短編小説を1956年に発表している。

▷4　山口利勝　2003　中途失聴者と難聴者の世界――見かけは健常者，気づかれない障害者　一橋出版

参考文献
サックス，O.（佐野正信訳）1996　手話の世界　晶文社　(Sacks, O. 1989 *Seeing voices : A journey into the world of the deaf.* The University of California Press.)

Ⅲ 認知発達の障害とその支援

 # 言語障害：コミュニケーションの支障

▷1 失語（症）
2〜12歳頃までに生じた脳損傷（器質的病変）による言語喪失を特に小児失語と呼び，大人の失語症とは区別する。子どもの場合，原因，損傷部位，発症年齢によるが，かなり回復（半数弱はほぼ完全に回復）するなど，大人の失語と異なる（西村辨作 2001 言語発達障害総論（第1章） 西村辨作編著 ことばの障害入門 大修館書店 pp.3-30）。

▷2 言語発達障害
言語発達障害はその原因として，知的障害，自閉スペクトラム症，脳性まひ・重症心身障害，聴覚障害，高次神経機能障害，身体発育不全，不良な言語環境などが考えられる（同上書）。

▷3 3％の人だけが右半球優位とされる。そして，彼らのほとんどが左利きである。なお，言語が左半球優位な人でも，イントネーション（感情的な情報伝達），語用論的能力などは右半球が担っていると考えられている（オブラー, L. K.・ジュアロー, K.（若林茂則監訳・割田杏子共訳）2002 言語と脳——神経言語学入門 新曜社）。

▷4 西村 前掲書の図4（p. 10）を引用。

▷5 ブローカ失語症
運動性失語症ともいう。1861年にフランスの神経学者ブローカ（Broca, P. P. 1824-80）が発表した症例

言語障害の分類

話し言葉の産出と理解の過程——発話の意図→言語の構築→言語の産出→言語の聴取→言語の理解——のどこかで問題が生じ，コミュニケーションに支障をきたしている状態が言語障害です。また，話し言葉には問題のない読字や書字の障害も言語障害に含む場合もあります。

言語障害のなかで，特に，事故や病気で脳に損傷を受けた後に生じる言語機能の喪失を失語（症）[1]と呼びます。また，失語症以外で，年齢に応じた言語能力が獲得されていないためにコミュニケーションに支障をきたす言語発達障害[2]があります。さらに，年齢相応の言語能力はもつけれども発音に問題がある（構音障害），人前で話せない（緘黙症）などの障害が存在します。この項では，失語と構音障害についてみていくことにします。

ウェルニッケ型の失語とブローカ型の失語

言語処理の大半が脳の左半球——特にブローカ野，ウェルニッケ野，弓状束等——で行われます（図47）[3]。

失語は脳損傷によって起こりますが，脳の損傷部位により異なる症状を示します。脳の左半球に広く損傷を受けると，言語の理解・産出がほとんど不可能な全失語と呼ばれる状態が生じます。ブローカ野の損傷は，音の正しい産出や単語の正しい順番での発話に問題を生じますが，その一方で他者の発話は比較的理解できるというブローカ失語症[5]と呼ばれる症状を示します。ウェルニッケ野の損傷は，発話は比較的流暢ですが，意味が不明な語彙を用いたり，理解が大きく損なわれるというウェルニッケ失語症[6]と呼ばれる症状を示します。弓状束への損傷の場合，復唱ができないという点が特に目立ち，伝導失語症と呼ばれます。

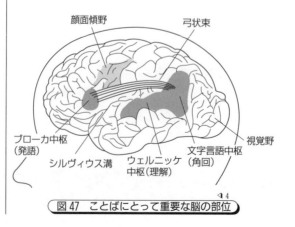

図47 ことばにとって重要な脳の部位[4]

3 構音障害

構音障害（articulation disorder）とは，正常な発音が恒常的にできない場合をいいます。基本的には言語的な問題ではなく，口唇，舌などの発声発語器官のコントロールの問題です。構音障害は機能的なものと器質的なものに分けられます。機能的な構音障害は，聴覚障害や音韻に関する認知の発達の遅れが原因です[7]。器質的な構音障害は，口蓋裂のような発語器官の異常や発語器官の筋肉の運動に関わる神経系の障害が原因です。

構音障害については，原因と構音の状態を調べ，その結果にもとづく対応（訓練や手術など）が必要です。しかし，音の習得が完成した大人と異なり，子どもの構音障害はその子の言語発達を考慮した対応をすることが重要です[8]（岡崎，2001）。また，構音障害がいじめの原因になることもあり，2次的な障害として言語や社会性の発達に影響を及ぼす可能性にも注意する必要があります。

4 補助代替コミュニケーション（AAC）

言語障害に対する臨床活動は，近年，話し言葉の産出と理解のスキルを高める矯正的訓練や治療よりも，コミュニケーション能力の形成と改善に重点が移ってきています。その根底には言語臨床が障害の改善ではなく障害をもつ人々への援助であるとの考えの変化があります。そのため，発話以外の各種の伝達手段を発話の補助または代替として利用する補助代替コミュニケーション（AAC：augmentative and alternative communication）が注目されてきています[9]。AACではさまざまな記号（表19）がさまざまな手段——ボード上に描かれた各種記号（絵，写真，図形シンボル，文字など）を選択して意思表示や会話を行う比較的簡便な形式の補助具から高度な電子技術を活用した補助機器（図48）まで——で用いられます[11]。ただし，AACは単なる発話の補助・代替手段ではなく，言語障害をもつ個人のコミュニケーション能力を促進・拡大するシステムであることに注意が必要です。

（郷式　徹）

表19　AACで用いられる主な記号 [10]

	音声系	非音声系
補助系	人工合成音声 デジタル処理音声	実物　絵　写真 図形シンボル　文字
非補助系	スピーチ	表情　視線　身振り 手指サイン

トーキングエイド for iPad シンボル入力版（製造・販売：ユープラス）

トーキングエイド for iPad テキスト版（製造・販売：ユープラス）

図48　音声表出機能を備えた会話エイド

[6] ウェルニッケ失語症
感覚性失語症ともいう。1874年にドイツの神経学者ウェルニッケ（Wernicke, C. 1848-1905）が発表した症例にもとづく（西村　前掲書）。

[7] 音韻
音のパターン，特に音素（2つの単語を区別する最小単位）と音素の関係を音韻と呼ぶ（オブラー・ジュアロー　前掲書）。

[8] 岡崎恵子　2001　構音障害（第8章）　西村辨作編著　ことばの障害入門　大修館書店　pp. 188-207.

[9] 小島哲也　2001　補助代替コミュニケーション［理論編］（第6章）　大石敬子編著　ことばの障害の評価と指導　大修館書店　pp. 110-128.

[10] 同上書の表1（p. 113）を引用。

[11] 東京大学・学習バリアフリー研究プロジェクトの公式サイトでは福祉機器情報やメーカー情報などを公開している（http://at2ed.jp/）。

III 認知発達の障害とその支援

知的障害：環境に働きかけて知ることの制約

1 知的障害とは

知的障害（intellectual disability）の定義として，アメリカ知的・発達障害学会（American Association on Intellectual and Developmental Disabilities: AAIDD）による診断マニュアルや，アメリカ精神医学会によるDSM-5はほぼ共通して，①知的機能の制約，②適応行動の制約，③発達期における障害の発現に注目しています。

知的機能の制約の目安として，標準化された知能検査による知能指数が65〜75以下であることが1つの基準とされてきています。知能指数は，多くの場合，平均が100で標準偏差が15になるように作られていますので，この値は2標準偏差（±測定誤差）以上低いものとなっています。ただし，知能指数によって機械的に診断するのではなく，次の適応行動に関する臨床的所見も含めて診断することが強調されています。

適応行動の制約に関しては，概念的領域（言語，リテラシー，数学的思考など），社会的領域（対人的スキル，社会的問題解決能力など），実用的領域（日常生活能力，就労スキルなど）の3つの領域にまたがって，生活していくのに不可欠な適応状況が評価されます。こうした観点から，知能検査で測定される狭義の知的機能だけではなく，それぞれの社会で他の人たちと同等に生活するのに必要な支援を，多元的に評価することが目指されています。

発達期とは，通常18歳以前を指しており，成人期や老年期に生じる知的機能の低下である「認知症」と，知的障害とは区別されています。

以上の定義では，知的障害を個人の内的特性としてではなく，その個人が生活している環境や社会的サポートによって変動する状態として考えている点に特徴があります。つまり，障害が生じるかどうかは，支援のあり方によって規定されており，その点で適応行動は重要な指標となっているのです。ここには2002年に改訂されたWHOの国際障害分類における障害モデルと相通じる発想があります。

知的障害の原因

知的障害の診断基準の1つである知能指数は，正規分布するとされています。しかし，実測データと合わせてみると，重度の知的障害（おおよそIQ40以下）

▷1 以前は「精神薄弱」という用語が行政的にも用いられていたが，人格的に否定的な評価を含んだものとして誤解されるといった批判がされてきた。その結果，1999年4月1日より，関係法令はすべて「知的障害」に改訂されることになった。

▷2 American Association on Intellectual and Developmental Disabilities. 2010 *Intellectual Disability: Definition, Classification, and Systems of Supports* (11th ed.). AAIDD.

医学分野を中心に精神遅滞（mental retardation）という用語が使われていたが，アメリカ精神遅滞学会（American Association on Mental Retardation: AAMR）からアメリカ知的・発達障害学会への名称変更や，DSM-IVからDSM-5への改訂に伴い，現在は知的障害（ないしは知的能力障害，知的発達障害）で統一されている。

▷3 DSM-IVは，知能指数によって知的障害の重症度を区分していたが，DSM-5では，この領域ごとの適応行動に関する所見で総合的に，軽度，中等度，重度，最重度を診断する。また，DSM-5においては，ここで述べた知的障害とは区別される近接カテゴリーとして，「全般的発達遅延」と「特定不能の知的能力障害」が新設されている。

の出現率が，正規分布を仮定した予測値より高くなることが古くから知られています。それは，重度知的障害群に，脳などの病理的原因によって大きく知的発達が遅れた者が多数含まれるためと考えられています。そこで知的障害には，そうした病理群と，医学的所見の見出せない生物学的個人差によるとみなされる群（「生理型知的障害」と呼ばれる）の2グループあることが推察されます。

病理的原因は，じつにさまざまなものがありますが，表20にはその一部を掲載してあります。

先天性代謝異常は，遺伝子の構造異常により特定の酵素が欠損して，有害物質が蓄積するもので，神経系が侵されて知的障害を生じさせます。アミノ酸代謝異常の代表的なものであるフェニールケトン尿症はじめ，いくつかの先天性代謝異常は新生児期マス・スクリーニングで早期発見し，早期治療が可能になっています。染色体異常のなかでも出現頻度の高いダウン症候群（Down syndrome）は，21番目の常染色体が1本多いという障害で，出産後すぐに発見されることから，0，1歳という早期から療育が開始されることが多くなっています。

3 発達の経過と支援

原因が多様であるだけではなく，たとえばダウン症候群で同一の染色体異常があったとしても，知的発達の個人差は大きいといえます。また，知的側面は他の言語，運動，社会性などの領域と関連しあいながら発達していますので，知的機能以外の領域でも遅れがともなうことが一般的です。

上述のような先天的な疾患が関与しない場合，乳幼児健診で発見されていくことになります。特に1歳6カ月健康診査において，言葉が遅いという相談が養育者から寄せられたり，言語表出の少なさや手指操作の弱さなどが問題とされることが多くあります。

なかには明確な診断がすぐにつかないケースもありますが，こうした子どもの場合，まわりの世界と関わり認知を深めることに何らかの制約をもっています。その結果，遊びのレパートリーが乏しくなるなど，活動が限定されてしまうことがあります。そのため，発達支援事業，児童発達支援センターなどを活用して，早期から療育や養育者への支援を開始することが求められているのです。

（木下孝司）

表20 知的障害の原因例

疾患時期	病因	具体例
出生前	先天性代謝異常	アミノ酸代謝異常，ムコ多糖類代謝異常
	染色体異常	ダウン症候群，18トリソミー，ターナー症候群
	環境の影響	アルコールや化学物質による障害，放射線照射
周生期	子宮内の異常	急性胎盤機能不全，異常分娩
	新生児期障害	低酸素脳症，頭蓋内出血，感染症
出生後	感染症	脳炎，髄膜炎
	変性疾患	症候群の疾患，ポリオジストロフィー，基底大脳核疾患
	てんかん発作	点頭てんかん，ミオクロニーてんかん
	環境剝奪	心理社会的不利益，幼児虐待

▷4 ⇒Ⅲ-81 参照。
▷5 Penrose, L. S. 1963 *The biology of mental defect.* London: Sidgwick & Jackson.（秋山聡平訳 1971 精神薄弱の医学 慶応通信）
▷6 生物学的個人差としての知的発達の遅れについて，次の文献では一つの示唆を与えてくれる。
　村瀬学 1983 理解のおくれの本質 大和書房
　滝川一廣 2004 「こころ」の本質とは何か──統合失調症・自閉症・不登校のふしぎ ちくま新書
▷7 確定診断には羊水検査が必要であるが，母体の血液検査による新型出生前診断が実用化され，実施されつつある。胎児の染色体異常が確定された場合，人工妊娠中絶が選択されている事例が多いという事実は重く受けとめなくてはならない。遺伝カウンセリングの条件整備とともに，生命倫理問題に関する市民的議論がさらに重要になっている。
▷8 1歳6カ月健康診査 母子保健法にもとづき，市町村が直接実施している乳幼児健康診査。身体発育，心理発達，栄養，歯科などの面で健診を行い，子育ての支援の一翼を担っている。

III 認知発達の障害とその支援

高次脳機能障害：認知・言語・動作の異常

1 高次脳機能障害とは

　私たちは，いつも見慣れている爪切りを見ることで「これは爪切りだ」と理解し，それを使っていつものように爪を切ることができます。しかし，脳の血管に異常が起きる脳卒中などによって脳障害を受けた人のなかに，視力や視野は問題がないのに，爪切りを見てもそれが何かわからない，あるいは爪切りだとわかり運動機能には異常がないにもかかわらず，それをどう使ったらいいのかがわからないという症状を示す人があります。前者のように，ある感覚（ここでいえば視覚）自身は保たれているのに，その感覚による対象認知ができないことを失認（agnosia）といい，後者のように運動執行器官には異常がないのに目的に沿った運動ができないことを，失行（apraxia）といいます。失認や失行で障害されている対象認知や目的に沿った運動は，単なる感覚や運動とは違い，記憶・学習・注意・言語・思考などの高次な脳機能を必要とするものです。この高次な脳機能が脳障害によって障害を受けることを，高次脳機能障害と呼ぶのです。

2 高次脳機能障害の原因

　高次脳機能障害の原因として最も多いのは，脳の血管の異常が生じる脳血管障害です。そのなかには，脳の血管がつまったり狭くなって血液の流れが停滞する脳梗塞，脳動脈が破れて出血する脳出血，脳を包んでいるくも膜の下にある動脈瘤が破裂するくも膜下出血などがあります。それ以外に原因として多いのは，交通事故などの事故による頭部外傷です。そのうち，6時間以内の一過性の意識障害を脳しんとう，6時間以上続く外傷性の昏迷状態をび慢性軸索損傷と呼び，それ以外に外傷による脳の実質の損傷である脳損傷などがあります。
　東京都高次脳機能障害者実態調査検討委員会の報告によれば，脳血管障害によるものが約8割，脳外傷が約1割，そして年齢別には約7割以上が50歳以後で生じ，年齢が下がるほど割合は低いことが示されています。

▷1　東京都高次脳機能障害者実態調査研究会　2008　高次脳機能障害者実態調査報告書　東京都高次脳機能障害者実態調査検討委員会.
▷2　武田克彦　1986　半側空間無視の神経機構　神経研究の進歩, 30, 859-870.
　なお，図49の右下の横線は5 cmを表している。
▷3　聴覚失認のなかで，このように言語音のみ選択的に認知できないものを，純粋語聾（pure word deafness）という。

図49　半側空間無視患者の模写

3 高次脳機能障害の症状

　高次脳機能障害としては，前項でふれた失認・失行があります。失認には，見た対象が認知できない視覚失認（visual agnosia）以外に，人の顔が区別できなかったり，声ではわかる知っている人の顔がわからないといった相貌失認（prosopagnosia），聴力障害もなく音の弁別も成立しているのに，たとえば言語音が認知できず言葉の復唱や理解ができない聴覚失認（auditory agnosia）などがあります。失行には，対象物を使用しない運動（たとえば，バイバイや，たばこを吸う真似をパントマイムでやること）ができない観念運動失行（ideomotor apraxia）と，対象物を操作する運動（くしで髪をとくといった単数の運動，お茶を入れるといった複数の運動など）ができない観念失行（ideational apraxia）に分けられます。その他にも，言葉を話す・聞いて理解する・文字を読んで理解する・文字を書くことの1つ以上に障害を示す失語症（aphasia），もの忘れや集中して活動ができないといった注意障害，記憶障害（Ⅲ-90参照），大脳半球の損傷の反対側に示された刺激に注意を向けられない半側空間無視などの視空間認知障害などがあります。半側空間無視では左側の無視が多いのですが，体の軸の左方向の無視だけでなく，注視する対象の左方向を無視する（図49に示すように，上にある見本を模写すると，下の絵のように2本とも花の左半分を描かない）こともあります。

4 リハビリテーションと高次脳機能障害からわかること

　ルリアによれば，高次脳機能は1つの脳の部位に依存しているのでなく，いくつかの部位の機能系によって担われていると考えます。ですので，そのリハビリテーションとしては，ある脳の部位が損傷を受けた場合，別の部位を機能系に組み込んで代償することにより，機能系を再編成することを目指します。たとえば，左半球言語領域の障害で文字を書こうとしても書けない失語症の場合，「考えずに早く書くように」指示すると文字が容易に書ける場合があります。これは言語能力の障害を，自動運動のレベルに移すことで代償される1例です。日常生活動作に焦点を当てたリハビリテーションだけでなく，脳の障害部位を明確にすることで高次脳機能の障害をどう代償するかがリハビリテーションの中心になっています。

　高次脳機能障害の解明は，障害をもたない人の高次脳機能の解明にもつながります。相貌失認は，人がなぜ顔の認知ができるかを知る大きな手がかりを与えてくれます。また近年，高次脳機能障害本人や家族が発言することが出てきました。山田は自伝で，日常生活の困難さとともに，知能の低下はひどくないため自分の失敗がよくわかってしまうことが1番つらいと述べています。本人の自尊心に十分配慮した周囲の対応が求められます。

（別府　哲）

▷4　ルリア（Luria, A. R. 1902-77）
旧ソ連の代表的な神経心理学者である。発達心理，学習心理など幅広い研究があるが，代表的なものの一つが第二次世界大戦で脳損傷を受けた症例の神経心理学的研究である。そこから，心理活動が大脳皮質の特定部位の働きで実現するとする機能局在論や，大脳皮質は機能についての差異はなく全体として働くとする全体作用説とは異なる，機能系の考えを提唱した。具体的には，脳の複雑な機能を，第1ブロック（大脳皮質の緊張を保持する機能単位で脳幹網様体および古い皮質），第2ブロック（外界の情報を受容・加工・貯蔵する機能単位で，中心溝を境とする大脳皮質の後半部），第3ブロック（心理活動をプログラム・調整し，制御する機能単位で，中心溝を境とする大脳皮質の前半部）の3つの機能単位に分け，どの高次な心理活動もこの3つの単位が協同して関与していると考えたのである。

▷5　たとえば，高次脳機能障害若者の会「ハイリハの会」は以下のHPを作り，さまざまな提言などを行っている。http://www.hirehatokyo.com/

▷6　山田規畝子　2004　壊れた脳　生存する脳　講談社

参考文献

江藤文夫・原寛美・板東充秋・本田哲三編　1995　高次脳機能障害のリハビリテーション　別冊・臨床リハビリテーション　医歯薬出版

宇野彰編　2002　高次神経機能障害の臨床――実践入門　新興医学出版社

Ⅲ　認知発達の障害とその支援

記憶障害とアルツハイマー型認知症：脳に関連して

▷1　アイゼンク，M. W. 編　野島久雄・重野純・半田智久訳　1998　認知心理学事典　新曜社

▷2　特に，1950年代に実施された脳外科手術の結果，重大な記憶障害をこうむった患者（症例 H. M.）の症例研究が，20世紀の記憶研究および神経科学に非常に大きな影響を与え続けてきた（山下光　2000　記憶の病理（14章）　太田信夫・多鹿秀継編著　記憶研究の最前線　北大路書房）。

▷3　前向性健忘や比較的最近の出来事を思い出せないといったことに関わる脳の領域は海馬を中心とした側頭葉内側領域である可能性が高いと考えられている（同上書）。

▷4　脳機能画像法
⇒Ⅲ-82 参照。

▷5　アイゼンク　前掲書参照。

▷6　河野和彦監修　2016　ぜんぶわかる認知症の事典　成美堂出版

▷7　レビー小体型認知症では，大脳皮質や脳幹の神経細胞にレビー小体という毒性の強い物質ができ，幻視，パーキンソン病様の身体症状が現れるが，記憶障

1　健　忘

　普段の生活で，何かを思い出せないという経験は誰にでもあります。しかし，それによって日常生活に支障があるにもかかわらず，他の能力（理解，知能，言語能力など）は正常に近い場合には，健忘（amnesia）と呼ばれる記憶の障害と考えられます。

　健忘は心因性と器質性に分けられます。心因性の健忘として，犯罪や暴力被害を受けた場合にその出来事を思い出すことができないといったものがみられます。他に，極端な場合，自分が誰なのかもわからなくなる記憶喪失症や1人の人間の中に複数の人格が存在し，記憶を共有しない多重人格もある種の心因性健忘と考えられます。また，脳の損傷などにより起こる記憶障害が器質性健忘です。器質性健忘は，時間がたつと記憶が正常に戻る一時的なもの——頭部への強い衝撃やてんかん発作が一般的な原因——と脳損傷を原因とする永続的なものに分けられます。

　ところで，器質性健忘では異なる2つの記憶の障害がみられます。1つは健忘の原因となった脳損傷などを境に，それ以前の記憶を思い出せない逆行性健忘，もう1つはそれ以降の新しいことを憶えられない前向性健忘です。

　こうした様々な健忘の症状とその症状を示す患者の脳損傷部位との関連を研究することで，記憶の仕組みや記憶と脳の構造の関連がしだいに明らかにされてきました。さらに，90年代以降，対象者を傷つけることなく，課題を行っている時の脳の働き（血流量や糖，酸素などの代謝）を外部から観察・測定できるPETやMRIなどの脳機能画像法が開発，洗練されてきました。これによって，器質性健忘の脳神経基盤の検討が急速に進展しつつあります。

2　認知症

　多くの人が歳を取ると記憶が衰えると思っています。確かに，単語をいくつか示され，その単語を忘れないようにしながら，50音順に並べ替える（作業記憶課題）といった課題では，加齢とともに成績が低下します。老化による記憶力の低下は体験した出来事の一部を思い出せなくなるもので，忘れたという自覚もあります。しかし，認知症では，体験自体を覚えておらず，忘れたという自覚もありません。また，認知症の場合，記憶以外の認知機能も広く冒され，

人格的特徴も変化します。認知症には主にアルツハイマー型認知症，レビー小体型認知症，脳血管性認知症，前頭側頭葉変性症があります。特にアルツハイマー型認知症は認知症の半分近くを占め，初期からエピソード記憶が障害され，次第に意味記憶も低下していきます。

3 アルツハイマー型認知症と記憶障害

○アルツハイマー型認知症の経過

アルツハイマー認知症では，多くの場合，表21のような経過をたどります。アルツハイマー型認知症では，まず記憶に関連する領域（海馬や扁桃体といった大脳辺縁系など）の皮質の神経細胞が死滅し，萎縮することで記憶障害が生じ，その後，側頭葉から頭頂葉に萎縮が広がることで時間・場所・人の認識が難しくなっていきます。一方，感覚や運動に関連する領域（運動野，感覚野，視覚野など）の萎縮が少ないため，初期や中期には身体的な障害は現れにくい特徴があります。

○アルツハイマー型認知症の診断と治療

認知症の診断は，多くの場合，DSM-5やICD10の基準に基づいて行われます。なお，2013年に改訂されたDSM-5ではアルツハイマー型認知症の診断基準から記憶障害が削除されています。これは認知障害の中には記憶障害が目立たないケースがあるためです。

アルツハイマー型認知症では，問診や行動観察以外に改訂長谷川式簡易知能評価スケール知能検査（HDS-R）や時計描画検査などの神経心理学的検査，脳画像診断によって医学的診断が行われます。早期に認知症を発見し，治療を開始することは，アルツハイマー型認知症に限らずあらゆる認知症にとって，生活の質を維持するために重要です。

現在では，認知機能を改善する薬として4種類（ドネペジル（商品名アリセプト），リバスチグミン（商品名リバスタッチ，イクセロン），エタミン（商品名レミニール），メマンチン（商品名メマリー））が認可されており，早期に服用をはじめるほど認知機能の低下を遅らせることができます。また，個別的かつ計画的な介入——記憶の再訓練，作業療法，回想法，肯定法など——により行動上の改善を生じさせることができるのではないかと考えられ，実践・研究が進められています。

（郷式　徹）

表21　アルツハイマー型認知症の進行

期間	症状
第1期 （1〜3年）	健忘（日時，場所，人の顔などがわからない） 無気力 うつ状態
第2期 （2〜10年）	記憶の顕著な障害 言葉が理解できない，会話が成立しない 動作ができない，複雑な動作のやり方がわからない（失行） 自分のいる場所がわからない 人の顔がわからない 無関心，無気力，理由もなくいつも上機嫌 落ち着きがない，徘徊 けいれん
第3期 （8〜12年）	無言，無動 寝たきり，四肢硬直

害は比較的軽い。脳血管性認知症は脳の血管が詰まることにより生じ，歩行障害や意欲・実行機能の低下が見られる。前頭側頭葉変性症では前頭葉や側頭葉の萎縮が見られ，人格の変化や行動の異常が生じる（同上書）。

▷8　エピソード記憶，意味記憶　⇒I-22参照。

▷9　永田和哉・小野瀬健人　2000　そこが知りたい！　脳と心の仕組み　かんき出版のp.181の表を改変。

▷10　アルツハイマー型認知症においては，短期記憶，エピソード記憶に重篤な障害が見られるが，作業記憶の構音ループ，選択的注意，潜在記憶等は保持されることが明らかにされている（ミラー，E. & モリス，R.　佐藤眞一訳　2001　痴呆の心理学入門——痴呆性高齢者を理解するためのガイドブック　中央法規出版）。

▷11　ICD-10/DSM-5　⇒III-83参照。

III 認知発達の障害とその支援

91 自閉スペクトラム症：自閉症とその周辺

◁1 DSM-5
⇒III-83 参照。

◁2 Wing, L., & Gould, J. 1979 Severe impairment of social interaction and associated abnormalities in children. *Journal of Autism and Developmental Disorders*, 9, 11-29.

◁3 愛着
⇒II-36 参照。

◁4 自閉症のこだわりの1つで，石井・若林はこれを質問嗜好現象と呼んだ。石井らによれば，自閉症児の同一性（sameness）保持は，発達によって変化していくものであり，それを単純反復運動，興味の限局，順序固執，質問嗜好現象，ファンタジーへの没頭の順番で変化することを指摘した。石井高明・若林慎一郎 1967 自閉症の〈同一性保持の強い要求〉に関する考察 児童精神医学とその近接領域, 8, 427-432.

◁5 河村雄一・高橋脩・石井卓・萩原はるみ 2002 豊田市における自閉性障害児の発生率 日本児童精神医学会第43回大会発表論文集

◁6 Kanner, L. 1943 Autistic disturbances of affective contacts. *Nervous Child*, 2, 217-250.

① 自閉スペクトラム症とは何か

自閉スペクトラム症（Autism Spectrum Disorder: ASD と略す）とは，自閉症（autism）をスペクトラム（連続体）としてとらえるもので，DSM-IV-TR での小児崩壊性障害，アスペルガー障害も含みこんだものとなっています（DSM-5 の診断基準）。この病態の中心は自閉症ですので，以下では自閉症の特徴を説明します。

自閉症とは，ウィングが指摘した自閉症の3つ組（社会性の障害，コミュニケーションの障害，常同的なこだわりとごっこ遊びなどの想像的活動の障害）の存在によって定義されます。社会性の障害とは，人との関わりの質的な障害です。目と目を合わせないこと（視線回避）や，愛着（attachment）関係の形成にくさ，年齢に応じた仲間関係の作りにくさなどがあげられます。コミュニケーションの障害は，話し言葉の発達の遅れや，獲得しても独特の使用をすることを指します。たとえば，「今日はだれと来たの？」と質問されても，同じ言葉を繰り返すエコラリア（echolalia：反響言語）を使ったりします。常同的なこだわりと想像的活動の障害では，ごっこ遊びなどの想像的活動を行わず，その代わり，ミニカーを1列に並べるなどの，1つの物や動作，言葉などへの固執を示します。

自閉症は発達障害ですので，この3つの行動特徴を3歳以前から示すことが必要です。また近年，自閉症は，知的能力や対人関係において，幅広い状態像を含むという意味で，自閉症スペクトラムと呼ばれています。知的能力では，話し言葉をもたない重度の障害から，通常の学習が可能で知的な遅れはない状態まで，対人関係では人と関わろうとしない孤立型（aloof type）から，人の指示に従う行動が主である受動型（passive type），積極的に関わるがその関わり方がユニークである（たとえば，同じ人に毎日同じ質問を何度も繰り返す）積極奇異型（active but odd type）まで，かなり幅をもっているのです。

自閉症は，男子が女子の約3〜5倍存在し，最新の調査では出現率1.7%という高率に出現する障害でもあります。

② 自閉症の原因は

自閉症は，最初カナーが症例を報告してから60年の間に原因論が3回も転換

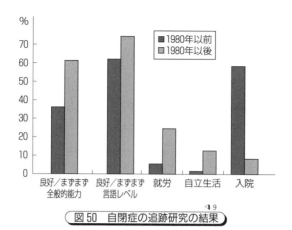

図50 自閉症の追跡研究の結果

した、とても稀有な障害です。これは、この障害の理解の難しさをあらわしています。当初、自閉症の原因は両親の性格や育て方にあるとされました。自閉症児者のなかにサヴァン症候群が存在したことなどから、彼・彼女らは知的に高い能力をもっているが、両親の性格に代表される不適切な環境のためにそれが表現できない、後天的な情緒障害ととらえられたのです。しかし多くの研究がその誤りを明らかにし、1960年代半ばからは 言語やそれを準備する認知能力に関係する脳の機能障害を原因とする考え方に転換します。現在は、脳の機能障害としては同じですが、言語や認知ではなく、社会性に関わる領域（たとえば、扁桃体）の機能障害を一次的ととらえる立場が優勢です。

3 自閉症の教育

この原因論の転換は、教育の転換と密接に結びつきます。両親の育て方を原因とする際には、自閉症児を絶対的に受容することの重要性がいわれ、両親の関わり方を変えることが主張されました。しかしそれが、非科学的な主張で、自閉症児者とその家族を精神的に追いつめるものでしかないことが明らかにされていきます。そしてそれに代わって、原因を脳の機能障害ととらえることで、行動療法（その1つが、TEACCHプログラム）を含めた学校教育の重要性が指摘されるようになりました。近年の社会性に関わる脳の機能障害の指摘は、就学前の早期療育を強調することにつながっています。この教育の転換は明らかに自閉症者の予後に影響を与えることも明らかにされています（図50）。このように自閉症児者に対する教育が発展することにより、自閉症児者の状態像が決して固定的なものでなく、環境によって大きく変動するものであることが明らかになってきました。

自閉症は、その字が示すような「自分の世界に引きこもっている」性格の人ではありません。脳の機能障害による発達障害をもつ人たちを科学的にとらえることが、治療と発達の可能性をきりひらくことに結びつくのです。

（別府 哲）

▷7 サヴァン症候群
⇒ III-93 参照。

▷8 TEACCHプログラム
⇒ III-92 参照。

▷9 図の「1980年以前」と「1980年以後」は、成人期の自閉症を対象とした調査が行われた年代のこと。つまり、1980年以前にすでに成人期を迎えており、原因を親の養育態度とする時代に学齢期を過ごした自閉症者と、原因を脳の機能障害ととらえ学校教育が治療として重視された1970年代に学齢期を過ごした自閉症者の比較といえる。1980年以後、つまり学校教育を保障された世代の方が、全般的能力は高く、就労や自立生活を行え、入院は少ないという結果が出ている。

ハウリン，P.（久保紘章・谷口正隆・鈴木正子監訳）2000 自閉症——成人へむけての準備 ぶどう社

III 認知発達の障害とその支援

92 TEACCHプログラム：自閉症の包括的支援

1 TEACCHプログラムの歴史的背景

TEACCHプログラムは，アメリカのノースカロライナ大学ショプラー（Shopler, E）らによって開発された自閉症の包括的な支援プログラムのことです。TEACCHは正確には，「自閉症及び近縁のコミュニケーション障害の子どものための治療と教育（Treatment and Education of Autistic and related Communication handicapped CHildren）」といいます。自閉症は，脳の機能障害を一次障害とするものですが，それに対する治療方法の1つである行動療法の流れのなかで提唱されたのが，TEACCHプログラムなのです。

2 TEACCHの基本的考え方

内山によれば，このプログラムの基本的考えは以下の9つの特徴に示されます。(1) 自閉症の特性・文化を理解すること：健常児との優劣を問題にするのでなく，自閉症特有の認知を含めた特性・文化を理解しそれに合った支援を行います。そのため，理論的な問題より実際の問題の解決を優先します。(2) 現在のスキルを強調するとともに弱点を認めること。(3) 子どもの適応能力を向上させる：そのため，自閉症児者を変えるのではなく，その弱点を認めたうえで障害特性に合った対応を周りが行う，すなわち環境を変えることを最重視します。その一例が，次にあげる構造化の考えとなります。(4) 構造化された教育：環境を変えることの代表的なものが構造化です。構造化とは「自閉症児に周囲で何が起こっているかを，そして彼ら一人ひとりの機能に合わせて，何をどうすればいいのかを分かりやすく提示する方法」のことです（図51参照）。具体的には，朝の会の教室の写真とプールの写真を上下に並べて提示し，「〇〇（朝の会）の次は□□（プール）」といった見通しを示す時間の構造化や，部屋の中のカーペットの色を分けて「〇〇（作業）を行うのは□□（青のカーペットの所）」と，場所の意味を示す空間の構造化などがあります。いずれも，自閉症児が苦手であ

▷1 内山登紀夫 2002 TEACCHプログラムの考え方 佐々木正美編 自閉症のTEACCH実践 pp.15-39 岩崎学術出版社

▷2 構造化については，「学校内の構造化」「学校内の作業や活動の構造化」「家庭・社会生活をはぐくむ構造化」「就労・職場の構造化」に分けて，すべてイラストでわかりやすく例示された本が出版されているので，参照のこと。佐々木正美監修・宮原一郎画 2004 TEACCHビジュアル図鑑――自閉症児のための絵で見る構造化 学習研究社

図51 時間の構造化の例

る話し言葉の理解に頼らなくても場面の意味を理解しやすくするために，環境の側を変えることを目指します。(5) 認知理論・行動理論を重視：以上のことは，行動療法に基礎を置いたものと考えられます。(6) 個別プログラムを行うための正確な評価：通常の知能検査ではなく，自閉症の特性を踏まえた検査である，CARS (Childhood Autism Rating Scale：小児自閉症評定尺度)，PEP-R (PsychoEducational Profile Revised：心理教育診断検査) などを用いた評価を行います。CARSは，人との関係や模倣，視覚による反応など15項目の行動特徴をチェックし，自閉症の重篤さを明らかにします。また，PEP-Rは，認知や運動についての各課題を行い，その反応を「合格」「不合格」「芽生え反応」の3段階で評価することで，子どもの中心的課題を設定するものです。このように，正確な自閉症度や認知の特性を把握することを重視します。(7) 親と専門家の協力。(8) ジェネラリストとしての専門家：このプログラムは自閉症児者への包括的な支援を目指すため，たとえば言語聴覚士などの狭い領域のスペシャリストではなく，自閉症児者全般への援助を行えるジェネラリストを養成します。あわせて親を共同治療者（co-therapist）ととらえることで双方の指導・協力を重視します。(9) 生涯にわたるコミュニティに基盤をおいた援助：以上のことを，学校だけでなく，就学前，就学後，就労を含め，一生涯，地域で生きていくための援助として考えます。

3 TEACCHプログラムの意味

　このプログラムの積極的な意味は2つあると考えられます。1つは，自閉症特有の認知，文化を明らかにし，それにもとづいた具体的援助を示している点です。たとえば聴覚的情報処理が苦手で視覚的情報処理が得意であるという認知特性を明らかにすることで，視覚的に場面の意味を示す構造化が編み出されてきました。そしてこのことは，自閉症児者の障害による苦手な部分を健常児者と同じレベルまで克服させるのでなく，それを彼・彼女らの文化として認めたうえで，彼・彼女らが生きやすい支援を考えるものとなっています。2つは，生涯を通じて地域での生活を支援する視点です。ショプラーのいるアメリカ・ノースカロライナ州では学校教育だけではなく，就学前，学校卒業後の就労，そして地域生活全体が，自閉症の文化を理解した対応ができるよう整備されています。ですから，TEACCHは単なる教育プログラムではなく「包括的な支援プログラム」なのです。

　先ほど述べたように，TEACCHは行動理論と行動療法をその基本としています。一方，近年，このプログラムが高機能自閉症にも有効なのか，そして一次障害を社会性とする現在の自閉症のとらえ方に最も有効なプログラムであるかについてはさまざまな意見が出されてきています。

（別府　哲）

▷3　佐々木正美　1993　自閉症療育ハンドブック　学習研究社

▷4　佐々木正美監修・宮原一郎画　同上

▷5　たとえば，十一元三（といちもとみ）2003　自閉症の治療・療育最前線――最新のアメリカにおける自閉症療育の動向　そだちの科学, 1, 17-26.

III 認知発達の障害とその支援

サヴァン症候群：驚くべき特異才能

1 サヴァン症候群とは何か

　自閉症・脳性麻痺などの重い発達障害や脳損傷などの原因により，全般的な知的障害がある（知能指数が低い）にもかかわらず，音楽，美術，計算，カレンダー記憶などの面で並外れた，驚異的な能力を示すことをサヴァン症候群(savant syndrome)といいます。

○初聴音楽再演

　音楽では，正式に演奏法を習ったことがないにもかかわらず，初めて聞いた曲をどんなジャンルのものでもピアノで即座に再演したり，演奏できる曲（楽器はほとんどがピアノ）のレパートリーが何千曲にものぼったりします。

○細密画

　美術では，ある建物や風景を見て，その場面を細部にいたるまで克明に覚えておき後で細密な絵に描いたり，見た動物のそっくりそのままの様子を彫刻に残したりするものです。独特の貼り絵の世界を展開した「放浪の画家」山下清(1922-77)もその1人とされます（図52）。

○計算力

　計算では，たとえば「70年17日12時間は何秒か」という質問に対して，あるサヴァン症候群の男性は90秒ほどで「2,210,500,800秒」と答えることができたといいます。この場合，閏年の調整もできているそうです。

○カレンダー記憶

　カレンダー記憶とは，過去および未来のカレンダーが頭の中にあり，「何年何月何日は何曜日か」，「次の100年間にクリスマス・イブが日曜日になるのは何回あるか」などの問いにすらすらと答えるものです。

　健常者でも普通はみられないこういった高度の能力が，言葉もほとんど話せない，知能の低い人にみられるという現象は，1887年にロンドンの精神科医ダウン(Down, J. L.)によって最初に報告されました。そのとき以来，フランス語のイディオ・サヴァン(idiot savant)という表現が長年用いられてきましたが，最近では差別用語を避けるという理由から，「サヴァン症候群」と呼ばれるようになりました。

　サヴァン症候群のことは，映画『レインマン』でダスティン・ホフマンが演じた中年の自閉症者によって，一般によく知られるようになりました。この映

▷1 「症候群」といっても，この特徴自体がDSM-5などで規定される障害というわけでなく，さまざまな障害があるにもかかわらず並外れた能力が発揮されることをいう。

▷2 このダウン医師は，染色体異常により起こる知的障害の「ダウン症（ダウン症候群）」を1866年に報告し，その名がつけられたことでも知られている。

▷3 『レインマン』
アメリカ映画『レインマン』（原題 "Rain Man"）は，バリー・レビンソン監督が1988年に発表した，自閉症者をめぐる兄弟愛を描く名作。ダスティン・ホフマン，トム・クルーズが出演，アカデミー最優秀作品賞，監督賞，主演男優賞，オリジナル脚本賞の4部門を受賞。

図52　山下清『長岡の花火』

画の主人公レイモンドは，重い自閉症のため，子どもの頃からの施設暮らしですが，床に落ちた246本の爪楊枝を一目で数えたり，電話帳の人名と電話番号を大量に覚えたりして周囲の人を驚かせます。

2 サヴァン症候群の謎

サヴァン症候群には，たくさんの謎があります。

第1の謎は，サヴァン症候群の報告例は圧倒的に男性が多いということです。報告されている男女比は4：1から6：1で男性が多いとされます。考えられる理由の一つは，サヴァン症候群には自閉症者の割合が大変高く，自閉症は男性に多いということによるものです。しかし，この背景となる要因のそれぞれの理由が解明されていないので，男女比のかたよりの真の理由は明らかではありません。

第2に，上述のように，発揮される驚異的な能力の内容が音楽，美術，計算，カレンダー記憶とじつにさまざまであるということです。これらには，一見して何ら共通した特徴や認知過程がありません。強いていうならば，いずれも高度の記憶能力に依存しているという点が共通していますが，記憶内容がちがっていれば，記憶のメカニズムも相当異なるはずです。

第3に，サヴァン症候群には先天的と思われるケースと，脳血管障害や老人性認知症の結果と推察される後天的なケースの両方があるということです。なお，「先天的」というのは「遺伝的」と同じ意味とはかぎりません。「先天的」には，妊娠中や出産時の異常によるものも含みます。

サヴァン症候群の謎は，ほとんど解明されていません。その理由は，サヴァン症候群のケースが全体としてきわめて少ないということもあります。しかし，サヴァン症候群の存在は，脳が何らかの損傷や障害を受けたとき，そのはたらきを補償する機能をもっているかもしれないという点で示唆的です。サヴァン症候群は，健常者の脳の潜在的可能性をも示しているのです。　　（子安増生）

参考文献

トレッファート，D. A.（高橋健次訳）1990　なぜかれらは天才的能力を示すのか──サヴァン症候群の驚異　草思社（Treffert, D. A. 1989 *Extraordinary People: Understanding 'idiot savants'*. New York: Harper & Row.）

トレッファート，D. A.・ウォーレス，G. L.　2002　右脳の天才──サヴァン症群の謎　日経サイエンス，**32**（9），58-67.

III 認知発達の障害とその支援

94 注意欠如・多動症：わかっちゃいるけど落ち着けない

1 注意欠如・多動症とは何か

通常の学校や幼稚園，保育所で，落ち着きがない，思いついたらすぐ話したり走り出してしまう，注意を続けて話を聞いたり作業ができないことなどで，集団生活に困難を示す子どもがいます。その原因はさまざまです。たとえば，虐待を受けている子どものなかに，注意転導を示す子どもはよくありますし，学習不振の子どもであれば，授業で理解できない先生の話を注意して聞くことができないのは，十分予想できます。しかし，そういった環境的な要因だけでなく，子ども自身が注意を集中させにくい障害をもっていることがあります。そういったなかに，注意欠如・多動症（Attention Deficit/Hyperactivity Disorder：この頭文字をとってAD/HDと呼ばれる）の子どもがいるのです。

現在の診断基準（DSM-5）では，注意欠如・多動症の子どもは，2つの行動特徴のいずれかの基準を満たすことで診断されます。それは，(1)多動性—衝動性と(2)不注意です。不適応行動につながりやすいことからよく注目されやすいのは，(1)多動性—衝動性です。多動性は，小学校低学年頃までに多い，席から離れて授業中に歩き回ったりどこかへ飛び出してしまう行動や，小学校高学年以後増えるといわれる，座っているが椅子をがたがたさせたり手足をそわそわ動かす着席性多動などがあります。衝動性は，思ったらすぐ話したり動いてしまうことで，質問が終わる前にだし抜けに答えてしまったり，やりたいと思うと順番を無視して今すぐやろうとすることなどに現れます。(2)の不注意は，注意を集中し続けることの困難さや注意の散漫さを表しており，その結果，話を最後まで聞けなかったり，活動（たとえば，絵を描く）や遊びを最後までやりきらない（途中で別のことをはじめてしまう），注意が途中でそれて片づけができない（その結果，物をよくなくす），などが含まれます。

DSM-5では，多動性—衝動性，不注意のいずれかで，それぞれ示された症状の9項目中6項目以上（17歳以上では5項目以上）を満たすことが診断の基準となります。くわえて，これが一時期，ある環境的な要因で起こっている場合を除くために，上記の6項目以上を満たすのが，6カ月以上，2カ所以上の場所で（たとえば，学校と家庭）みられることが必要とされます。注意欠如・多動症の子どもは，男女比は男子：女子が3:1～5:1程度で出現率が3～5％あり，小学校では1クラスに1～2人程度の割合で存在すると考えられます。

▷1 AD/HDをもつ子どもは，不注意，多動性—衝動性の行動を頻繁にするので，家庭でも学校でも日常的に叱られる経験がとても多くなりがちである。それがネガティブな自己認識につながると，思春期を境に，二次障害としての問題行動につながる場合があることが指摘されている。それは，1つは内向的な問題行動としての不登校や抑うつであり，もう1つは外向的な問題行動としての反抗性挑戦性障害や行為障害である。二次障害としての問題行動を引き起こさないためにも，ポジティブな自己認識を育てることはとても重要になる。

齊藤万比古 2000 注意欠陥/多動性障害（AD HD）とその併存障害——人格発達上のリスク・ファクターとしてのADHD 小児の神経と発達, **40**, 243-254.

2 注意欠如・多動症の原因と対応

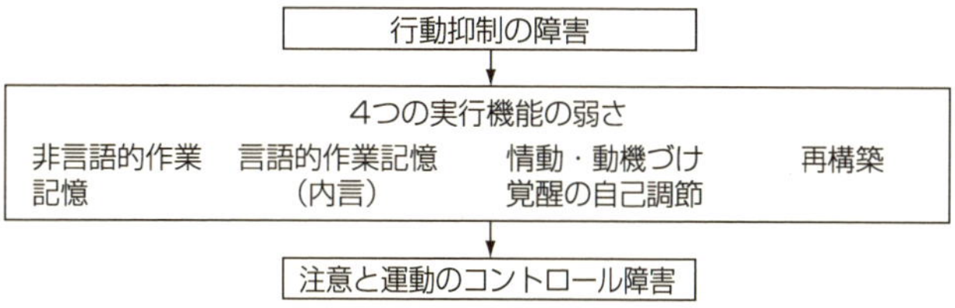

　注意欠如・多動症は，神経伝達物質の障害が原因とされています。脳の中のシナプスの間を神経伝達物質が行き来することで情報を伝達するのですが，注意欠如・多動症は，その神経伝達物質の1つである，ドーパミンの代謝異常によるものと考えられています。そのため薬物治療として，ドーパミンの代謝を刺激する中枢刺激剤としての塩酸メチルフェニデート徐放剤（商品名はコンサータ）やノルアドレナリン系に作用するアトモキセチン（商品名はストラテラ）がよく用いられます。ただし，これは，約7割の子どもには著効がみとめられるが，残りの3割にはあまり効果がないといわれています。

　もう1つ注意すべきなのは，薬物治療が根治的治療ではないということです。薬物治療は，あくまでも教育の前提をつくるために必要なものにすぎません。バークレーは，注意欠如・多動症を，ドーパミンの代謝異常による行動抑制の障害が，4つの実行機能の発達を通常よりいちじるしく遅らせる結果生じる，2次障害と考えるモデルを提出しました（図53）。この4つの実行機能の発達を補償し，うながす教育的働きかけと，それによって子どものポジティブな自己認識を形成することが，最も重要な対応となります。

　4つの実行機能のうち，言語的作業記憶と情動・動機づけ・覚醒の自己調整を例に取り上げると次のようになります。言語的作業記憶は，心のなかで自分に向けて対話する力，すなわち内言を必要とする実行機能です。この内言の弱さは，心のなかで対話することで初めて可能になる行動コントロール（たとえば，遊びのルールを心のなかで保持して守る）を困難にします。AD/HDの子どもに，大人は叱ったり「こうしなさい」と指示を出すことが多くなるのですが，このように考えれば「今は何をするのだったかな」など，子どもが自分への問い返しを行える働きかけ（これが内言の発達につながる）が重要となります。情動・動機づけ・覚醒の自己調整は，気分をきりかえたりやる気を起こして持続させる力です。この実行機能がうまく働かないと，課題をみて「できそうにない」と思うことですぐ意欲がなくなってしまいます。AD/HDの子どもが「できそうだ」と思える，課題の時間の長さや難易度を工夫し，そしてできたときにその場で即座にほめることが重要になります。そういった働きかけによって，AD/HDの子どもが「自分も○○ができた」「自分でコントロールできた」と感じられる経験を積み重ねることが，自己コントロールの力を高めることにつながるのです。AD/HDの子どもは，このモデルが示すように「どう行動するべきか」はわかっていても，実行機能がうまく働かず不適切な行動をとってしまうという理解にたって支援することが重要です。

（別府　哲）

図53　バークレーのADHDに関するモデル

行動抑制の障害
↓
4つの実行機能の弱さ
非言語的作業記憶 / 言語的作業記憶（内言） / 情動・動機づけ覚醒の自己調節 / 再構築
↓
注意と運動のコントロール障害

▷2　シナプス（synapse）
神経細胞の相互の接合部位のこと。ここでいう神経伝達物質が放出されて起こる化学シナプスと，シナプス前部の活動電流で直接生じる電気シナプスがある。

▷3　Barkley, R. A. 1997 *ADHD and nature of self-control*. Guilford Press.

▷4　近藤文里　2002　注意欠陥―多動性障害（ADHD）のばあいの援助　須田治・別府哲編著　社会・情動発達とその支援　ミネルヴァ書房

▷5　内言
⇒II-45 参照。

III 認知発達の障害とその支援

学習障害：
認知能力の偏りによる学習上の困難

1 学習障害とは

　学習障害（learning disabilities: LD）とは，教育的観点からは，全般的な知的能力の遅れはないが，特定の認知能力の偏りのために教科学習に大きな困難をもつ障害ととらえられています。具体的には，「学習障害とは，基本的には全般的な知能発達に遅れはないが，聞く，話す，読む，書く，計算する又は推論する能力のうち特定のものの習得と使用に著しい困難を示すさまざまな状態をさすものである。学習障害は，その原因として，中枢神経系に何らかの機能障害があると推察されるが，視覚障害，聴覚障害，知的障害，情緒障害などの障害や，環境的な要因が直接の原因となるものではない」とされています。以前には，学習障害に関わってさまざまな能力が示されていたのが，聞く，話すなどの6つの能力に限定され，また情緒障害等と合併して生じる可能性についても定義からは削除されるなど，定義の明確化が図られてきています。

▷1 文部省 1999 学習障害児に対する指導について（報告）　学習障害及びこれに類似する学習上の困難を有する児童生徒の指導方法に関する調査研究協力者会議

▷2 小枝達也 2000 学習障害 小児科臨床, **53**, 1123-1126.
　小枝達也 2000 学習障害・行動異常の評価とその対応 周産期医学, **30** (10), 1327-1330.

　一方，医学的観点からは，学習障害は脳の機能障害によって生じる認知能力の歪みを主体とする発達障害ととらえられてきました。全般的な知能に遅れがないこと，社会的不利益が原因でないこと，限定された認知能力の歪みによって学習に障害が生じていることなどの診断基準は教育的観点と変わりませんが，WHOによる国際疾病分類第10版（ICD-10）には，(1)読字能力に障害があるために学業全体に影響が出る「特異的読字障害」，(2)書字能力に障害のある「特異的書字障害」，(3)算数能力，特に計算能力に著しい障害のある「特異的算数能力障害」の3つが記載されるなど，関係する能力をより限定的にとらえています。また，何らかの脳機能障害を背景とする症候群であることなど，学習障害の原因との関わりで対象児を明確にする必要性が強調されています。

　学習障害に関して，ここでは，算数に関する障害と，学習障害と学業不振の区別についてみていきましょう（読み書きの障害については，次項目で詳述。）。

2 算数障害

○算数障害の範囲

　算数障害は学習障害の1つですが，その内容や範囲についてはさまざまな見解があります。医学的な定義のうちICD-10では，読み書きとは別の特異的な障害ととらえられ，内容は「加減乗除のような基本的な計算能力の取得」に限

定されています。それに対して，DSM-5では，「限局性学習症」の症状として，数の概念（大きさや関係の理解など）や計算を獲得する困難さに加えて，数学的推理の困難さも指摘されています。

○情報処理の観点からみた算数障害

算数障害には，情報処理様式との関連でみると，多様な内容が含まれます。熊谷は，算数の教科学習の範囲も考慮して算数障害を以下の4つに分類し，その特質を整理しています。第1は数概念の形成の障害です。同時処理能力や空間認知能力の障害のために数の基数性に問題をもつ場合は物を分けたり連続量を理解したりすることができず，また継次処理能力との関係で数の序数性に問題を示す場合は数詞を言うことが難しくなります。第2は数の入出力および変換の障害です。聴覚的短期記憶の障害から個々の数字や数詞を読み間違う場合や，視覚的位置関係に対する意味づけの障害から桁の表現を誤る場合などがみられます。第3は計算の障害です。記憶過程の問題から7+8=15といった数的事実を記憶したり検索したりできない場合や，継次処理能力の低さや数字の配置に関係する空間構成障害のために桁数の多い筆算で繰り上がりや繰り下がりを誤る場合があります。検索の困難は小学校中学年以降も持続するとされています。第4は文章題の障害です。継次処理能力の低さのために複雑な文章からの立式が困難になるほか，同時処理能力の低さから，「りんごを買ったら5つになりました。一昨日は2つ買いました。昨日はいくつ買ったでしょう」という思考の方向が逆転した文章題の解決が難しくなります。小学校5年生の文章題解決について，健常児では統合過程につまずきがみられたのに対し，学習障害児ではプランニング過程にもつまずきが生じており，演算記号や演算知識の習得に関わる学習障害児特有の問題が指摘されています。

③ 学業不振と学習障害

一般に学校の授業についていけない状態は学業不振と呼ばれており，これに関わるいくつかの概念があります。まず理解の速度という観点から，理解するのに時間がかかる子どもは学習遅進児（slow learner）と呼ばれています。次に，期待される学力との関連では，その学年に期待される水準の学力を有していない子どもは低学力児（low achiever）または学習遅滞児と呼ばれます。また，知能と学力との関連から，知的水準に比して学力水準が低い子どもはアンダーアチーバー（under-achiever）と呼ばれ，成就指数（学力偏差値÷知能偏差値×100）などが判断の指標として用いられています。

学習障害児は，学校では学業不振の状況を示しますが，先に述べたように何らかの脳機能障害を背景とした認知能力の歪みのために教科学習に大きな困難をもつという特質があり，期待される学力を有していない低学力児とは区別される必要があります。

（藤村宣之）

▷3 American Psychiatric Association 2013 *Diagnostic and statistical manual of mental disorders: DSM-5* (5th ed.). Arlington, VA: American Psychiatric Publishing.

▷4 熊谷恵子 2000 学習障害児の算数困難 多賀出版

▷5 Geary, D. C. 1994 *Children's mathematical development : Research and practical implications.* Washington, DC : American Psychological Association.

▷6 伊藤一美 1999 学習障害児に見られる算数文章題におけるつまずき LD（学習障害）研究と実践, **7**（2），80-89.

▷7 学業不振の様相については，Ⅱ-67 参照。

Ⅲ　認知発達の障害とその支援

96　読み書きの障害：
読み書きのプロセスと障害への対応

　読むこと，書くことの障害

　読むことや書くことの障害は，学習障害において中心をなす障害であり，WHO による国際疾病分類第10版（ICD-10）では特異的読字障害や特異的書字障害として扱われています。また，アメリカ精神医学会による『DSM-5 精神疾患の診断・統計マニュアル』では，困難を対象とした介入が提供されているにもかかわらず，少なくとも 6 カ月間持続している「限局性学習症」（Specific Learning Disorder）の症状として，「不的確，または速度が遅く，努力を要する読字」「読んでいるものの意味を理解することの困難さ」「綴字の困難さ」「書字表出の困難さ」が，関連するものとしてあげられています。▷1

　○読字困難

　読みの障害（reading disability）については，20世紀初頭から読字困難（dyslexia）の現象が指摘されてきました。dyslexia の訳には，難読症，読字障害，読書障害があるほか，失読症（読字能力に障害のない成人が脳の器質的病変により後天的に読字障害に陥った状態：alexia）の意味で用いられることがあります。また，『トップ・ガン』などの映画で知られる俳優のトム・クルーズがディスレクシアであったかどうかがアメリカで話題になりました。

　読字困難は，通常の知能をもつ児童の読みの障害に対して提案された用語で，口頭言語と書字言語の隔たりの大きいアルファベット語圏で頻度が高いとされています。たとえば，似た文字を混同したり（m と n，u と v，b と d など），文字を省略・付加したり，発音を誤ったりします。読みの障害について，情報処理的な観点からは，視知覚の障害（文字の形や配列を視覚的に正しく知覚することができない），文字と音の対応づけの障害（視覚情報である文字を対応する音節に変換できない），文章理解の障害（単語や文章から意味を正しく把握することができない）の 3 種類に分類されています。▷2 これらは識字，読字，読解という読みのスキルにそれぞれ対応する障害としてとらえられます。▷3

　○書くことの障害

　書くことの障害については，情報処理的な視点から，視覚的な記憶の障害（言葉を聞いても対応する文字や語を視覚的に想起できない），視覚―運動協応の障害（文字や語を想起できても，その視覚情報を運動パターンに変換できない），文章構成の障害（書こうとする内容を想起し，統語的規則にしたがって筋が通るように

▷1　髙橋三郎・大野裕監訳　2014　DSM-5 精神疾患の診断・統計マニュアル　医学書院

▷2　高山佳子　1998　LD 児の認知発達と教育　川島書店

▷3　小貫悟　1996　読み・書き・計算能力に関する診断（学力）　上野一彦・二上哲志・北脇三知也・牟田悦子・緒方明子編　LD とは——症状・原因・診断理解のために　学習研究社

文章を構成することができない）の3種類に分類されています。視覚的な記憶と視覚―運動協応の障害は書字スキルに，文章構成の障害は表記と作文のスキルにそれぞれ対応する障害ととらえられます。

❷ 読み書きの発達プロセスとの関連

　以上に示した障害は，健常児の発達プロセスと対応させることもできるでしょう。すなわち，読みにおける視知覚，文字と音の対応づけの障害，書きにおける視覚的な記憶，視覚―運動協応の障害は読み書きの基礎の発達におけるつまずきとして，読みにおける文章理解，書きにおける文章構成のつまずきは，それぞれ文章理解の発達や作文の発達におけるつまずきとしてとらえられます。たとえば，かな文字習得の基礎に，単語を音節に分解したり単語の音韻を抽出したりする音韻的意識の発達があるとされていますが，読みの障害が音韻的意識の発達に関連することも認められています。発達的観点から読み書きの障害を検討することは，学習障害児への支援を考えるうえで重要でしょう。

　一方で，読み書きの障害に関しては，特定の認知能力の偏りを反映して，健常児とは異なる特徴的な誤りもみられます。聴写，視写，読みに関する検査の結果，文字の転移と繰り返し，逐次読み，行の誤り，字形の誤り（鏡像，回転）といった誤りが，読み書きの障害児に特有であることが示唆されています。

❸ 読み書きの障害に対する発達支援

　まず，読み書きの基礎に関して，音韻的意識のレベルに応じて文字配列課題や語頭音抽出課題などに取り組ませた研究では，文字を含む単語の意味と音声の関係を手がかりとすることで，ひらがなの読みが促進されることが示されています。また，音韻的意識の形成や構文・語彙の学習を含んだ言語教育プログラムは，学習障害が疑われる小学校1年生の読み書き能力を向上させることも示されています。一方で，読み・書き障害の治療教育に関しては，状況に関する社会的認知や，視覚・運動協応など非言語性学習の重要性も指摘されています。

　次に，文章の理解に関しては，健常児に対する支援と同様に，既有知識の活性化やモニタリング能力の向上を目指す指導が提案され，興味のある題材を選んだり，手がかりとして視覚情報（絵や写真）を提示することが試みられています。また，読む目的を明確化するという点で算数文章題を材料として，読解に困難がある児童に指導を行った事例研究では，文章題で求められていることを対象児が正しく表記できるようになったことが報告されています。

　また，作文能力に関しては，絵を順に配列させて1枚ずつ文を書かせる方法が提案され，子どもが経験したことに関する絵や写真を準備し，教師の問いに対する口頭作文の後に文字表記する方法も試みられています。

（藤村宣之）

▷4　高山　前掲書

▷5　天野清　1986　子どものかな文字の習得過程　秋山書店

▷6　森田陽人・中山健・佐藤克敏・前川久男　1997　ひらがな読みに困難を示す児童の読み獲得の援助　LD（学習障害）研究と実践，5（2），49-62.

▷7　森田安徳・山口俊郎　1993　学習障害児の読み書き検査作成の試み（1）――健常児の結果　児童青年精神医学とその近接領域，34（5），444-453.

▷8　森田他　前掲書

▷9　天野清　1994　学習障害児に対する言語・認知発達教育プログラムと診断法の開発と実用化　平成5年度文部省科学研究費試験研究B（1）研究成果報告書

▷10　森永良子　2001　LD（学習障害）のケア　小児保健研究，60（2），126-130.

▷11　国立特殊教育総合研究所　1999　学習困難児の指導方法に関する実証的研究（特別研究報告書）

▷12　緒方明子　1995　文章題による読みの指導　国立特殊教育総合研究所特別研究報告書――教科学習に特異な困難を示す児童・生徒の類型化と指導法の研究

▷13　国立特殊教育総合研究所　前掲書

III 認知発達の障害とその支援

97 脳性マヒ：生後4週以前に発生する運動障害

▷1 ビリルビン脳症
子どもは出産に際して、それまでの胎児のときの血液を作り替える。そこで胎児赤血球のヘモグロビンが壊れてビリルビンが生じる。それがうまく体外へ排出されず、脳の血液脳関門を通過して脳組織（特に基底核）に沈着すると、脳性麻痺の原因となる。脳の血液脳関門は、血液から脳組織へ物質がそのまま移行しないためのものだが、早産児や低酸素血症などではその機能が低下するといわれている。

▷2 ⇒ III-98 参照。

▷3 リハビリテーション
ラテン語のハビリス（habilis）という、「適した、（人間に）ふさわしい」という意味の形容詞を語幹とした言葉である。つまり、なんらかの原因で人間にふさわしくない状態に陥っている際に、そこから再びふさわしい状態に復帰させるという意味である。一般にリハビリテーションというと「訓練」と誤解されるが、そうではなく「人間らしく生きる権利の回復」（前人間的復権）を目指すものである。ここでふれる、さまざまな運動障害に対する機能訓練を含む医学的リハビリテーションの他にも、教育的リハビリテーション（障害児教育など）、職業的リハビリテーション、社会的リハビリテーションの4

1 脳性マヒとは

脳性マヒ（cerebral palsy：CP）とは、運動機能の障害をもつ人のなかで、その原因が発達期における脳の障害に由来する場合のことです。発達期ですので、「受胎から新生児（生後4週以内）までの間に生じた、脳の非進行性病変」（旧厚生省脳性麻痺研究班）にもとづく運動および姿勢の異常と定義されます。頻度は、日本の場合、1980年以後1,000人に2〜2.5人いるといわれます。これは1980年以前の、1,000人で1.5人より増えていますが、それは周産期医療の進歩によるものです。周産期医療の発展が早産児の死亡率を減少させ、逆に脳性マヒの子どもの生存率を増加させたのです。このことは、脳性マヒの原因も様変わりさせました。従来その3大原因として脳性マヒの7割を占めた、未熟児、仮死、核黄疸（ビリルビン脳症）といった周産期あるいは新生児期に生じた障害は大幅に減り、そのかわり出生前の原因（先天奇形、水銀・ヒ素などの母体の薬物中毒、子宮内感染など）によるものが増えています。ただし減ったとはいっても、脳性マヒの半数以上は周産期の低酸素性脳症であり、妊娠30週以下の早産児の10%は脳性マヒになると指摘されています。

2 脳性マヒのタイプ

脳性マヒは、運動障害の部位が両手・両脚のどこにあるかによる分類と、筋緊張などの状態による分類があります。後者でいえば、痙直型・アテトーゼ型・混合型（痙直型とアテトーゼ型の混合）が代表的です。痙直型は、筋緊張が亢進することにより、手脚が硬く突っ張るタイプですし、アテトーゼ型は、筋緊張が変動しやすかったり、姿勢をうまくたもてない、物を取ろうとしても体や手がうまく動かせないなど、不随意運動（意図的に体を動かせない）を特徴とするタイプです。脳性マヒは、知的障害やてんかん、視覚障害などを併発する場合があることが知られています。しかし、このアテトーゼ型は知的障害やてんかんをともなうことは少ないことが指摘されています。

3 脳性マヒの早期発見・早期訓練とリハビリテーション

肢体不自由という用語を提唱した高木憲次（1888-1963）は、こういった子どものリハビリテーション（rehabilitation）の必要性を訴えました。これは療育

という概念，そしてライフサイクルを通した包括的な対応に発展しています。すなわち，筋緊張に対する薬物療法を含めた医学的対応，運動障害を進行させず改善をはかる機能訓練，そしてその子どもの自立につながるさまざまな能力を育てる教育を包括的に保障するということです。包括的ですので，どれかだけが突出し他が犠牲にされるべきではありません。たとえば，機能訓練の過度の強調が家族の生活に犠牲を強いる場合，たとえ子どもの運動障害が改善しても，子どもの発達や生活に別のひずみを生み出すことになります。それは，脳性マヒをもつ本人にも，各年齢で味わうべき経験（たとえば，自然とふれあう経験や，さまざまな社会的体験）を保障できず，社会的自立の妨げになる場合もあります。あくまでも社会的自立につながる力を育てることを目標に，それと連携して訓練・治療を行うことが目指されるべきです。機能訓練は，そういったなかに位置づけられます。機能訓練には，良い移動能力の獲得と拘縮予防を目的に多くの訓練法が存在しますが，その代表的なものとしてはボバース法（Bobath method）とボイタ法（Voita method）があります。

4 脳性マヒをもつ人のライフサイクル

脳性マヒをもつ人のライフサイクルを考えた場合，現在2つの点が課題として重要視されています。

1つは早期発見・早期訓練の問題です。脳性マヒの診断は，四つ這いや歩行が可能となる通常10カ月～1歳頃に可能ですが，6カ月以前に，姿勢異常（反り返りなど）や四肢や体幹の動きの非対称性を示す場合があります。それを，脳性マヒになる可能性のある乳児として，中枢性協調運動障害と診断し，早期に機能訓練を開始するやり方があります。脳性マヒをもつ人はその定義にある通り，生後4週以前に脳に障害をうけています。早期に適切な訓練を行うことが，その障害を発展させ顕在化する（たとえば歩行できない）ことを防ぎ，逆に軽減させる場合があるのです。これは障害を固定化させず軽減するために重要です。

2つは，成人期以後の2次障害の問題です。これは成人期になったとき，一定の割合の脳性マヒの人が，もともとの障害（たとえば不随意運動による歩きにくさ）の悪化に加え，手足のしびれ・首や腕の痛みなど新たに障害が出現する状態を指して使われます。この原因としては，年齢の上昇による老化の要因とともに，就労環境や生活環境の要因も指摘されています。屋外で電動車椅子を使っている人が，家は畳なので膝立ちで這って移動し，その結果，膝に血性の滑液がたまり膝が腫れて激しく痛む（膝関節外傷性滑膜包炎）場合などがその例です。運動障害に対する機能訓練だけでなく，脳性マヒの人の二次障害を生み出さない生活環境を作ることも求められます。

（別府　哲）

分野のトータルな保障が必要といわれている。

▷4　ボバース法
運動発達の未熟性と異常性を評価したうえで，異常運動のパターンを抑制し正常運動のパターンを促進することを目的とする。もともと，ボバース夫妻が脳性麻痺の子どものために開発したものであるが，現在は知的障害児の運動発達にも適用されている。

▷5　ボイタ法
いわゆるツボを押さえ刺激を与え，反射性腹ばいや反射性寝返りを利用して全身の正常な協調運動パターンをうながすものである。

参考文献
茂木俊彦監修　藤井健一・中村尚子　稲沢潤子文　1999　からだの不自由な子どもたち　大月書店
二次障害検討会編　2001　二次障害ハンドブック　文理閣
玉木京子　2003　脳性麻痺　黒田吉孝・小松秀茂共編　発達障害児の病理と心理　培風館　pp. 124-131

III 認知発達の障害とその支援

 肢体不自由：運動と姿勢の障害

1 肢体不自由とは

みなさんは外へ出かけた際に，車椅子に乗っている人や，手足の動きの不自由な人を見かけることがありませんか。肢体不自由とは，このように，体幹（身体）や四肢（手足）を支えたり運動することの障害を指します。それまでの「片輪・不具」といった差別的な言葉に代えて，1929年頃に高木憲次が提案した用語です[1]。しかしこの体幹や四肢を支え動かすことの障害は，それを引き起こす器官や組織によって，原因はそれぞれ異なります。よって，その状態や対応も原因によって違うことになります。たとえば藤井・中村はこの障害を，以下の4つに分けています[2]。

◯大脳皮質や中脳，小脳，延髄，脊髄などの中枢神経の障害によるもの

この代表的なものは，運動をつかさどる脳の障害による脳性マヒです。ほかには二分脊椎（spina bifida）があります。これは背骨が作られるときに，椎弓がうまくくっつかず，脊髄が飛び出してしまうことによるものです（図54）。脊椎は人間の場合，32～34個ありますがそのどの部分であるかによって運動障害の範囲が違います。

◯筋力の障害によるもの

子ども時代に発症する遺伝性筋疾患でよく知られているのは，進行性筋ジストロフィ（progressive muscular dystrophy）です。いくつかの型がありますが，そのなかで最も割合の多いのが，デュシェンヌ型筋ジストロフィーで10万人に20人程度の出現率といわれます。X染色体短腕21.2領域にあるジストロフィン遺伝子に異常があり，男児に多く出現します。2，3歳頃より，転びやすいことなどで発症が気づかれます。しだいに歩く，立つ，腕を動かすなどの随意運動に障害が出ます。加えて，内臓筋肉も弱くなり，呼吸，燕下などにも障害が出ます。呼吸不全や心不全が死因では多いのですが近年，呼吸管理の改善などにより平均寿命が延びています。

◯骨や関節に障害があるもの

たとえば股関節脱臼や骨形成不全で骨折しやすい場合や，背骨が左右あるいは前へ曲がっている脊柱側彎（scoliosis）があります。これには，脚の左右の長さの違いや姿勢の問題による機能性側彎と，脊柱の椎体自身が回旋あるいは変形している構築性側彎があります。装具による治療などを行うことが多いと

[1] 高木憲次（たかぎけんじ：1889-1963）
整形外科医。肢体不自由児のためには治療だけでなく，教育や職業指導も必要であることを痛感し，田代義徳とともに，医療・教育・職業の機能を兼ね備えた肢体不自由児施設である「整肢療育園」を1942年に開設した。

[2] 茂木俊彦監修　藤井健一・中村尚子編　稲沢潤子文　1999　からだの不自由な子どもたち　大月書店

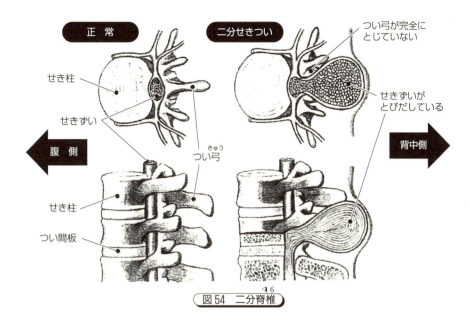

図54 二分脊椎 ◁6

いわれます。

○手足の切断などによるもの

　交通事故などのさまざまな事故によって，体幹や四肢に障害を受けるものです。

2　肢体不自由の子どもの医療と教育・労働

　肢体不自由は，医療の発展によってその内容が大きく影響を受けます。医療の発展が障害を減少させる点では，脊髄性小児マヒがあげられます。これは，ポリオウイルスの感染によって脊髄の運動神経細胞が破壊されておきる障害です。20世紀前半に欧米を中心に世界的流行が繰り返されましたが，ポリオワクチン接種によって患者数が激減し，現在日本ではほとんどみられない状態になりました。現在はそれに代わって脳性マヒが増え，特別支援学校の肢体不自由児においては75％以上を占めるといわれています。一方，周産期医療や未熟児医療の発展は，障害をもちつつ救命される肢体不自由児を増やし，障害の重度化と多様化を進行させています。学校教育法上では，肢体不自由児は，軀幹支持・筆記・歩行が不可能または困難なものです（同施行令第22条の3）。しかし実際には，障害の重度化により，経口栄養などの医療的ケアを必要とする子どもも増えています。学校教育での制度の整備が必要です。いずれにしても肢体不自由の教育は，治療を施し，体の不自由を補えば一般の教育とおなじでよいということでは決してありません。理学療法士（Physical Therapist：PT），作業療法士◁4（Occupational Thera-pist：OT）といったリハビリテーションスタッフと協力し，障害に応じた機能訓練◁5と教育が求められます。

（別府　哲）

▷3　特別支援学校
肢体不自由の子どもは，知的な障害の有無や機能訓練の有無，バリアフリーの環境の有無などにより，障害児のための専門の学校である特別支援学校，あるいは通常学校に作られている肢体不自由特別支援学級，そして通常学級など，さまざまな学校選択をする場合がある。

▷4　理学療法，作業療法
理学療法は基本的動作能力の回復を図るために，機能訓練を行うものであり，作業療法は木工，陶芸，スポーツ，ゲームなどの作業を通して機能回復と社会的適応能力の回復を図るものである。

▷5　機能訓練
肢体不自由の機能回復を図るための訓練で，医療機関においてはボバース法，ボイタ法などが知られている。

▷6　茂木俊彦監修　藤井健一・中村尚子編　稲沢潤子文　前掲書

Ⅲ　認知発達の障害とその支援

 病　弱：身体が弱く病気がち

▷1　結核
結核菌の感染によって生じる慢性の伝染病である。肺結核が最も多く，戦前の日本ではそれが原因で死亡する数はとても多かった。しかし戦後は治療に抗生物質が用いられるようになり，日本での死亡数は激減している。ただ，現在でも世界人口の3分の1は結核に罹患しており，感染症のなかで死に至るものの第1位となっている。

▷2　筋ジストロフィー
⇒Ⅲ-98参照。

▷3　気管支喘息
2002年の小児アレルギー学会（www.jspaci.jp/）でのガイドラインでは，小児気管支喘息は，ヒューヒューとかゼイゼイといった喘鳴（ぜいめい）をともなう呼吸困難を繰り返すもので，その多くがウイルスの感染とアレルギーの原因となる環境性抗原（ダニなど）を吸い込んで生じる気道の慢性炎症によるものである。初発は約3分の2が3歳まで，ピークは10～15歳で，20歳までには約8割が寛解するといわれている。

▷4　腎炎・ネフローゼ
腎炎は腎臓の炎症で，急性と慢性がある。ネフローゼは，腎臓糸球体の病変により，多量の蛋白が尿に出現するものである。

▷5　不登校
広義には，学校に登校しないすべての状態を指し，狭義には，神経症的登校拒否を指す。後者には，学校恐怖症（school phobia）が含まれる。

1　病弱児教育とは

　病弱とは，広辞苑によれば「①病気にかかって身体のよわっていること，②身体がよわくて病気がちであること」とあります。学齢児で病気にかかっていたり，病気になりがちなため，医療機関への入院や通院が必要な子どもを対象にした教育を，病弱児教育（education for children with health impairment）といいます。学校教育法施行令第22条の3では，特別支援学校に就学させるべき病弱者を，「1．慢性の呼吸器疾患，腎臓疾患及び神経疾患，悪性新生物その他の疾患の状態が継続して医療又は生活規制を必要とする程度のもの，2．身体虚弱の状態が継続して生活規制を必要とする程度のもの」と定義しています。

　一方，その対象となる子どもの主な病気の種類は時代とともに大きく変わっています（図55参照）。1970年頃までは，結核（tuberculosis）が主な病気であったのが，1970年以後結核が激減し，代わりに筋ジストロフィー，気管支喘息（bronchial asthma），腎炎・ネフローゼ（glomerulonephritis and nephritic syndrome）が増大しています。そして，1980年頃より，以上の病気に加え，情緒疾患としての不登校（non school attendance），重症心身障害が一定の割合を占めるようになっています。

2　病弱児教育の歴史

　病弱児教育の日本での出発は，明治時代の後期に，結核患者に対し師範学校などの出身者が個人教育を行ったところにあるといわれています。その後，戦後になって，小児結核対策としての少年保養所や，国立療養所の小児病棟内の特殊学級が設置されたりしました。しかし戦後しばらくの間，病弱児は，学校教育法第71条によって養護学校の対象から除かれ，同第23条により就学猶予・免除とされていました。それが，1961年の学校教育法改正にともない，病弱児も養護学校の対象となり，1979年の養護学校義務制以後，学校教育を受けている児童生徒数が飛躍的に増えることとなったのです。

　これは単なる制度の改正ではなく，病弱児教育の考え方の変化の現れでもあります。就学猶予・免除としていた時代には，病弱児は，療養に専念して健康が回復してから教育を受けるのが望ましいという考え方が主流でした。しかし現在は，病気であっても健康に生きる力を育てることが病弱児教育の目標とさ

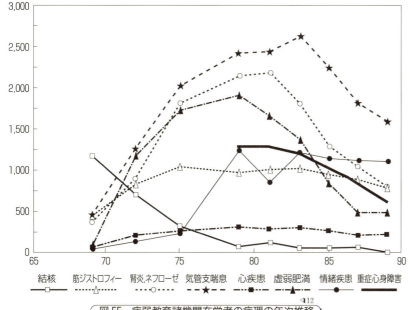

図55 病弱教育諸機関在学者の病理の年次推移

れています。病気の治療後ではなく，病気の治療と平行して，病気を認識（病識学習）し健康と発達について学習すること，そして病気とは独立して，発達と年齢に応じた教科教育と教科外教育によって人格形成を図っていくことの重要性が認識されてきたのです。これは，1994年に文部省が出した「病気療養児の教育について」も，その方向での改善を都道府県教育委員会に求めていることにも現れています。

③ 病弱児の教育

病弱児の教育の目標は，病気であっても健康に生きる力を育てることです。そのため病弱児教育において重視されるのが，養護・訓練という領域です。これは一般的には，障害の軽減・克服を目指す，特別支援学校での教育課程上の領域で，教科外教育に位置します。病弱児教育では特に，以下の3つのことを行います。1つは病気について理解し生活上の自己管理ができるようにすること，2つは，長期入院などによって抱く不安などの心理的問題を改善し病気を克服する意欲をやしなうこと，3つは，病気による受け身的な生活あるいは生活経験の不足を補い，経験の場を設定し社会性を育てることです。

ただしこの3つは相互に関連しており，教科教育や生活指導とも連携して取り組むべき課題です。病気は9歳の壁の頃まではこわいものといった情緒的受けとめが多いのに，それ以後，客観的に治すべきものとしてとらえられるようになります。しかしそれは，仲間集団のなかで役割を果たしたり評価されて育まれる自尊感情があって初めて可能になる場合も少なくありません。人格形成を視野においた教育が求められています。

（別府　哲）

▷6　重症心身障害
文部科学省の「重度・重複障害児の学校教育の在り方」によれば，盲・聾・知的障害・肢体不自由・病弱の2つ以上をあわせ有するもので，知的発達の遅れが著しく話し言葉も意思交換の能力もない，加えて行動的にも破壊的行動，多動，自傷行為などの問題行動が激しく，いずれにおいても常時介護を必要とするものとされている。

▷7　学校教育法第71条
盲・聾・特別支援学校の対象となる児童を定めたもので，ここに1961年の学校教育法改正以前は，病弱児が含まれなかったのである。

▷8　就学猶予・免除
現在は学校教育法第18条により，「病弱，発育不完全その他やむを得ない事由のため，就学困難と認められる者の保護者に対し」，保護者の子どもを就学させる義務を猶予（延期すること）または免除することができるとされている。

▷9　養護学校義務制
学校教育法では障害児を含め，9年間の義務教育制を規定している。しかし養護学校の義務制は長らく見送られ，実際多くの障害児が，就学猶予・就学免除として学校へ行くことができない状態が放置されてきた。それが，1960年代からの不就学・未就学をなくす運動のなかで，1979年度から養護学校の義務制が実施された。養護学校は現在，特別支援学校とされている。

▷10　9歳の壁
⇒II-67 参照。

▷11　上野煕　1981　患者理解の臨床心理学十項　日本総研出版

▷12　谷川弘治　1993　病弱児の教育——病識と自己形成　大久保哲夫・渡部昭男編　障害児教育——基礎と実践　全国障害者問題研究会出版部

III 認知発達の障害とその支援

介 護：人間の尊厳を守る

1 介護とその歴史

「お年寄りを介護する」とか、「病人を看護しなければいけない」ということがあります。このように、介護（care）とは、高齢者や病気を抱えた人を介抱し、日常生活を助けることをいいます。類似の用語に看護（nursing）があります。看護は、傷や病気の人の手当や世話をすることで、その専門的資格には看護師があります。介護の専門的資格が介護福祉士（certified care worker）であることと比べると、看護は医療的側面を強くもっていることがわかります。しかしそれ以外では、両者はほぼ重なる内容を指し示す用語となっています。

日本における公的な介護は、生活困窮者に対する国家の保護として施行された、1874年の恤救規則、1929年の救護法などがその始まりと考えられています。しかしこれらは、治安の維持という国家の目的のために行ったものであり、あくまで国家が恵み与える恩恵にすぎませんでした。それを最もよく表しているものは、精神障害者に対する1900年の精神病者看護法です。そこでは、精神障害者を、治安を脅かす対象ととらえ、「精神病者ハソノ後見人、配偶者、四等親内ノ親族又ハ戸主ニ於テ之ヲ看護スルノ義務ヲ負フ」と、全面的に家族や近隣に介護を押し付ける内容になっています。日本の精神医学の祖ともいわれる呉秀三は、この法律を、「ソノ内容殆ド監獄法ト異ナラズ」と述べるほどのものでした。

しかし、第二次世界大戦後は、日本国憲法第25条で「すべて国民は、健康で文化的な最低限度の生活を営む権利を有する」として、生存権（the right to subsistence）の保障が謳われます。そしてそれにもとづき、紆余曲折を経ながらも、人間の尊厳を守る生活を国家の公的責任で、国民の権利として保障する方向でさまざまな施策が行われてきました。介護というと、家族による介護といった私的なものだけを思い浮かべがちですが、公的な介護が生み出されてきたこのような社会的流れのなかに位置づけてとらえ直すことが重要です。

2 リハビリテーション

介護は、介護を受ける人の、人間としての尊厳を守るにふさわしい生活を保障することを目的とします。これはリハビリテーション（rehabilitation）の考えに沿ったものです。リハビリテーションは単なる訓練ではなく、人間らしく

▷ **1 介護福祉士**
1987年の「社会福祉士及び介護福祉士法」により、社会福祉士とともに創設された、介護に関する国家資格の福祉専門職のこと。社会福祉士が、福祉の相談援助に応じるものであるのに対し、介護福祉士は、具体的な入浴・排泄・食事などの介護と、介護に関する指導を行うとされている。

▷ **2 恤救規則**
恤救の「恤」は、めぐむという意味で、広辞苑によれば「すくいめぐむこと。ほどこし」とある。恤救規則は、「極貧ノ者独身ニテ廃疾ニ罹リ産業ヲ営ム能ハザル者ニハ一カ年米一石八斗ノ積ヲ以テ給与スベシ」とした。ただしこれは「人民相互ノ情誼」を前提にしている。つまり、生活困窮の原因は個人にあり、家族や近隣相互が責任をもって対応すべきものであるという考え方によっていた。

▷ **3 精神障害者**
1993年に改正された「精神保健及び精神障害者福祉に関する法律」の第5条では、精神障害を、「精神分裂病（現在は、統合失調症）、中毒性精神病、精神薄弱（現在は知的障害）、精神病質その他の精神疾患を有するもの」としている。しかし日本では、慣習的に、そのなかから知的障害を除いたものを精神障害と呼ぶことが多い。

生きる権利の回復を意味するもので，そのため，医学的リハビリテーションだけでなく，教育的リハビリテーション，職業的リハビリテーション，社会的リハビリテーションの4分野を含みます。ですから，介護も，その対象として，家事や生活関連事項（身辺自立など）だけに限定するのでなく，人間関係・社会生活や，情緒・文化的生活，知的生活なども含んでとらえることが必要となります。

3 日常生活動作

以上のような介護のなかの1領域に，日常生活上の動作を身につけるための訓練である，日常生活動作（activities of daily living）訓練があります。日常生活動作は，通常，食事，排泄，更衣，入浴などの身の回りの動作と，歩行などの移動動作を含みます。それ以外の，交通機関の利用や家事などの応用動作は，生活関連動作（activities paralleled to daily living）といい，区別します。

日常生活動作訓練を行う際には，その科学的評価が重要となります。評価法の1つであるバーセル・インデックス（Barthel index）改訂版では，摂食，更衣，整容（洗面，歯磨きなど），入浴，尿失禁，便失禁，移乗（ベッドに体を移すことなど），トイレ，歩行，階段昇降の10項目について，自立，部分介助，全介助などの評定を行います。摂食を例にあげれば，手の届く範囲内に食物を置けば摂食でき（自助具を使ってもよい），それを適当な時間内に行えれば10点，半分以上は自分で食べられるが時間がかかりすぎ，こぼす量が多い場合は5点，それ以下の状態は0点とします。全体で合計100点になるように作成されており，それによって状態を正確に把握します。そしてその評価にもとづき，1つは，本人の運動機能の改善のための訓練，2つは，義肢を含めた自助具（self help device）や生活環境の整備を，プログラムを組んで行います。特に2つめの生活環境の整備は，日常生活訓練がリハビリテーションのなかで発展していることを示しています。つまり，本人の運動機能の改善だけを求めるのでなく，生活環境自身を整備することにより，運動機能の障害があっても本人が人間らしく生きる権利を回復することを目指すのです。そのため，医者や看護師，理学療法士（physical therapist：PT），作業療法士（occupational therapist：OT）などを含めた，チームでの取り組みが重要となります。

1970年代，アメリカで起こった障害者の自立生活運動（independent living movement）の流れは，障害者の自立を日常生活動作だけにとどめることに反対し，生活の質（quality of life）の改善を求める運動につながりました。その結果，現在の日常生活動作訓練は，その対象を生活関連動作，さらに職業生活，レクリエーション，育児まで広げるようになり，あわせて訓練の場にとどまらない，実際の生活の場での自立を目指すことが重視されてきています。

（別府 哲）

▷4 呉秀三（くれ しゅうぞう：1865-1932)
東京帝国大学教授の呉秀三は，それまでもっぱら使われていた，精神障害者の身体を拘束する用具（手桎・足桎・縛衣）をはじめて禁じ，隔離室を改造して作業療法などの開放療法を取り入れ，精神病院・治療改革を行った。また，夏目漱石の主治医であったことも有名である。

▷5 リハビリテーション
⇒III-97の脚注2を参照。

▷6 バーセル・インデックス
各項目を5点刻みで得点化し，100点満点で自立度を評価する。西村洋子 1990 介護概論 誠信書房

▷7 自助具
たとえば，物を握れなくなった人に，スプーンの柄にベルトをつけ，それを腕にひっかけることで，食事動作が自分でできるようにするもの。

▷8 自立生活運動
身体的にも物理的にも他者の介助に頼らざるをえない重度身体障害者を中心に，障害者自身が自己決定して生活をおくることを保障する地域社会にしていく運動。

▷9 生活の質
より文化的で健康な人間らしい生活の実現という観点からとらえた質のこと。

▷10 現在，日本で行われている介護保険は，公的な介護，そしてリハビリテーションとしての介護という視点から再度吟味される必要がある。

さくいん

あ

- ICD-10 164, 166, 190, 192
- アイゼンバーグ 51
- 愛着 72, 77, 182
- アイデンティティ 53, 146
- アイデンティティ拡散 146
- アイデンティティ達成 146
- あざむき 102, 104, 105
- アスペルガー障害 182
- アテトーゼ型 194
- アトキンソンとシフリンのモデル 44
- アニミズム 92
- アメリカ精神医学会 166
- アメリカ精神遅滞学会 176
- 誤った信念課題 102
- アルゴリズム 126, 129
- アルツハイマー型認知症 181
- アルツハイマー型老年認知症 157
- アルバート坊やの実験 28
- 安全基地 72
- アンダーアチーバー 191
- イェンシュ 116
- 意識の流れ 28
- 石原式色覚検査 171
- 一語文 88
- 一次的ことば 86, 114, 131
- 1次的評価 159
- 1歳6カ月児健康診査 164, 177
- イディオ・サヴァン 187
- 伊藤良子 76
- イナイイナイバー 75, 76
- 稲垣佳世子 121
- イニシエーション 150
- 意味記憶 45
- 意味ネットワークモデル 42
- 因果的推論 124
- ヴィゴツキー 7, 18, 90, 98, 118, 119
- ウィスコンシン・カード分類課題 91
- ウィトキン 36
- ウィルトシャー 96
- ウィング 182
- ウェクスラー 25
- ウェルニック失語症 174
- うそ 104
- 内山登紀夫 184
- ヴント 28
- AAC 175
- 英才 110
- 英才教育 111
- AD/HD 91, 129, 166, 167, 188, 189
- エインズワース 73
- エクマン 48
- エコラリア 182
- エジソン 110
- 江尻桂子 83
- S字曲線 4
- エッカート 136
- エニアック 136
- エピソード記憶 45
- エフェクタンス動機づけ 40
- fMRI 165, 180
- エリクソン 21, 29, 146, 148, 149, 153, 154
- 演繹推理 94
- 遠近画法 97, 114
- 延滞模倣 29, 45, 69, 88
- 横断的研究 58, 61
- オーウェル 136
- オージオメータ 172
- 『オール・ザット・ジャズ』 161
- 大脇義一 116
- 岡本夏木 86, 131
- 奥行き知覚 23, 78
- 小此木啓吾 149
- おはしゃぎ反応 76
- オペラント条件づけ 38
- 親と専門家の協力 185
- 音韻の意識 130

か

- 外言 90
- 介護 200
- 介護福祉士 200
- 回想的記憶 153
- 概念駆動処理 30
- 概念形成 122
- 概念達成 122
- 概念地図法 43
- 概念的知識 42
- 外発的動機づけ 46, 47
- ガウス 35
- カウンティング 132
- 学業不振 191
- 学習 3, 38
- 学習障害 190
- 学習性無力感 41
- 学習遅進児 191
- 学習遅滞児 134, 191
- 柏木惠子 109
- 仮説演繹的思考 16
- 加速 111
- 課題達成機能 143
- 学校教育法施行令 168
- 学校教育法第71条 198
- カテゴリカルな診断基準 167
- ガードナー 25
- カナー 182
- 加齢 3, 4, 156
- ガロア 110
- 感音性難聴 172
- 感覚 22
- 感覚―運動期 9, 10, 70, 95
- 感覚間協応 23
- 眼球運動 100
- 看護 200
- 慣習 141
- 間主観性 74
- 感情 48
- 観点の共応 15
- 観念運動失行 179
- 観念失行 179
- 記憶障害 179, 180
- 記憶スパン 44
- 記憶方略 45, 83
- 気管支喘息 198
- 機能訓練 197
- 機能・形態障害 162
- 帰納推理 94
- 木下孝司 11

さくいん

ギブソン　23
基本的生活習慣　86
客観的な老い　156
逆行性健忘　180
キャッテル　26
キャリア発達　145, 154, 155
ギャング・エイジ　143
9ヵ月革命　50
9歳の壁　114, 119, 134, 199
吸啜反射　69
キューブラー＝ロス　161
鏡映像　53
強化　38
共感性　51
共同注意　50, 75, 79, 80, 103
恐怖　158
ギリガン　141
均衡化　9
筋ジストロフィー　198
クーイング　82
空間の構造化　184
具体的操作　14, 16
具体的操作期　9, 14, 129
組み合わせ的思考　16
クルーズ　187, 192
呉秀三　200
群集　142
ケアリ　92, 121
ケイ　136
ケイガン　37
形式的操作　14, 16
形式的操作期　9, 16, 129
痙直型　194
軽度発達障害　105
系列化　129
結核　198
結果論的な判断　140
結晶性知能　26
言語獲得装置　89
言語障害　174
言語発達障害　175
原始反射　71
健忘　180
構音　83
構音障害　174, 175
光覚弁　168
交差の理解　15
交替遊び　76
高次脳機能障害　129

向社会的行動　51
構造化された教育　184
行動主義宣言　28
行動療法　57
口話法　173
コーホート　60
コーホート分析　61
コールバーグ　140
五感　22, 156
国際疾病分類　166
国際障害分類　162
個人差　34
心の表象　101
心の理論　33, 75, 81, 102, 105, 107, 120
ゴスワミ　29
個体論的なアプローチ　57
ごっこ遊び　119
古典的条件づけ　38
子どもの適応能力　184
ゴールマン　49
コロッサス　136
コンピテンス　40
コンピテンス動機づけ　40
コンピュータ教育元年　137

さ

彩色画　96
才能開発　111
細密画　116
サヴァン症候群　183, 186
作業記憶（ワーキング・メモリー）　44
作業療法士　197, 201
サリーとアンの課題　102
3ヵ月微笑　50
三項関係　80, 88
3歳児健康診査　164
算数障害　190
CAI　137
CMI　137
ジェームズ　28
ジェネラリストとしての専門家　185
シェマ　8
視覚失認　179
視覚障害　168
視覚的断崖　23
視覚的リアリズム　96, 119
自我　87

自我同一性　153
時間の展望　152, 158
時間の構造化　184
色覚異常　170
『色覚問題に関する指導の手引き』　170
色弱　170
識字率　131
色盲　170
シーグラー　5, 127
自己意識　52
自己概念　52, 53
試行錯誤　128
自己主張　87, 109
自己中心（的言）語　90, 98
自己中心性　13, 87, 98
自己統制　109
自己認知　52
自己抑制　87, 109
指示対象　118
自助具　201
指数弁　169
視線　100
自尊感情　52, 199
肢体不自由　194, 196
自他分化　77
失語　174
失行　178
実行機能　91, 129
失語症　174, 179
質的転換期　135
失認　178
私的自己　139
視点取得　51, 101, 139
自動化　54
児童期　114
指導強化　111
シナプス　189
『死ぬ瞬間』　161
死の受容の5段階　161
死の理解　93
視物質　170
自閉症　59, 91, 103, 166, 182, 184, 187
自閉スペクトラム症　167, 182
シモン　24
シャイエ　155
社会的参照　81
社会的視点取得　115

社会的スキル 100	人工妊娠中絶 64	世代 60
社会的表示規則 105	新生児期 68	前概念的思考 94
社会的不利 163	新生児反射 69	前概念的思考段階 86
社会歴史的アプローチ 19	新生児模倣 68	宣言的知識 42, 55
弱視者 168	身体障害者福祉法 168	前向性健忘 180
写真記憶 116	診断 164	選好注視法 62, 84
就学時健診 165	心的イメージ 12	潜時 69
就学猶予・免除 198	心的動詞 106	染色体異常 63
重症心身障害 198	人物画 97	前操作期 9, 86, 94
就巣性 66	親密性 145, 154	先天性代謝異常 177
集団 142	心理社会的モラトリアム 148	早期完了 146
集団維持機能 143	数学的リテラシー 132	早期訓練 195
縦断的研究（法） 58, 61	スキナー 38	早期発見 195
集団的独語 98	スキーマ 132	操作 9
主観的な老い 156	スキャモン 4	操作的な診断基準 166
熟達化 54	スクリプト 45	創造性 118
熟達者 54	図式 97	想像力 118
熟慮型―衝動型 36, 37	鈴木鎮一 111	相貌失認 179
手段―目的分析 126, 129	ストレンジ・シチュエーション法 73	遡及的調査 59
恤救規則 200	スピッツ 50	ソーシャルスキル 105
出生前期 62	スペルキ 120	ソニックガイド 169
出生前心理学 63	刷り込み 72	素朴概念 92, 120
シュテルン 24, 94	生活関連動作 201	素朴心理学 120
手動弁 169	生活年齢 24	素朴生物学 92, 121
手話 173	生活の質 201	素朴物理学 120
馴化・脱馴化法 62, 84, 120	生気論 121	素朴理論 120, 123, 125
瞬目 62	成熟 3	
ジョイス 28	成熟前傾 3	**た**
状況理論 39	生殖性 154	第1次間主観性 74
条件づけ 159	成人期 154	胎児期 62, 68
症状 167	精神障害 166, 200	対象の永続性 11, 76, 85
状態不安 159	精神障害の診断・統計マニュアル 166	対処行動 159
冗談 105		ダイナブック 136
象徴 118	精神年齢 24	第2次間主観性 75
象徴機能 118	生存権 200	ダウン 63, 187
象徴的描画 97	生態学的アプローチ 57	ダウン症候群 63, 177
情動 48	生態学的妥当性 56	高木憲次 194, 196
情動焦点型対処行動 159	成長 2	多重知能理論 25
情動的 74	成長曲線 4	脱中心化 13, 99
職業選択 145	正統的周辺参加 39	ターマン 24, 111
書字表出障害 192	青年期 144, 146	短期記憶 44
初心者 54	青年期延長 144-151	チィ 6, 54
ショプラー 184, 185	成年式 151	遅延維持過程 108
初老 156	生理的早産 66	遅延選択過程 108
ジョンソン 112	生理的微笑 50	知覚 22
自立生活運動 201	世界保健機関（WHO） 68, 162	知的障害 176
腎炎・ネフローゼ 198	脊柱側彎 196	知的リアリズム 96, 119
人格発達理論 146	セサミストリート 112	知能指数 24
進行性筋ジストロフィ 196		痴呆 180
		チャンク化 54

さくいん

注意欠陥・多動性障害 →ADHD
中心化 13
中年期 154
チュリエル 141
チューリング 136
超音波断層法 62
聴覚失認 179
長期記憶 44
調節 8
直感 116
直観 116
直観像 116
直観像保持者 116
直観的思考 94
直観的思考段階 86
直感的の調整作用 13
チョムスキー 29,40
追跡研究 59
通過儀礼 150
DSM-5 164,166,188,191,192
TEACCH 183,184,185
定位的操作 71
データ駆動処理 31
テーレン 71
適応的選択 127
適性処遇交互作用 35
デシベル 172
手続き化 43
手続き的知識 42
デネット 102
デュシェンヌ型筋ジストロフィー 196
伝音性難聴 172
天才 110
点字 169
転導推理 94
展望的記憶 153
十一元三 185
動因低減説 46
同化 8
動機づけ 40,46
動機論的判断 140
統合失調症 167
洞察説 39
道徳性 140
道路交通法 169
ドーキンズ 160
特異的算数能力障害 190
特異的書字障害 190,192

特異的読字障害 190,192
独語 98
読字困難 192
読字障害 192
特性不安 159
特別支援学校 196,197
ドーパミン 189
トップダウン処理 30
ドルトン 171
トレヴァーセン 74

な

内言 90,139,189
ナイサー 56,139
内発的動機づけ 46,47
長島瑞穂 135
仲間集団 115,143
泣き声 67
なぐりがき 96
喃語 82,88
難聴 172
二次障害 163,195
二次的ことば 86,114,131
二次的就巣性 66
二次的信念 103
二次的評価 159
日常生活動作 179
日常生活動作訓練 201
二分脊椎 196
乳児期 68,70
乳幼児健康診査 164
ニュメラシー 130
認知 28
認知症 180,187
認知スタイル 34,36
認知説 38
認知能力 87
認知発達 28
認知理論・行動理論 185
脳性マヒ 194,196
脳波 62
能力障害 162
望まない妊娠 64
望まれない子ども 64

は

把握反射 69
配偶者選択 145
場依存型―場独立型 36
バウアー 41
ハヴィガースト 20,154

パヴロフ 28,38
バグ 132
パーセル・インデックス 201
波多野完治 8
波多野誼余夫 121
発育 2
発生 2
発生的認識論 86
発達加速 3,144
発達課題 20
発達支援 164
発達曲線 3,4
発達の最近接領域 18
発達の多次元性と多方向性 27
発達連関 7
バートレット 8
バーナー 102,103
話しことば 86
ハーネス 169
ハノイの塔 91,128
パフォーマンス 40
パラサイト・シングル 149
ハル 46
バルテス 27,61
バロン＝コーエン 81,101
反抗期 53,87
半側空間無視 179
ピアジェ 8,10,13,14-17,29, 49,84,86,90,92,94,95,98, 129,135,140
PM理論 143
非侵襲的脳機能画像法 165
筆談 173
人見知り 72
ビネー 24
ビネー＝シモン知能測定尺度 24
非プログラム説 160
皮肉 105
秘密 138
ヒューム 124
ヒューリスティックス 126,133
描画 96
表示規則 48
病弱児教育 198
表象 29
病跡学 110
ビリルビン脳症 194
比例概念 16

ま

ファン・ヘネップ 150
ファンタジー 119
ファンツ 23, 62, 84
フェニールケトン尿症 177
不登校 198
プライミング効果 42
ブライユ 169
ブラックボックス主義 29
プラニング 128, 153
ふり 88
ブリッジズ 48
ブルーナー 31, 77, 80, 122, 126
フレイヴル 100, 103
プレマック 102
フロイト 28, 158
ブローカ失語症 174
プログラム説 160
プロダクションルール 43
プロチョイス 64
プロトタイプ 123
プロライフ 64
文化的に剥奪された子どもたち 112
文法 88, 89
ヘイバー 116
ベイラージョン 85
PET（ペット） 165, 180
ヘッドスタート計画 112
ボイタ法 195
方略 33, 108, 109, 126
ボウルビィ 72
母語 88
補償教育 112
補助代替コミュニケーション 175
母性的養育の剥奪 72
保存 14
ボトムアップ処理 30
ボバース法 195
ホブソン 75
ホフマン 187
ホメオスタシス 46
ボルトマン 66
ホレリス 136

マイクロジェネティック・アプローチ 127
マインドブラインドネス 101
マインドリーディング 101
正高信男 79, 82, 83
マザー・テレサ 65
マザリーズ 77
マズロー 47
マタニティー・ブルー 67
間に合わせヒューリスティックス 133
満足の遅延 108
見かけと現実 103, 119
ミシェル 108
三隅二不二 143
3つの山問題 99
命題ネットワーク 42
命題論理 16
メタ記憶 32
メタ認知 32, 53, 87
メメント・モリ 161
メルツォフ 68
メンタル・シミュレーション 101
メンタル・ローテーション 101
盲者 168
盲導犬 169
モークリー 136
モジュール化 55
モニタリング 32, 55, 153, 193
モラトリアム 146, 148
『モラトリアム人間の時代』 149
モロー反射 69
問題解決 128
問題焦点型対処行動 159

や

山下清 186
やりとり 77
U字曲線 4
優生保護法 65
有能さ 62
有能な赤ちゃん 40
指さし 79, 80, 88
ユング 29

養護学校義務制 198
養護性 76
幼児期 68, 86
幼児期健忘 45
羊水穿刺 63
要約筆記 173
抑圧 158
よく定義された問題 128

ら

ラザラス 159
ランドルト環 23
リーダーシップ 143
リーチング 71, 78
理学療法士 197, 201
利己的遺伝子説 160
離巣性 66
リテラシー 130
リハビリテーション 179, 194, 200
リビドー 158
流動性知能 26
リュケ 96
領域一般 17, 126
領域固有 17, 125, 126
ルリア 91, 179
レイヴ 7, 38
『レインマン』 187
レヴィン 152, 158
連合説 38
聾 172
老化 4, 156
老人 156
老人性痴呆 157
老人性難聴 173
労働者災害補償保険法 168
老年期 156
LOGO 137
ロンブローゾ 110

わ

ワーチ 19
ワトソン 28
笑い 83
ワロン 76, 138

執筆者紹介（氏名／よみがな／生年／現職／主著／認知発達を学ぶ読者へのメッセージ）　　＊執筆担当は本文末に明記

子安増生（こやす　ますお／1950年生まれ）

京都大学名誉教授
『幼児期の他者理解の発達──心のモジュール説による心理学的検討』（単著・京都大学学術出版会）『心の理論──心を読む心の科学』（単著・岩波書店）

認知発達の事実と理論を知ることは，育児や教育のためだけでなく，よりよく生きるための指針を与えてくれます。

別府　哲（べっぷ　さとし／1960年生まれ）

岐阜大学教育学部教授
『自閉症幼児の他者理解』（単著・ナカニシヤ出版）『障害児の内面世界をさぐる』（単著・全国障害者問題研究会出版部）

自閉症児の相談を行いながら研究をさせてもらっています。事例の面白さをあらためて感じています。

木下孝司（きのした　たかし／1961年生まれ）

神戸大学大学院人間発達環境学研究科教授
『不思議現象──子どもの心と教育』（共編著・北大路書房）『子どもが「こころ」に気づくとき』（共著・ミネルヴァ書房）

子どもの「フシギ」を通して，発達の「不思議」へ。それはきっと失敗や逸脱を認め合うなかで見えてくるもの。

藤村宣之（ふじむら　のぶゆき／1965年生まれ）

東京大学大学院教育学研究科教授
『数学的・科学的リテラシーの心理学──子どもの学力はどう高まるか』（単著・有斐閣）『協同的探索学習で育む「わかる学力」──豊かな学びと育ちを支えるために』（共編著・ミネルヴァ書房）

小学生にインタビューすると，大人には思いつかない考えに出会います。その考えを生かす教育が大切ですね。

郷式　徹（ごうしき　とおる／1970年生まれ）

龍谷大学文学部教授
『幼児が「心」に出会うとき』（共著・有斐閣）『幼児期の自己理解の発達──3歳児はなぜ自分の誤った信念を思い出せないのか？』（単著・ナカニシヤ出版）

私自身が発達相談や健診に関わるなかで，臨床発達心理士には認知発達の知識が必須であると感じています。

やわらかアカデミズム・〈わかる〉シリーズ
よくわかる認知発達とその支援 [第2版]

2005年 7 月20日　初　版第1刷発行	〈検印省略〉
2016年10月20日　第2版第1刷発行	
2021年 2 月20日　第2版第3刷発行	定価はカバーに表示しています

編　者　　子　安　増　生
発行者　　杉　田　啓　三
印刷者　　田　中　雅　博

発行所　株式会社　ミネルヴァ書房
〒607-8494　京都市山科区日ノ岡堤谷町1
　　　　　　電話代表　(075) 581-5191
　　　　　　振替口座　01020-0-8076

©子安増生ほか，2016　　創栄図書印刷・新生製本

ISBN 978-4-623-07813-4
Printed in Japan

やわらかアカデミズム・〈わかる〉シリーズ

教育・保育

よくわかる学びの技法
田中共子編　本体 2200円

よくわかる卒論の書き方
白井利明・髙橋一郎著　本体 2500円

よくわかる教育評価
田中耕治編　本体 2600円

よくわかる授業論
田中耕治編　本体 2600円

よくわかる教育課程
田中耕治編　本体 2600円

よくわかる教育原理
汐見稔幸・伊東 毅・髙田文子・東 宏行・増田修治編著　本体 2800円

新版　よくわかる教育学原論
安彦忠彦・藤井千春・田中博之編著　本体 2800円

よくわかる生徒指導・キャリア教育
小泉令三編著　本体 2400円

よくわかる教育相談
春日井敏之・伊藤美奈子編　本体 2400円

よくわかる障害児教育
石部元雄・上田征三・高橋 実・柳本雄次編　本体 2400円

よくわかる特別支援教育
湯浅恭正編　本体 2500円

よくわかるインクルーシブ教育
湯浅恭正・新井英靖・吉田茂孝編著　本体 2500円

よくわかる肢体不自由教育
安藤隆男・藤田継道編著　本体 2500円

よくわかる障害児保育
尾崎康子・小林 真・水内豊和・阿部美穂子編　本体 2500円

よくわかるインクルーシブ保育
尾崎康子・阿部美穂子・水内豊和編著　本体 2500円

よくわかる保育原理
子どもと保育総合研究所　森上史朗・大豆生田啓友編　本体 2200円

よくわかる家庭支援論
橋本真紀・山縣文治編　本体 2400円

よくわかる社会的養護
山縣文治・林 浩康編　本体 2500円

よくわかる社会的養護内容
小木曽宏・宮本秀樹・鈴木崇之編　本体 2400円

新版　よくわかる子どもの保健
丸尾良浩・竹内義博編著　本体 2200円

よくわかる子どもの健康と安全
丸尾良浩・竹内義博編　本体 2200円

よくわかる発達障害
小野次朗・上野一彦・藤田継道編　本体 2200円

よくわかる子どもの精神保健
本城秀次編　本体 2400円

よくわかる環境教育
水山光春編著　本体 2800円

福祉

よくわかる社会保障
坂口正之・岡田忠克編　本体 2600円

よくわかる社会福祉
山縣文治・岡田忠克編　本体 2500円

よくわかる社会福祉の歴史
清水教惠・朴 光駿編著　本体 2600円

新版　よくわかる子ども家庭福祉
吉田幸恵・山縣文治編著　本体 2400円

新版　よくわかる地域福祉
上野谷加代子・松端克文・永田祐編著　本体 2400円

よくわかる家族福祉
畠中宗一編　本体 2200円

よくわかるスクールソーシャルワーク
山野則子・野田正人・半羽利美佳編著　本体 2800円

よくわかる高齢者福祉
直井道子・中野いく子編　本体 2500円

よくわかる障害者福祉
小澤 温編　本体 2500円

よくわかるリハビリテーション
江藤文夫編　本体 2500円

よくわかる障害学
小川喜道・杉野昭博編著　本体 2400円

心理

よくわかる心理学実験実習
村上香奈・山崎浩一編著　本体 2400円

よくわかる心理学
無藤 隆・森 敏昭・池上知子・福丸由佳編　本体 3000円

よくわかる心理統計
山田剛史・村井潤一郎著　本体 2800円

よくわかる保育心理学
鯨岡 峻・鯨岡和子著　本体 2400円

よくわかる臨床心理学　改訂新版
下山晴彦編　本体 3000円

よくわかる臨床発達心理学
麻生 武・浜田寿美男編　本体 2800円

よくわかるコミュニティ心理学
植村勝彦・高畠克子・箕口雅博・原 裕視・久田 満編　本体 2500円

よくわかる発達心理学
無藤 隆・岡本祐子・大坪治彦編　本体 2500円

よくわかる乳幼児心理学
内田伸子編　本体 2400円

よくわかる青年心理学
白井利明編　本体 2500円

よくわかる高齢者心理学
佐藤眞一・権藤恭之編著　本体 2500円

よくわかるパーソナリティ心理学
吉川眞理編著　本体 2600円

よくわかる教育心理学
中澤 潤編　本体 2500円

よくわかる学校教育心理学
森 敏昭・青木多寿子・淵上克義編　本体 2600円

よくわかる学校心理学
水野治久・石隈利紀・田村節子・田村修一・飯田順子編著　本体 2400円

よくわかる社会心理学
山田一成・北村英哉・結城雅樹編著　本体 2500円

よくわかる家族心理学
柏木惠子編著　本体 2600円

よくわかる言語発達　改訂新版
岩立志津夫・小椋たみ子編　本体 2400円

よくわかる認知科学
乾 敏郎・吉川左紀子・川口 潤編　本体 2500円

よくわかる認知発達とその支援
子安増生編　本体 2400円

よくわかる情動発達
遠藤利彦・石井佑可子・佐久間路子編著　本体 2500円

よくわかる産業・組織心理学
山口裕幸・金井篤子編　本体 2600円

よくわかるスポーツ心理学
中込四郎・伊藤豊彦・山本裕二編著　本体 2400円

よくわかる健康心理学
森 和代・石川利江・茂木俊彦編　本体 2400円

― ミネルヴァ書房 ―
https://www.minervashobo.co.jp/